平臺企業定價研究

沈倩嶺、曹洪、臧敦剛、宋濤 著

財經錢線

前言

在現代社會中，有些交易除了商品買賣雙方之外，還存在一個交易平臺，買賣雙方必須通過平臺才能發生交互作用；隨著人類社會分工的不斷細化和以現代通信技術、互聯網技術、軟件技術為代表的眾多新技術快速發展，湧現出了越來越多的平臺，並對我們的經濟、生活產生了越來越重要的影響。平臺企業是指在雙邊市場中，為交易雙方提供產品或服務，並努力促成它們在平臺上實現交易的企業。與傳統企業相比，平臺企業必須為買賣雙方服務，並將買賣雙方都吸引到平臺上交易，而且平臺企業服務的買賣雙方存在交叉網絡外部性。

平臺企業的這些特性使得平臺企業與傳統企業在產品和服務定價上存在較大的差異性。本書正是基於平臺企業在現代市場經濟的重要性、其定價的特殊性和複雜性以及現有的對平臺企業定價研究較為分散的現狀，利用勞動價值論和西方經濟學的價格理論，構建一個平臺企業定價的分析框架，系統地分析平臺企業的定價問題。

本書從平臺企業的價格基礎、價格形成、定價特點、定價行為和價格管制等角度出發對平臺企業定價進行分析。首先對平臺企業進行了界定，分析了平臺企業的特徵。價格是價值的貨幣表現，因此，隨後分析了平臺企業服務勞動的性質，平臺企業服務勞動的價值創造和價值決定問題，並結合平臺企業的特徵，分析了平臺企業的價格形式、定價特點和定價影響因素。在此基礎上，本書對平臺企業在壟斷和競爭情形下的相關定價模型進行了分析論述，並分別對平臺企業在實施捆綁銷售、排他性協議和產品差異化情形下的定價行為進行了深入分析。在對平臺企業定價行為分析的基礎上，本書根據平臺企業定價的特徵，提出了平臺企業與傳統企業在價格管理與規制上的差別，並分別對不同平臺企業的價格管理和規制進行了初步分析。

本書內容安排是從導論部分開始。本章主要對本書研究背景與主題、研究意義、研究動態、研究思路、研究框架、研究方法及研究特色等進行闡述。

第一章是平臺企業定義及其特徵。本章主要分析平臺企業的產生、內涵、特徵、類型以及生活中常見的一些平臺企業。本書基於現有學術界對雙邊市場的定義對平臺企業進行了界定，在此基礎上分析了平臺企業成立的條件、功能和分類，最後分析了銀行卡組織、大型購物中心、電子商務平臺的平臺企業特徵。

第二章是平臺企業定價特點及因素分析。本章首先分析了平臺企業服務的價格基礎，認為平臺企業服務是一種純粹性服務，也要創造價值，其價值也是由提供這些服務的社會必要勞動時間決定的，價格是價值的表現形式；但平臺企業價格與成本是分離的，價格結構對利潤水準有重要的影響，其定價和管制具有複雜性。在此基礎上，本書還分析了平臺企業定價的影響因素，包括市場結構以及平臺企業的市場行為。

第三章是平臺企業的壟斷定價和競爭定價。本章首先分析了平臺企業壟斷及其表現，對現有壟斷平臺及競爭平臺定價模型進行了分析和評價，並從中得出了在平臺壟斷和競爭情形下平臺的定價。

第四章是在捆綁銷售情況下平臺企業的定價。在單邊市場中，捆綁銷售限制了消費者的選擇，並對進入者的進入造成了阻礙作用。而平臺企業的捆綁銷售對兩邊用戶影響如何？本章主要構建了一個兩階段競爭模型，分析平臺企業捆綁銷售對定價的影響。模型結合雙邊市場的特徵，對比分析了消費者在單通道和多通道兩種情形下的情況。分析表明，多通道情況下，捆綁銷售對社會福利的影響是不確定的；而壟斷平臺限制消費者多通道行為，將導致社會福利的損失。本章最後以流媒體市場為例，對模型進行了實證分析。

第五章是平臺企業在實施排他性協議下的定價。在單邊市場中，排他性協議存在爭論，但由於其限制了競爭，因此許多國家法律對此進行了限制。本章主要構建了兩階段的博弈模型分析平臺企業排他性協議對定價的影響。模型表明，在雙邊市場中，如果允許在位平臺簽訂排他性協議，那麼進入平臺將被阻止進入，在位平臺對先期到達的消費者制定低價，對後來的消費者制定高價，並且此時的社會福利水準低於沒有簽訂排他性協議時的社會福利水準。本章最後以雙邊市場中發生的一些案例對模型結果進行了驗證。

第六章分析了平臺企業服務差異化行為下的定價。完全相同的平臺只是應用於理論研究，在雙邊市場中，平臺企業也會實施產品差異化或者服務差異化戰略。本章分析了平臺企業差異化的形式、實施差異化的原因以及在實施差異化情形下平臺企業的定價。

第七章分析了對平臺企業定價的規制。由於平臺企業定價的特殊性，使得傳統單邊市場中關於價格規制的一些理論和原則對平臺企業並不適用。本章主要分析了平臺企業價格規制的必要性和特殊性以及人們對平臺企業價格規制認識上的一些誤區，並對特定產業的平臺企業規制進行了簡要分析。

第八章就論文的研究創新點、研究不足和未來進一步研究的重點進行了闡述。

本書在以下方面進行了創新：①構建了一個類似於傳統產品定價的分析框架。關於傳統定價，我們一般按照價格形成、價格運行和價格管理框架分析，本書也試圖構建一個平臺企業價格形成基礎、價格運行特點以及對平臺企業價格規制和管理的分析框架。②對平臺企業的價格基礎和價格形成進行了分析。現有文獻直接探討平臺企業定價，忽視了對平臺企業價格基礎問題的分析。本書從馬克思主義勞動價值論出發，分析了平臺企業服務勞動的性質，本書認為平臺企業服務是現代服務勞動的延伸和擴展，是一種純粹性服務勞動，也是人類社會勞動的結晶，也要創造價值；平臺企業服務的價值是由提供服務的社會必要勞動時間和社會上其他從事類似服務的企業提供服務的社會必要勞動時間決定的；平臺企業的價格要受到供求關係的影響，但在供求關係決定價格總水準的情況下，平臺企業的價格結構也將對企業利潤產生重要影響，並成為平臺企業定價與其他企業定價的主要差別所在；而平臺企業用戶的網絡性以及在定價中價格與邊際成本分離的特性，使得平臺企業的價格規制不能依照傳統企業價格規制和管理的原則去思考和實踐。③分析了平臺企業捆綁銷售定價。本書構建了一個平臺企業捆綁銷售模型，分析了平臺企業捆綁銷售情況下的定價。在消費者單歸屬的情況下，平臺企業捆綁銷售將導致接入其他平臺的消費者支付價格高於沒有捆綁銷售時的價格；捆綁銷售對競爭平臺是不利的，但捆綁銷售對社會福利的影響卻是不確定的，其原因在於捆綁銷售將使得更多消費者接入捆綁平臺，網絡效應抵消了捆綁銷售所帶來的社會福利的損失。④分析了平臺企業排他性行為及其定價。消費者多歸屬行為削弱了平臺的優勢，降低了平臺企業的利潤，因此在位平臺希望通過簽訂排他性協議，提高其自身的市場地位，限制平臺競爭。如果允許在位平臺簽訂排他性協議，那麼進入平臺將被阻止進入，在位平臺對先期到達的消費者制定低價，對後來的消費者制定高價，並且社會福利低於沒有簽訂排他性協議的情況。

目　錄

0　導論／ 1

0.1　選題背景及意義／ 1

0.2　國內外研究現狀／ 3

0.3　研究思路和框架／ 14

0.4　主要研究方法／ 17

0.5　創新點與不足／ 17

1　平臺企業的內涵、特徵及分類／ 20

1.1　平臺與平臺企業／ 20

1.1.1　平臺／ 20

1.1.2　雙邊市場的理論界定／ 21

1.1.3　平臺企業的內涵／ 26

1.1.4　平臺企業的演進／ 28

1.2　平臺企業的特徵／ 30

1.2.1 平臺企業的用戶特徵／ 30

1.2.2 平臺企業的功能特徵／ 34

1.2.3 平臺企業的產品和服務特徵／ 36

1.3 平臺企業的分類／ 37

1.3.1 按照功能分類／ 37

1.3.2 按照應用形式分類／ 38

1.3.3 按照開放程度分類／ 39

1.3.4 按照發展週期分類／ 40

1.3.5 按照市場的複雜程度分類／ 44

1.3.6 按照平臺的競爭程度分類／ 44

1.3.7 按照平臺的經營性質分類／ 44

1.4 常見的平臺企業／ 45

1.4.1 銀行卡組織／ 46

1.4.2 大型購物中心／ 50

1.4.3 電子商務平臺／ 51

2 平臺企業價格形成及影響因素分析／ 55

2.1 平臺企業服務的使用價值與價值／ 55

2.1.1 馬克思服務價值論／ 55

2.1.2 平臺企業服務勞動的性質／ 64

2.1.3 平臺企業服務的使用價值／ 65

2.1.4 平臺企業服務的價值形成與創造 / 67
2.1.5 平臺企業服務的價值決定及其實現 / 70
2.2 平臺企業價格形式 / 72
2.2.1 成員外部性和使用外部性 / 72
2.2.2 會員費、使用費和二部定價 / 73
2.3 平臺企業價格運行特點 / 76
2.3.1 價格結構決定利潤水準 / 77
2.3.2 價格與成本分離 / 79
2.3.3 平臺企業定價的複雜性 / 83
2.3.4 價格管理與規制的複雜性 / 85
2.4 平臺企業定價影響因素分析 / 89
2.4.1 平臺用戶方面 / 89
2.4.2 平臺企業方面 / 91
2.4.3 廠商（服務提供商）方面 / 94
2.5 平臺企業定價分析框架 / 96

3 平臺企業壟斷定價與競爭性定價 / 97
3.1 平臺企業壟斷及其表現 / 97
3.1.1 傳統企業壟斷的成因分析 / 97
3.1.2 影響平臺企業壟斷的因素分析 / 99
3.1.3 與平臺企業壟斷的其他問題的思考 / 107

3.2　壟斷平臺企業的定價分析／ 110

3.2.1　Rochet 和 Tirole 的壟斷平臺定價模型／ 110

3.2.2　Armstrong 的壟斷平臺價格模型／ 116

3.2.3　其他的壟斷平臺定價模型／ 119

3.2.4　小結／ 122

3.3　競爭性平臺企業定價分析／ 124

3.3.1　平臺競爭的類型／ 124

3.3.2　平臺競爭定價的一般模型／ 125

3.3.3　阿姆斯特朗（Armstrong）的競爭定價模型／ 133

3.3.4　小結／ 138

4　平臺企業捆綁銷售定價／ 140

4.1　平臺企業捆綁銷售的基本模型／ 140

4.1.1　文獻綜述／ 140

4.1.2　基本模型／ 142

4.2　平臺企業捆綁銷售定價分析／ 145

4.2.1　消費者單歸屬時捆綁銷售的影響／ 145

4.2.2　在多歸屬情況下的平臺企業捆綁銷售定價分析／ 149

4.2.3　限制消費者多歸屬時捆綁銷售的社會福利分析／ 156

4.3 微軟在流媒體市場中的捆綁銷售及其影響分析／ 156

4.3.1 流媒體市場概況／ 156

4.3.2 微軟捆綁對流媒體競爭格局的影響／ 159

4.3.3 Real Networks 公司的兼容策略及其意義／ 161

4.4 小結／ 162

5 基於排他性協議下的平臺企業定價分析／ 165

5.1 存在網絡效應下的排他性協議及其影響／ 165

5.1.1 排他性交易及影響／ 165

5.1.2 平臺企業排他性交易存在的普遍性／ 168

5.1.3 平臺企業排他性協議的爭論／ 169

5.2 單邊市場中實施排他性策略下的定價／ 170

5.2.1 文獻回顧／ 170

5.2.2 基本模型／ 171

5.2.3 單邊市場中排他性策略下的定價／ 173

5.2.4 小結／ 182

5.3 平臺企業實施排他性策略下的定價分析／ 183

5.3.1 雙邊市場中排他性策略的基本模型／ 183

5.3.2 平臺企業實施排他性策略下的定價／ 184

5.3.3 結論與實踐／ 187

6　基於服務差異化情形下的平臺企業定價分析／ 191

6.1　平臺企業產品差異及其形式／ 191

6.1.1　平臺企業的產品差異化／ 191

6.1.2　平臺企業服務的差異化分析／ 193

6.2　平臺企業實施差異化策略的案例分析／ 198

6.2.1　體育賽事的差異化分析／ 198

6.2.2　招聘網站的差異化分析／ 201

6.3　平臺企業實施差異化策略下的定價／ 205

6.3.1　傳統企業產品差異化下的定價分析／ 205

6.3.2　平臺企業服務差異化下的定價分析／ 208

7　平臺企業定價的規制研究／ 213

7.1　平臺企業定價規制的必要性分析／ 213

7.2　特定平臺價格規制研究／ 220

7.2.1　對支付卡產業的規制／ 220

7.2.2　對電信企業的規制／ 220

7.2.3　對傳媒企業的規制／ 222

7.2.4　對大型零售商的規制／ 223

8　研究貢獻、不足及研究展望／ 225

8.1　研究貢獻與創新點／ 225

8.2　研究不足／ 227

8.3　研究展望／ 228

參考文獻／ 230

0　導論

0.1　選題背景及意義

隨著人類社會分工的不斷細化和以現代通信技術、互聯網技術、軟件技術為代表的眾多新技術的快速發展，湧現出了越來越多的平臺企業，並且對我們的經濟生活產生著越來越重要的影響。例如銀行卡已經成為現代社會支付的重要方式；軟件平臺對計算機的應用產生著越來越重要的影響等。但與傳統企業相比，平臺企業有其自身的特性：①平臺企業需要同時面臨兩方面的消費者，從傳統的「廠商——消費者」的「價格——需求」簡單買賣關係轉變為了兩個相互關聯的「平臺廠商——雙邊用戶的價格——交易或交換行為」的非縱向關係。②平臺企業往往扮演著一個仲介的角色，會採用種種策略將兩邊的用戶吸引到平臺上交易。③平臺企業兩邊的消費者之間是有外部性的，即一邊消費者對於交易效用的預期往往取決於另外一邊的消費者數量的多少。如在銀行卡支付系統中，接受銀行卡的商家越多，給消費者帶來的便利才會越多，消費者才越願意使用銀行卡；而只有使用銀行卡支付的消費者越多，給商家帶來的收入才越高，商家也才越願意接受銀行卡支付。

平臺企業的這些特性使得服務價格與傳統產品在定價上存在較大的差異性：①傳統企業在不完全競爭條件下的定價遵循勒那公式，即價格與邊際成本呈現一種正相關關係；而平臺企業在對兩邊消費者制定價格時，其價格與成本可能是分離的。由於平臺企業兩邊用戶的交叉網絡外部性，一邊的用戶數量是另外一邊用戶效用函數的參數，因此傾斜定價是平臺企業常用的定價方式，即對一邊消費者制定高價，而對另外一邊消費者制定低價甚至是負價格，此時價格與成本分離。因此，我們經常觀察到這樣一些現象：一份厚達數十頁的報紙只以一元左右的低廉價格出售；電視觀眾只需交納很少量的費用就可以觀看數十個有線電視臺的豐富多彩的電視節目；持卡消費者每年只需交納很少年費就可以使用銀行卡的全年服務；電話公司會贈送免費的電話黃頁本給消費者等。②在平臺企業對兩邊用戶收取的價格在總水準一定的情況下，平臺企業分別對每邊用戶收取一定費用，價格結構將對平臺上實現的交易量產生影響。對傳統企業而言，用戶對產品或者服務的需求與價格呈反向關係，不涉及所謂的價格結構問題；對平臺企業而言，只有在兩邊用戶都有需求的情況下，交易才可能發生，因此雖然單邊用戶仍然遵循需求規律，即價格與需求呈反向關係，但平臺企業在制定價格時，不僅僅要考慮一邊用戶價格與該邊用戶需求之間的關係，還要考慮該邊用戶需求對另外一邊用戶數量的影響。以電信業為例，究竟是對主叫方收取高價還是對通話雙方都收取一定費用對通話數量有較大影響；在報紙廣告業務中，如果提高報紙價格，降低廣告費用，那麼報紙將由於讀者數量下降而使廣告的覆蓋面縮小，損害了廣告商的利益，最終也將導致廣告費用的下降和報紙利潤的下降。③平臺企業的市場行為比單邊市場中的企業行為複雜得多。平臺企業的用戶可以選擇多加入幾個平臺，即多歸屬來提高自身的效用；但這種多歸屬行為又將削弱平臺企業既有優勢，因此平臺企業可能採取排他性行為來限制用戶的多歸屬行為。而平臺企業的這種排他性行為又會給平臺企業定價帶來一定的影響。因此，平臺企業市場行為的複雜性也使得其與傳統企業相比，其定價行為更加複雜。

平臺企業在現代市場經濟中的重要性和其定價的特殊性和複雜性，使得平臺企業定價已經成為當前經濟學研究的熱點問題之一；而現有的對平臺企業定價的研究相對較為分散，缺乏一個較為明晰的分析框架。因此，本書擬利用馬克思主義的勞動價值論和西方經濟學的價格理論，系統地分析平臺企業的定價問題。

0.2　國內外研究現狀

在現代市場經濟體系中，平臺企業扮演著越來越重要的角色，越來越多的學者關注到了平臺企業及其所處的雙邊市場，尤其是 2004 年在法國圖盧茲召開了雙邊市場經濟學的學術研討會後，國外關於雙邊市場的研究更是出現了一個高潮。目前，關於平臺企業及其所處雙邊市場的研究主要集中為：對雙邊市場及其特性的研究、在不同競爭狀況下平臺企業的定價研究、平臺企業競爭戰略研究和平臺企業的規制研究。

1. 對雙邊市場的研究

對雙邊市場的概念，不同學者提出了自己的理解。羅森（Roson，2004）認為，雙邊市場是指為銷售特殊服務並允許雙方在第三方獨立實體管理的平臺上發生交互作用（Interaction）的市場。雷辛格（Reisinger，2004）認為，雙邊市場是指存在截然不同的兩類用戶通過公共平臺而相互作用的市場。平臺目前的問題是「把市場雙方拉到平臺上」。而羅歇和梯若爾（Rochet

& Tirole, 2004）對雙邊市場進行了深入研究。他們把雙邊市場定義為:「當平臺向需求雙方索取的價格總水準 p＝pB＋pS 不變時（其中 pB 為平臺向消費者索取的價格，pS 為平臺向商戶索取的價格），平臺中任何需求方所面臨的價格的變化都會對平臺的總需求和平臺實現的交易量有著直接的影響，那麼這個市場被稱之為雙邊市場。」他們認為，在單邊市場中，銷售者的利潤和交易量僅僅取決於銷售者向消費者所制定的價格總水準，而與價格總水準在不同消費者之間的分配比例（價格結構）無關；而在雙邊市場中，當平臺向兩類消費者群體制定的價格總水準保持不變時，在價格結構（或價格分配）上的任何改變都將影響到雙方對平臺的需求和參與平臺的程度，並將進一步影響平臺實現的交易總量。因此，在雙邊市場中，價格結構比價格總水準在平衡雙方對平臺產品的需求方面，顯得更為重要。

2. 對雙邊市場特性的研究

埃文斯（Evans，2003）指出雙邊市場應滿足三個必要條件:①存在不同類別的消費者群組；②一個群組的成員從與另一個群組中的一個或者多個成員的需求協同中獲益；③某中間人能夠比群組成員間的雙邊關係更有效地促進協同。作為一個實證問題，間接網絡效應一般伴隨著條件，而且密切地沿著多個邊改變這些產業中的商業戰略。

雙邊市場具有以下特徵:首先，雙邊市場具有一種「交叉網絡外部性」效應。凱茨和夏皮羅（Katz & Shapiro，1985）認為，「網絡外部性」是指某個產品或服務的價值隨著消費該產品或服務的消費者數量的增加而增加。而在雙邊市場中，網絡外部性是一種具有「交叉」性質的網絡外部性。這個網絡外部性不僅取決於消費該平臺產品的同類型消費者數量，而且更取決於消費該平臺產品的另一類型的消費者數量（羅森，2005）。即消費者對平臺產品的需求不僅取決於其他消費該平臺產品的消費者數量，而且更取決於商戶是否消費該平臺產品及消費該平臺產品的商戶數量。同理，商戶對平臺產品的需求也取決於消費者是否消費該平臺產品及消費該平臺產品的消費者數量。因此，在雙邊市場中存在著一種相互的「交叉網絡外部性」效應，一方對平臺產品的需求規模是作為一個質量參數來影響另一方對平臺產品的需求。

此外，雙邊市場同時向兩類消費群體銷售具有相互依賴性和互補性的產品，即「雞生蛋與蛋生雞」的問題（卡約，朱利安，2003）。所謂「相互依賴性和互補性」的產品是指，平臺向兩類消費群體提供相同或不同的平臺產品，這些相同或不同的平臺產品在促成兩類消費者達成交易方面是相互依賴和相互補充的，缺一不可。只有這兩種類型的消費群體同時出現在平臺中，並同時對該平臺提供的產品或服務有需求時，該市場提供的平臺產品或服務才真正體現其價值，否則即使兩類消費者同時處在平臺中，但對該平臺產品或服務沒有需求時，該平臺的產品或服務的價值也就不存在。因此，平臺必須向這兩類消費群體制定合適的價格水準和價格結構，以吸引他們到平臺上來，並進行交易。

3. 對平臺企業定價特徵的研究

很多文獻分析了平臺企業價格決定的經濟學問題。一個重要的發現是，對多組消費者的最優定價必須同時考慮和平衡這些組的需求，定價結構也像定價水準一樣成為這些產業的界定特徵（羅歇，梯若爾，2002）。平臺企業定價不像熟悉的勒納條件和多產品變量，它的最優價格是不與邊際成本成比例的，一邊的價格甚至可能低於其邊際成本。平臺企業可能往往向一邊或另一邊傾斜價格，而這取決於間接網絡外部性的大小，即如果 A 邊對 B 邊產生了比 B 邊對 A 邊更大程度的外部性，A 邊往往得到一個較低的價格（帕克，範・艾斯泰恩，2002）。這就像多產品定價的拉姆齊模型，平臺企業通過定價來部分地補償生產的共同成本，市場一邊對共同成本的貢獻可能大於另一邊（埃文斯，2003）。

4. 平臺市場結構對定價影響的研究

平臺的市場結構對定價有重要的影響。現有文獻主要分析了在平臺壟斷和平臺競爭情形下的定價問題。

由於平臺用戶具有網絡外部性，因此很多平臺都具有規模經濟特徵，很多學者都是在假設平臺壟斷的前提下研究平臺企業定價問題。例如對銀行卡市場的研究，很多學者都研究了在消費者只有一種銀行卡，即銀行卡為壟斷的情況下，銀行卡的定價問題。例如，羅歇和梯若爾（Rochet & Tirole，2002）研究了在銀行卡壟斷、發卡行不完全競爭、接受行完全競爭的情況下交換費的大小；賴特（Wright，2003）研究了接受行競爭，發卡行是完全壟斷或者寡頭壟斷的情況下無額外附加費原則對平臺企業定價的影響；施瓦茲和文森特（Schwartz & Vincent，2006）則研究了銀行卡之間不存在競爭，接受行和發卡行競爭、合謀的情況下銀行卡的定價問題。

平臺企業的競爭問題較為複雜。平臺競爭包括內部競爭和外部競爭。內部競爭是指平臺企業內部的用戶之間的競爭；而外部競爭則是指不同平臺之間的競爭。

內部競爭，如在銀行卡市場中，銀行卡組織制定銀行成員之間的補償費，但是銀行依然可以自由競爭，具有對他們的服務選擇最終價格的自由。王和賽德曼（Wang & Seidmann，1995）對電子商務平臺的研究表明，更多供應商的參與有利於電子數據交換（EDI，Electronic Data interchange）網絡中的其他供應商產生負的外部性。穆克菩亞（Mukhopadhyay，2003）認為，當 B2B（Business to Business）電子市場參與者一邊具有更多的競爭對手時，市場價值下降。正常市場一直存在這種競爭，如購買者希望發現許多潛在的銷售商，但是受到購買者競爭對手的負面影響，反之亦然（羅森，2005）。

外部競爭引起了更多學者的關注。而平臺企業外部競爭的早期工作由斯達（Stahl，1988）和安納爾（Anelle，1989）完成。他們考察了廠商在投入和產出方面均存在競爭（序貫或同時）的情形。廠商一個自然的策略是在投入端加強競爭（採取低價策略），以便在產出端擊敗競爭對手。帕克和範·艾斯泰恩（Parker & Van Alstyne，2000）分析了壟斷和非壟斷條件下軟件市場上的競爭，如 Acrobat。卡約和朱利安（Caillaud & Jullien，2001）考察了仲介之間的競爭，在這個模型中，平臺扮演了媒介的作用並採取了精細的定價策略（註冊費用，仲介觀察交易並收取交易費用）。他們的貢獻之一是證明了在位者阻止進入者的最優策略是收取交易費用而不是註冊費用。他們還證明了如果平臺商不能阻止用戶同時加入多個平臺，競爭會變得更加激烈。在卡約和朱利安（Caillaud & Jullien）模型的基礎上，朱利安（Jullien，2001）證明了在可以實施三級價格歧視的情況下，新進者的加入對在位者來說意味著是一個相當大的競爭威脅。「分而治之」的能力大大降低了利潤，使在位者不得不選擇與新進入的平臺兼容。阿姆斯特朗（Armstrong，2004）提出了三種不同市場的理論模型：壟斷平臺模型；每個代理人只能加入一個平臺的競爭性平臺模型；市場一邊希望加入所有平臺的「競爭性瓶頸」模型。處理的主要問題有：①什麼決定對市場兩邊要價的結構。②產生的結果是否是有效的。③平臺收費的細節，例如以一次性收取還是按照每筆交易收取，是如何影響均衡結果的。在壟斷模型中，主要的結論是，平臺對一組消費者制定過高的價格，且價格反應了一組給予另一組的外部收益。在單一通道的第二個模型中，他們指出，當一組消費者處在更具競爭性的一邊時，對它收取較低的費用能夠使另一組獲得更大的收益，而在競爭中，這一組消費者成為更具侵略性的攻擊目標。羅歇和梯若爾（Rochet & Tirole，2003）則分析了利潤最大化、中性平臺、壟斷平臺等幾種不同類型平臺下的價格結構和消費者剩餘。而國內學者駱品亮（2005）從與商家的競爭與合作角度來比較。分析平臺競爭與壟斷下企業的定價。他構建了銀行卡組織、商戶與消費者的動態博弈模型，研究支付卡的交換費問題。在銀行卡組織壟斷的條件下，比較並分析了商戶聯盟與商戶進行 Hotelling 競爭兩種市場結構下的均衡交換費；並進一步分析了商戶數量及銀行卡組織引入競爭機制對均衡交換費的影響。他認為，追求利潤最大化的銀卡組織在制定支付卡費率結構時總是遵循這樣的原則，即把跨行交換費定在能夠最大程度鼓勵消費者使用支付卡支付，同時不致於引起商戶抵制的水準上。

平臺競爭定價還有一個重要的問題是必須解決「雞蛋相生」的問題，即為說服某些購買者採用特定的仲介平臺，有必要首先說服某些銷售商，但是要說服銷售商，除非有某些購買者已經在市場上。在大多數模型中，在理性預期均衡中通過假設市場兩邊的代理人同時到達而避開這個問題（羅森，2005）。然而，哈格尤（Hagiu，2004）指出，對於幾類顯著的雙邊市場，這個程式化表示好像並不特別合適，由於市場雙邊有自然、極好界定的到達順序，市場一邊的大多數成員在另一邊大多數成員之前到達。哈格尤（Hagiu，2004）在軟件開發商排他性選擇和採用多重通道的兩種制度下，研究了這個問題。他證明，當對用戶價格的承諾不可行時，主導平臺均衡總是可以維持的，在這種情形下，挑戰者的唯一可行定價戰略是去做他能做的所有事情，以吸引開發商（通過補貼他們的固定成本，從而希望在用戶方補償）。主導平臺可能發現採用多重通道制度更有利可圖，然而，社會福利水準在排他性下總是較高。此外，社會最優定價在這種情況下從未出現。如果承諾是可行的，博弈變得明顯更複雜，因為挑戰者能夠在市場雙邊使用「分而治之」的定價戰略。此外，不是利用直接的補貼去避免開發商的不利預期，它能夠承諾非常低的用戶價格，這向開發商發出信號，它將在用戶大戰中獲勝。這使得挑戰者能夠向開發商收取比沒有可信承諾時更高的價格。在這種情形下，主導平臺均衡在排他性制度下不一定可維持，然而，當開發商被允許採用多重通道時，它總是可維持的。從社會福利的視角看，主導平臺的承諾總是優於沒有承諾的情形。然而，平臺競爭導致了主導平臺目標與社會福利最大化的不一致，這就是主導平臺有時發現不承諾更有利可圖的原因。另外一種解決辦法是採用暫時或者永久的縱向一體化，以直接生產互補性商品和服務（羅森，2005）。例如，手持計算機製造商 Palm 首先直接供應了使硬件完全發揮功能所必需的大多數互補性軟件。當產品滲透良好時，Palm 從軟件市場退出，把這一空間留給獨立開發商（埃文斯，2003）。

平臺競爭研究的另外一個重點是關於存在進入者情況下平臺企業的定價問題。卡約和朱利安（Caillaud & Jullien，2001）、卡約和朱利安（Caillaud & Jullien，2001）是其中的代表，其中卡約、朱利安討論了兩個平臺（一個在位平臺和一個潛在平臺）之間的價格競爭行為，他們發現在只收取註冊費，並且客戶不能同時註冊兩個平臺的情況下，在位平臺可以阻止潛在平臺採用分而治之的策略來搶占市場；而在同時收取註冊費或者客戶可以同時註冊兩個仲介人的情形下，在位平臺防止潛在平臺入侵市場的代價是獲得零利潤。卡約和朱利安則是在此基礎上將模型複雜化，並討論了兩個平臺共同佔有市場的混合均衡的存在性。國內學者是延續卡約和朱利安的工作，引入非對稱的市場結構，即假定在市場的一邊，所有客戶從一次交易中獲得的剩餘水準是相同的，而在另一邊的客戶卻是各不相同的，他們從交易中獲得不同的剩餘，或者說他們事前對於他們所能得到的剩餘有著不同的估計。發現在這種不對稱的市場結構下，當交易費的收取成為可能時，即便是在位平臺獲得零利潤，他也無法阻止潛在平臺對市場的入侵。

在不同市場結構下，企業定價對社會福利的影響如何？平臺競爭是否對改善社會福利有利？國外學者也進行了相關研究。查克沃和羅森（Chakravorti & Roson，2004），構建了一個研究競爭性支付網絡的模型，其中網絡為消費者和商家帶來具有差異化收益的產品。他們研究了多種市場結構均衡：雙寡頭壟斷競爭和卡特爾、對稱和非對稱網絡、其他關於多重通道和消費者偏好的多種假設。他們發現，競爭的確會提高消費者和商家福利。將這個分析擴展到提供不同支付手段的網絡間競爭的情形，也發現了相似的結論。

哈格尤（Hagiu，2004）的觀點恰恰相反，它確定了作為用戶對多樣化需求函數的最優平臺定價結構，而且證明版權費的使用來自兩個相互矛盾的目標，即為開發商提供充分的創新激勵和通過平臺減少「敲竹杠」問題。他證明，開放平臺和平臺競爭比壟斷私有平臺在本質上更有效，這個越來越流行的公共政策假設，即根據推導出的產品多樣化、用戶採用和社會總福利，在他的框架中是不正確的。他的模型表明，在私人平臺通過利潤最大化定價將間接網絡效應內部化的程度和導致的雙邊無謂損失間存在基本的福利平衡。

埃文斯（Evans，2003）認為，平臺能否獲得超額利潤主要受到這幾個因素影響：①企業為在雙邊市場上建立消費者基礎所需的努力。它主要包括：為吸引消費者，以設備形式提供補貼及制定低價或負的價格所需的投資。當競爭非常激烈時，在吸引消費者「上賊船」階段所導致的損失可能會顯著地抵消在產業成熟階段所獲取的利潤。②先動優勢的大小。如果任何企業都能通過投資來獲得市場一邊的消費者，那麼投資競爭將會減少獲取超競爭利潤的機會；相反，如果一個企業具有其他企業不能複製的優勢，可以提高超競爭利潤。③看似被單一參與者所支配的市場實際上也是有競爭性的。因為許多雙邊市場發展迅速，當前的領導者經常面臨潛在進入者的巨大競爭，其他企業總是努力想取代今天的領導者。④由非盈利協會決定價格結構的雙邊市場不可能允許參與者獲得超競爭利潤。支付卡協會已建立了有效的非盈利機構，來負責銀行卡系統的成員和定價。定價水準由協會成員間的競爭來確定，而競爭往往是非常激烈的，此時參與者難以獲得超競爭利潤。阿姆斯特朗（Armstrong，2004）表明，由於不同組間的網絡外部性起到了強化競爭和減弱利潤的作用，平臺能夠通過選擇起到減少網絡外部性作用的價目表來提高他們的利潤。這通過使一邊的消費者為加入同一平臺的另一邊的每個消費者支付額外費用來實現。

5. 平臺企業的產品差異化行為與定價研究

平臺企業也可以通過多種差異化策略使得自身產品與其他產品區分開來，例如在媒體中，各個平臺企業每天都希望做出自身的特色，以吸引各自的企業和消費者，那麼平臺企業如何進行產品差異化以及差別化定價？由於平臺企業定價涉及的因素較為複雜，引入產品差異化後，其模型更為複雜。目前，對這個問題的研究還不深入，對這個問題的研究主要包括兩個方面：

（1）對縱向產品差異化的研究。魏森（Viecens，2005）構建了一個具有兩個重要新特徵的平臺價格競爭的簡單模型。首先，平臺內生地決定他們的「接入服務」的質量。其次，每一個群組不僅表現出對相反群組代理人數量的偏好，而且表現出對他們質量類型的偏好。即當購買者和銷售商通過平臺交互作用時，存在由一個市場到另一市場的網絡與質量效應。儘管存在網絡效應和事前對稱的平臺，他們發現不止一個活躍平臺的均衡。此外，在某些均衡中，當平臺由代理人選擇並確定時，在他們價格、擁有的消費者類型和他們提供的服務質量方面可以是非對稱的。需要指出的是，銷售商關注平臺上其他銷售商的類型對於存在不止一個平臺的均衡構造是相當重要的假設條件，而購買者一邊質量的異質性對於結論也產生了重要影響，特別是對於具有不對稱平臺均衡的存在。他們還發現，由於允許銷售商採用多重通道，如果不具有壟斷價格的話，銷售商被收取的費用高於邊際成本。最後，根據參數值判斷，銷售商通過類型分離的均衡是最苛刻的。低質量類型的銷售商採用單一通道，而高質量類型的銷售商採用多重通道的均衡，它使得一個平臺提供高質量的服務，而另一個平臺提供中等質量的服務，在所分析的均衡中產生最高的福利。然而，這個均衡可能並不一直存在。

戈德爾（Gaudeul，2004）研究了這樣一種情形，信息仲介傳達有關供應商產品的信息，從而獲得他們認證的這些相同供應商的支付。該文比較了信息仲介的兩種選擇：或者向供應商提出一個契約菜單以使它們顯示他們的類型，或者自己發現供應商的類型。在第一種情形中，必須留出一部分租金以引致類型顯示，在另外一種情形中，仲介確定供應商的類型將引致一定的成本。

（2）關於橫向產品差異化的研究，目前主要分析了一些具有雙邊市場特徵的市場中企業產品差異化的問題。例如，吉恩和迪迪埃（Jean & Didier，2004）分析了在廣播業中的節目和廣告競爭。模型分為兩階段：第一階段，廣播選擇節目。作者構建了一個 Hotelling 模型，用來解釋不同廣播業中對節目選擇的定位。第二階段，廣播選擇廣告頻率。節目猶如產品差異化，如果所有的電視臺都選擇相同的節目，那麼彼此間的競爭結果是所有的廣播都不播放廣告；如果電臺之間的節目是存在差異的，那麼都可以播放廣告。並且，在一定的條件下，頻率是戰略互補的。但作者在分析的時候沒有從雙邊市場角度考慮，即沒有對讀者與廣告投放人之間的網絡負效應進行考慮。

6. 平臺企業的進入壁壘與定價研究

雙邊市場中在位企業可以通過構建進入壁壘，以阻止外部企業的進入。轉移成本是造成「鎖定」的重要原因之一。從某種程度上來說，轉移成本加強了網絡外部性。本書通過引入轉移成本擴展了 Rochet-Tirole（2001）模型，在兩期情形下討論雙邊市場中的平臺競爭問題。按照經典的二期博弈分析方法，求出了這個博弈問題的均衡解，確定了平臺商在每一期的最優價格水準和最優價格結構。證明了第一期的市場份額可以給平臺商帶來收益。平臺商在第一期的價格結構不再與 Rochet - Tirole（2001）的結論完全一致，平臺商在第一期傾向於對有轉移成本的終端用戶採取較低的價格策略來爭取市場份額。但是轉移成本的加入並不能使平臺商的情況變好或者變壞，終端消費者的市場結構和轉移成本一起決定著平臺商的均衡策略和最終收益。另外，通過與無網絡外部性市場和無轉移成本市場的比較，我們發現市場結構的改變給平臺商的選擇帶來了一些影響，平臺商對市場中有轉移成本的一邊的需求彈性的變化變得更加敏感。

7. 平臺企業的價格規制問題研究

對雙邊市場的規制，國內外學者主要以銀行卡產業為例進行了相關研究。比較典型的如林芙美子（Fumiko Hayashi）和斯圖亞特・維納（Stuart E Weiner，2006）分析了銀行卡支付系統的特點，以及美國、英國和澳大利亞各國在銀行卡轉換費中的實踐與現有理論模型的匹配性；詹姆斯・里昂（James M Lyon，2006）則以美國的商場和發卡行之間關於轉換費問題的爭論為例分析了雙邊市場規制所面臨的困境：首先，從定價水準看，商家認為目前轉換費的確定與成本無關，是一種壟斷定價，因此，是違法的。但由於雙邊市場的價格與成本之間的關係不像單邊市場，因此，無論是經濟學家還是政府都不能因此得出轉換費是壟斷定價的結論。而且從其他國家關於轉換費規制的實踐看，並不是轉換費低，市場運行效率就高。其次，轉換費的社會福利問題，即銀行卡是否給社會帶來了福利。從一些國家的實踐來看，銀行卡確實給社會帶來了福利。最後，銀行卡要求不允許加價和不接受其他卡等要求是否合理。程貴孫等（2006）以銀行卡產業的運作機制和產業特徵為例，對雙邊市場的規制進行了分析，他們認為只有當消費者和商戶對銀行卡的需求得到平衡時，銀行卡組織網絡平臺才能正常運轉，銀行卡的價值才能體現。對具有「雙邊市場」特徵的銀行卡產業進行反壟斷規制是不能簡單地用傳統「單邊市場」的理論原理來解釋，否則將導致錯誤的結論產生。任何對交換費的規制政策和措施都必須先考慮如何使網絡交易量最大化。

0.3 研究思路和框架

1. 研究思路

本書主要依據馬克思主義的勞動價值論和西方經濟學的定價理論，結合平臺企業的特徵，分析平臺企業定價問題。首先，對平臺企業進行界定，分析平臺企業定價與傳統企業定價的差異性。其次，分析了平臺企業服務勞動的性質，本書認為平臺企業服務勞動是現代服務勞動的延伸和拓展，是創造價值的勞動；平臺企業服務的價值也是由提供這種服務的社會必要勞動時間決定的。平臺企業服務的價格也是價值的貨幣表現，只是在實踐中，平臺企業將根據兩邊用戶的特徵和對平臺的貢獻不同，導致平臺企業對單邊用戶制定的價格可能與其成本分離。再次，在此基礎上，分析了平臺企業的價格形式、定價特點和影響平臺企業的定價因素。最後，分析了平臺企業在不同情形下的定價。

2. 研究框架

本書共八章。

第一章是平臺企業界定及其特徵。本章主要分析平臺企業的產生、內涵、特徵、類型以及生活中常見的一些平臺企業。本書基於現有學術界對雙邊市場的定義，對平臺企業進行了界定，在此基礎上分析了平臺企業成立的條件、功能和分類，最後分析了銀行卡組織、大型購物中心、電子商務平臺的平臺企業特徵。

第二章是平臺企業定價特點及因素分析。本章首先分析了平臺企業服務的價格基礎，認為平臺企業服務是一種純粹性服務，也要創造價值，其價值也是由提供這些服務的社會必要勞動時間決定的，價格是價值的表現形式。但平臺企業價格與成本是分離的，價格結構對利潤水準有重要的影響，其定價和管制具有複雜性。在此基礎上，本書還分析了平臺企業定價的影響因素，包括市場結構以及平臺企業的市場行為。

第三章是平臺企業的壟斷定價和競爭定價。本章首先分析了平臺企業壟斷及其表現，對現有壟斷平臺及競爭平臺定價模型進行了分析和評價，並從中得出了在平臺壟斷和競爭情形下平臺的定價。

第四章是在捆綁銷售情況下平臺企業的定價。在單邊市場中，捆綁銷售限制了消費者的選擇，並對進入者的進入造成了阻礙。而平臺企業的捆綁銷售對兩邊用戶影響如何？本章主要構建了一個兩階段競爭模型，分析平臺企業捆綁銷售對定價的影響。模型結合雙邊市場的特徵，對比分析了消費者在單通道和多通道下的情況。分析表明，多通道情況下，捆綁銷售對社會福利的影響是不確定的；而壟斷平臺限制消費者多通道行為，將導致社會福利的損失。本章最後以流媒體市場為例，對模型進行了實證分析。

第五章是平臺企業在實施排他性協議下的定價。在單邊市場中，排他性協議存在爭論，但由於其限制了競爭，因此許多國家法律對此進行了限制。本章主要構建了兩階段的博弈模型，分析平臺企業排他性協議對定價的影響。模型表明，在雙邊市場中，如果允許在位平臺簽訂排他性協議，那麼進入平臺將被阻止進入，在位平臺對先期到達的消費者制定低價，對後來的消費者制定高價，並且社會福利低於沒有簽訂排他性協議的情況。本章最後以雙邊市場中發生的一些案例對模型結果進行了驗證。

第六章分析了平臺企業服務差異化行為下的定價。完全相同的平臺只是應用於理論研究，在雙邊市場中，平臺企業也會實施產品差異化或者服務差異化戰略。本章分析了平臺企業差異化的形式、實施差異化的原因以及在實施差異化情形下平臺企業的定價。

第七章分析了對平臺企業定價的規制。由於平臺企業定價的特殊性，使得傳統單邊市場中關於價格規制的一些理論和原則對平臺企業並不適用。本章主要分析了平臺企業價格規制的必要性和特殊性，以及人們對平臺企業價格規制認識上的一些誤區，並對特定產業的平臺企業規制進行了簡要分析。

第八章就論文的研究創新點、研究不足和未來進一步研究的重點進行了闡述。

0.4 主要研究方法

本書綜合運用以下研究方法來研究平臺企業定價問題。

1. 比較分析法

平臺企業及其定價的很多特徵是通過與傳統企業比較得出的，也只有通過與傳統企業的比較，我們才能更加深刻地認識到平臺企業定價與傳統企業的差異，才能發現對平臺企業的價格規制在很多方面與傳統企業存在差異。因此，本研究在對平臺企業界定、定價特徵及其在不同情形下的定價問題研究時都採用了比較分析法。

2. 案例分析法

本研究在進行理論分析的同時，以一些常見的平臺企業及其定價為例進行了實證研究和案例研究。例如在捆綁銷售中，以流媒體產業為例分析捆綁銷售時平臺企業的定價；以網絡購物為例，分析平臺企業的產品差異化行為及定價等。

3. 計量分析方法

平臺企業定價的機理較為複雜，因此在論述平臺企業的定價問題中，本研究通過構建相應的計量模型，以揭示平臺企業在不同情形下的定價，分析一些因素對平臺企業定價的影響。

0.5 創新點與不足

1. 創新點

與同類型研究成果相比，本書在以下幾個方面進行了一些新的探索並顯示出自己的特色。

（1）構建了一個類似於傳統產品定價的分析框架。關於傳統定價，我們一般按照價格形成、價格運行和價格管理框架分析，本書也試圖構建一個平臺企業價格形成基礎、價格運行特點以及對平臺企業價格規制和管理的分析框架。

（2）對平臺企業的價格基礎和價格形成進行了分析。現有文獻直接探討平臺企業定價，忽視了對平臺企業價格的基礎問題的分析。本書從馬克思主義勞動價值論出發，分析了平臺企業服務勞動的性質，認為平臺企業服務是現代服務勞動的延伸和擴展，是一種純粹性服務勞動，也是人類社會勞動的結晶，也要創造價值；平臺企業服務的價值是由提供服務的社會必要勞動時間和社會上其他從事類似服務的企業提供服務的社會必要勞動時間決定的；平臺企業的價格要受到供求關係的影響，但在供求關係決定價格總水準的情況下，平臺企業的價格結構也將對企業利潤產生重要影響，並成為平臺企業定價與其他企業定價的主要差別所在；而平臺企業用戶的網絡性以及在定價中價格與邊際成本分離的特性，使得平臺企業的價格規制不能依照傳統企業價格規制和管理的原則去思考和實踐。

（3）分析了平臺企業捆綁銷售定價。本書構建了一個平臺企業捆綁銷售模型，分析了平臺企業捆綁銷售情況下的定價。在消費者單歸屬的情況下，平臺企業捆綁銷售將導致接入其他平臺的消費者支付價格高於沒有捆綁銷售時的價格；捆綁銷售對競爭平臺是不利的，但捆綁銷售對社會福利的影響卻是不確定的，其原因在於捆綁銷售將使得更多消費者接入捆綁平臺，網絡效應抵消了捆綁銷售所帶來的社會福利的損失。

（4）分析了平臺企業排他性行為及其定價。消費者多歸屬行為削弱了平臺的優勢和平臺企業利潤，因此在位平臺希望通過簽訂排他性協議，提高自身的市場地位，限制平臺競爭。模型表明，在雙邊市場中，如果允許在位平臺簽訂排他性協議，那麼進入平臺將被阻止進入，在位平臺對先期到達的消費者制定低價，對後來的消費者制定高價，並且社會福利低於沒有簽訂排他性協議的情況。

2. 本書的不足

本書的不足則在於：

（1）實證分析上的欠缺。由於資料收集的困難，因此本書在實證分析中主要採用案例進行實證，而沒有系統地對一個行業進行定價的實證分析，使得本書在實證分析方面略顯粗糙。實證分析上的欠缺也是當前平臺企業研究的一個普遍缺陷，但這又為後續研究提供了廣闊的空間。

（2）平臺企業定價影響因素眾多，需要做的研究工作很多，因此本書主要以平臺企業的行為作為分析對象，但是兩邊消費者行為都對平臺企業定價產生重要的影響，而本書在研究中只是在模型構建中進行了一些分析，由於文章篇幅所限，無法對它們進行深入的研究，這無疑是一個遺憾。

（3）模型過於理論化。平臺企業面臨兩個邊的消費者，如果考慮平臺競爭，一個定價問題就會涉及四個價格變量，如果再加上產品差異化指數、信息不對稱等變量，就會涉及更多的變量，其計算龐大繁復，而且即便計算出來，在定價、利潤、消費者和生產者剩餘、社會福利方面的比較分析也是非常困難的。因此在構建模型的過程中，往往進行了很多假設，而這種假設可能會導致過於理論化，對實踐的指導意義可能降低。

（4）平臺企業的價格規制研究比較粗淺。其原因是平臺企業涉及的行業太多，而規制問題應該針對不同行業的具體情況進行分析，受到篇幅限制，本書不可能進行展開論述。同時，平臺企業研究才處於起步階段，平臺企業定價也還未深入，而且相對傳統企業而言，其規制研究更為複雜，因此本書只對平臺價格規制進行了原則性的介紹，沒有進行深入分析，這也是本書的遺憾。

1　平臺企業的內涵、特徵及分類

1.1　平臺與平臺企業

1.1.1　平臺

近年來,「平臺」這個詞語在目前的報刊文獻中的大小文章中頻頻出現, 如: 學者間相互溝通的學術「平臺」、企業銷售「平臺」、網絡教育「平臺」、電子支付「平臺」、增值業務「平臺」、網絡游戲「平臺」、電子政務綜合服務「平臺」等。在這裡, 平臺就是指能夠給大家提供一個相互交流和作用的場所。這裡的平臺與我們所研究的平臺企業雖然存在一定的聯繫, 但也存在著重要的差別。

平臺企業的出現與雙邊市場是分不開的; 而雙邊市場則是與傳統的單邊市場區別開來。在傳統的單邊市場中, 一筆交易只存在一個買方與賣方, 例如企業將產品銷售給消費者, 這個時候的關係是企業與消費者; 而在雙邊市場中, 一筆交易的發生除了買方和賣方之外, 還存在一個平臺, 平臺為買賣雙方提供服務並滿足平臺兩邊用戶的需求。例如中國電信就被認為是一個典型的平臺企業，這裡一筆交易的發生，即要完成一次通話，必須有主叫方和被叫方，同時還要通過中國電信的電信網絡平臺；大型百貨商場也是一個平臺，商場既為消費者提供一個購物的場所，同時也為商家提供一個銷售的場所。圖 1-1 就是一個最簡單的平臺企業的業務模式。

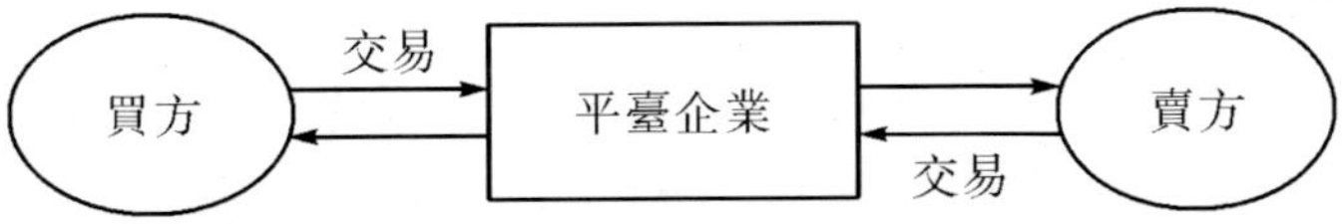

圖 1-1　**平臺企業業務模式**

從圖 1-1 我們可以看出，平臺企業與我們通常意義上的平臺有一定的聯繫，即買賣雙方交易和相互作用的場所；但又存在明顯的區別，通常意義上的平臺，並沒有界定雙方之間的關係，而平臺企業中的平臺雙方是互為依存的。此外，我們這裡所論述的平臺，其市場基礎是在雙邊市場中，因此還有很多特徵與雙邊市場密切相關。對此，我們後面做詳細的分析。既然平臺企業存在於雙邊市場中，那麼，我們有必要從雙邊市場角度對平臺企業進行一個較為準確的界定。

1.1.2　雙邊市場的理論界定

1. 雙邊市場的內涵

羅森（Roson，2004）認為，雙邊市場是指為銷售特殊服務，允許雙（多）方在第三獨立實體管理的平臺上發生交互作用的市場。雷辛格（Reisinger，2004）認為，雙邊市場是指存在截然不同的兩類用戶通過公共平臺而相互作用的市場。平臺目前的問題是「把市場雙方拉到平臺上」。但是上述對雙邊市場的界定是模糊的，只是強調了平臺在雙邊市場中的作用，很多具有平臺的市場並不一定是雙邊市場。

Amstrong 等人從交叉網絡外部性的角度定義雙邊市場，他們認為，兩組參與者需要通過中間平臺進行交易，並且一邊參與者的收益決定另一邊參與者的數量。但羅歇和梯若爾（Rochet & Tirole，2005）認為，僅僅從交叉網絡外部性界定雙邊市場，首先面臨對於交叉網絡外部性的解釋問題，因為交叉網絡外部性的前提是在其他條件不變的情況下分析一邊用戶規模的增加對另外一邊用戶的影響，而忽視了對本邊用戶的影響；其次，可能存在範化的問題。羅歇和梯若爾（Rochet & Tirole，2005）舉了一個簡單的例子，在傳統市場中，賣方數量的增加將使得賣方競爭激烈，市場供給增加，市場均衡價格下降，使得買方的效用增加，因此賣方數量的增加提高了買方的效用。但這個市場並不是雙邊市場。

羅歇和梯若爾（Rochet & Tirole，2004）對雙邊市場進行了深入研究，他們把雙邊市場定義為：「當平臺向需求雙方索取的價格總水準 $p=pB+pS$ 不變時（其中，pB 為平臺向消費者索取的價格，pS 為平臺向商戶索取的價格），平臺中任何需求方所面臨的價格的變化都會對平臺的總需求和平臺實現的交易量有著直接的影響，那麼這個平臺市場被稱之為雙邊市場。」他們認為，在單邊市場中，銷售者的利潤和交易量僅僅取決於銷售者向消費者所制定的價格總水準，而與價格總水準在不同消費者之間的分配比例（價格結構）無關；而在雙邊市場中，當平臺向兩類消費者群體制定的價格總水準保持不變時，在價格結構（或價格分配）上的任何改變都將影響到雙方對平臺的需求和參與平臺的程度，並將進一步影響到平臺實現的交易總量。因此在雙邊市場中，價格結構比價格總水準在平衡雙方對平臺產品的需求方面，顯得更為重要。

2. 雙邊市場的成立條件分析

埃文斯（Evans，2003）指出雙邊市場應滿足三個必要條件：①存在不同類別的消費者群組；②一個群組的成員從與另一個群組中的一個或者多個成員的需求協同中獲益；③某中間人能夠比群組成員間的雙邊關係更有效地促進協同。作為一個實證問題，間接網絡效應一般伴隨著條件，而且密切地沿著多個邊改變這些產業中的商業戰略。而羅歇和梯若爾（Rochet & Tirole，2004）更詳細、系統地分析了雙邊市場的成立條件，他們認為，雙邊市場的成立有必要條件和充分條件。

（1）必要條件——科斯定理失靈

科斯定理認為，如果產權是被清晰地界定並且能夠交換，並且不存在交易成本和不對稱信息，交易的結果將是帕累托最優的，即存在外部性。科斯的觀點就是，如果產出是無效率的，並且不存在討價還價的障礙，人們將通過協商，使其更加有效率。因此，科斯定理認為，通過平臺相互作用，買賣雙方通過交易所獲得的利益取決於價格水準，而不是取決於他們之間的分配，後者對交易容量、平臺利潤和社會福利不會產生影響。因此，只有在科斯定理失靈的條件下，雙邊市場中的平臺才有存在的可能性；否則，買賣雙方可以通過協商外部性而獲得收益，而不會通過平臺進行交易。

為何雙方能夠從交易中獲利，但協議會破裂，一個常見的原因是雙方對從交換中獲取利益的大小有不同的看法。協議中的每一方都希望能夠從交換中獲取自己的最大利益，在不完全信息中，可能就過於貪婪。

不對稱信息經常對最優交易量有影響，然而在本質上與雙邊市場是不同的。實際上，只有放鬆科斯定理的一個假設條件，價格結構仍然是中立的。當賣方的通道費用按照一定數量增加，而買方按照相同數量減少，雙方討價還價的策略還是相同的，除開他們，都移動了一個常數。當賣方發出邀請時，它仍然會與以前的數量一樣。

（2）充分條件——價格結構非中性

羅歇和梯若爾（Rochet & Tirole，2004）認為，雙邊市場的重要特徵在於雙邊市場中的價格結構比價格水準更重要，即價格是非中性的。為何價格可能是非中性的，其原因在於用戶自己的價格轉嫁不完美。我們知道在單邊市場中，價格的轉嫁是完美的，例如政府徵稅，無論是向消費者還是向生產者徵稅，其結果都是一樣的，因為始終能夠通過價格的調整，要麼轉嫁給生產者，要麼轉嫁給消費者，但對於政府而言，其徵稅的總量並不會因為徵稅的對象的差異而出現不同。但在雙邊市場中，這種價格轉嫁就是不完美的，對平臺兩邊不同的用戶收取的價格不同，可能就會影響到平臺的總收入。例如在雙邊市場中，平臺可以依據買賣雙方對價格敏感程度的不同，通過低於平均成本甚至邊際成本的定價來吸引價格敏感一方參與到市場中來，並利用網絡外部性吸引市場的另外一方，實現在價格總水準不變的情況下的利潤最大化。而轉嫁不完美的原因在於過高的交易成本使得買賣雙方轉嫁困難、平臺禁止終端用戶在定價上的交易限制了買賣雙方的轉嫁，並且對數量不敏感的成本使得轉嫁較為困難等。

過高的交易成本。「交易成本」過高是指使市場一邊向另一邊轉移重新分配收費的成本太高，使得這種轉移支付不可行。例如，在電信網絡中，在主叫方與被叫方之間進行轉移支付的交易成本低的情況下，電信廠商隨便向哪邊收費都不會影響通話數量。但現實的情況是，主叫方與被叫方之間進行轉移支付的成本很高，使得這種轉移支付根本不可能實現，那麼這個時候對主叫方和被叫方收取的價格就對通話頻率有非常重要的影響，此時，價格結構就不是中性的。另外，例如 ADOBE 軟件市場也是一個典型的雙邊市場，ADOBE 公司對利用 ADOBE 軟件進行編寫的用戶收取高價，而對利用 ADOBE 軟件進行閱讀的用戶免費，還提供免費升級的服務，此時如果對編寫的用戶和閱讀的用戶之間進行費用重新分配的成本較低，ADOBE 公司對哪個用戶收取費用及價格高低都無所謂，但實際情況是，軟件編寫用戶根本不可能向閱讀用戶收取費用，而且一旦向軟件閱讀用戶收取費用就沒有人願意使用這個軟件閱讀，這又使得軟件編寫用戶的效用降低。還有例如信用卡系統中，儘管沒有規定不能進行差別性定價，而且儘管中間費用是額外的，但是很少有商家採用差別性定價。

平臺禁止終端用戶在定價上的交易。在有的情況下，雖然平臺雙方進行價格的轉嫁在理論上是可能的，但平臺為了維護其自身的存在，禁止終端用戶在定價上的差異，而終端用戶為了獲取平臺帶來的利益，不得不接受。這種最典型的例子在支付卡系統中，由信用卡協會（Visa 和 Master Card）和營利機構（Amex）採納的無歧視性原則，明確規定商家不準對現金用戶和卡支付用戶採用差別性定價，商家不得把商業折扣轉移給持卡人；否則的話，商家就可以通過價格歧視，對現金用戶定低價，而對刷卡用戶定高價，將平臺費用轉移給刷卡用戶。

對數量不敏感的成本。它包括平臺收取的固定費用和發生在用戶身邊的涉及技術的固定成本。例如，軟件開發商既招致開發工具包和參加交易展覽的固定支付，也招致開發軟件的固定成本。兩種交易不敏感成本的分界線有時是不清楚的：一方面軟件平臺可能為吸引軟件開發商，而對開發工具包收取一個低價，或贈送支持開發的軟件，或設計友好的開發者 APIs。另一方面，只有總的不敏感交易成本對最終用戶起作用，因此不必對固定費用和固定技術成本做出的人為的區分進行關注。因此，在不敏感的交易成本下，購買者和銷售商之間的固定費用分配起作用，固定費用的微小變化能使雙方的成員數量（決定招致交易不敏感成本的最終用戶集合）保持不變，這是一種相當不可能的情況。購買者固定費用「A」的增加通常不能轉移給銷售商。非常確定的是，人們可以找到協同成員決策的例子。例如，購買客戶和服務器軟件的企業部門，或者為相互比賽加入網球俱樂部的家庭，他們將要進行聯合的成員決策；提供給企業或者家庭的軟件包是一個整體成為定價的唯一因素，而不是總體價格如何在部門或家庭成員中分配的方式①。

1.1.3 平臺企業的內涵

根據雙邊市場的概念，我們認為，所謂平臺企業是指在雙邊市場中，為交易雙方提供產品或服務，並努力促成它們在交易平臺上實現交易的企業。雙邊市場的存在是平臺企業存在的必要條件；而平臺企業是雙邊市場中的重要組成部分，也正是因為有平臺企業的存在，才將雙邊市場中的兩方聯繫起來發生交易。正因為雙邊市場是平臺企業存在的前提條件，因此在現實生活中，很多市場存在雙方相互作用的平臺；但這種市場不是雙邊市場，因此這裡的平臺也不是我們所論述的平臺企業。下面是 Tirole（2004）列舉的一些看上去屬於雙邊市場，但其實質仍然是單邊市場的實例。

第一，增值稅。當政府對買賣雙方徵收增值稅或者附加稅的時候，我們可以將政府看作是一個平臺。這裡，平臺終端消費者對平臺的使用不是由於平臺使得交易更加便利，而是由於政府的強制權力。眾所周知，稅收在買賣雙方之間的分配在經濟上是不相關的。如果政府對賣方增加稅收，而相應地減少買方支付的數額，不管這個市場是否是完全競爭的，賣方都要相應地漲價。

---

① 朱振中. 基於雙邊市場理論的產業競爭與公共政策研究［D］. 北京：北京郵電大學，2006.

第二，支付卡系統的中立。商場的銀行，也就是受卡行，對發卡行的費用如果在以下幾個條件同時滿足時，那麼銀行卡系統也不是雙邊市場，銀聯組織也不是平臺企業。首先，發卡行和受卡行是通過對持卡者和商家聯合收費；其次，商家能夠對消費者支付現金或者信用卡支付而對商品或者服務收取不同的價格；也就是說，銀行卡系統並沒有對商家加入這個系統制定不額外收費的條件；最後，商家和消費者不承擔對一個商品雙重定價的交易成本。

第三，存在進入或者退出費用的單邊電力市場。當發電廠和顧客簽訂單邊協議時，而且發電廠向電網支付一定的接入費用，而顧客向電網支付一定的下載電力的費用。這種費用是用來彌補電網的固定成本的。這與歐洲電力市場類似，在 vat 案例中，買賣雙方，在單邊能源貿易討價還價時，僅僅會將支付給電網的總體費用考慮在內。

第四，被叫與主叫簽訂單邊協議的電信市場。一個能夠彼此間進行轉移的主叫和被叫，可以選擇他們通話時間的長度，但是這僅僅是服務提供商向他們徵收的總費用的函數。如果兩個終端使用者都是通過不同的平臺聯繫的，或者更一般的，如果他們面臨不同的單位收費，他們或許會商量誰打更劃算。相反，如果是在固定電話和手機中的聯繫，一般是由手機付費，如果雙方之間的轉移支付是可能的，那麼手機用戶將不願意公開他的電話號碼或者盡量縮短通話時間。

第五，企業。羅歇和梯若爾（Rochet & Tirole，2004）按照雙邊市場的定義，分析了將企業看作雙邊平臺的一些問題。企業可以被看作將原料供給和消費者聯繫在一起的組織。假設一個小器具的企業，每個勞動生產一單位產品，工人可以支付通道費給企業，然後企業將工人生產的產品賣給消費者，這個時候的企業就是一個雙邊平臺。但企業的存在更加複雜，因此現實中的大多數企業並不是我們這裡所論述的平臺企業。

1.1.4 平臺企業的演進

1. 平臺企業是分工細化的結果

首先，從人類社會發展演變的歷史進程看，平臺企業是社會分工的結果，產生了對商品交換的需要。生產勞動的分工，使他們各自的產品互相變成商品，互相成為等價物，使他們互相成為市場分工精細化的需要。社會化大生產的發展促進了市場領域分工的精細化，市場的各方面、各環節分工愈細密、協作愈密不可分，必然要求促進市場各方面聯繫的平臺應運而生。例如，房地產交易仲介的產生，是在房地產交易需求不斷增加的情況下，市場分工產生的專業性平臺。正因為平臺企業是市場分工細化的結果，因此平臺企業在一定程度上可以通過專業化生產來提高效率，同樣以房地產交易仲介為例，房地產交易仲介集合了買賣雙方的信息，因此通過房地產交易仲介進行交易的效率更高。其次，平臺企業是在傳統的單邊市場基礎上產生的，是對傳統單邊市場企業提供產品或者服務的替代。房地產交易仲介是在原來房地產企業的銷售功能基礎上產生的；銀行卡系統是在現金消費的基礎上產生的。

2. 平臺企業是降低交易成本的一種新的企業形式

平臺企業能夠降低交易費用的原因是：由平臺企業為會員企業提供的專業服務，導致企業間信息溢出，減少了搜尋成本，建立在平臺企業中的交易主體的聲譽機制減少了機會主義和敗德行為。交易費用（Transaction Costs）又稱交易成本，最早由美國經濟學家羅納德·科斯提出。他在《企業的性質》一文中認為交易成本是「通過價格機制組織生產的，最明顯的成本，就是所有發現相對價格的成本」「市場上發生的每一筆交易的談判和簽約的費用」及利用價格機制存在的其他方面的成本。[①] 科斯認為市場運行中存在著交易費用，交易費用是「運行價格機制的成本」，至少包括兩項內容：①獲取準確的市場信息的費用：企業搜集有關交易對象和市場價格的確定信息必須付出的費用。②談判和監督履約的費用：為避免衝突就需要談判、締約並付諸法律，因而必須支付有關費用。交易成本由信息搜尋成本（包括尋找最合適交易對象的成本及尋找交易標的物的成本）、談判成本、締約成本、監督履約情況的成本、可能發生的處理違約行為的成本[②]。著名經濟學家張五常在其《經濟解釋》一書中用以下文字闡述了他對交易成本的理解：從最廣泛的意義上說，交易成本包括所有那些在魯賓・克魯索經濟不可能存在的成本，在這種經濟中，既沒有產權，又沒有交易，也沒有任何種類的經濟組織。[③] 可以把交易成本看作一系列制度成本，其中包括信息成本、談判成本、起草和實施合約的成本、界定和實施合約的成本。簡言之，交易成本包括一切不直接發生在物質生產過程中的成本。

平臺企業作為特殊的企業形式，能降低交易費用，具體表現為：

（1）降低搜尋成本

平臺企業的存在，必須能凝聚並維持足夠數量雙邊客戶的平臺。首先是使得產品信息搜尋成本降低，這是因為平臺企業的作用能使得相關企業加強生產信息、產品信息的溝通，這為消費者或客戶更全面地瞭解產品信息提供了方便，減少了企業

---

① COASE R. The Nature of the Firm [J]. Economica, 1937.

② 柯武剛，史漫飛. 制度經濟學 [M]. 北京：北京商務印書館，2000：11.

③ 張五常. 經濟解釋——張五常經濟論文選 [M]. 北京：商務出版社，2002.

搜尋的時間，節約了搜尋成本。例如，對於網絡型產業，如超市、連鎖店等，平臺企業必須擁有足夠覆蓋範圍的網絡。其次是降低技術和知識搜尋成本。對於技術密集型行業，如軟件開發，平臺企業必須擁有核心的技術開發和營運能力。

（2）減少了機會主義成本

現代博弈論已經證明，當交易雙方僅發生單次交易時，理性經濟人必然會出現損人利己的敗德行為，囚徒困境就是典型例證。通過平臺企業的作用，一條產業鏈上上游企業和下游企業作為在平臺上交易的雙方，發生頻繁的供求關係，由於平臺企業具有維護行業利益的作用，在平臺中，同一產業中的替代性企業很多，一旦交易受損的一方識破對方的詐欺行為，能夠通過支付很小的搜尋成本就可以找到新的替代企業，而不會發生專用性投資的「套牢」危險，而在平臺中通過對有不良信用記錄的企業的曝光和各交易主體在平臺中的交流，實施逆向選擇和道德風險行為的企業由於不良的聲譽而很難在產業集群內找到合適的合作夥伴。

1.2　平臺企業的特徵

1.2.1　平臺企業的用戶特徵

1. 平臺企業擁有兩邊不同的消費者群體

在平臺企業中，同時存在買方和賣方兩個群體。例如銀行卡支付平臺中的持卡人和商家、房地產交易仲介中的業主與買家。平臺企業既要爭取買方客戶也要爭取賣方客戶，因為只有買賣雙方在企業提供的平臺上達成交易，平臺企業才會有收益。比如報紙，一方面要爭取大量讀者，這樣才會有廣告商前來；

另一方面又要爭取廣告業務，因為這樣會降低報紙的價格，從而吸引更多的讀者。這兩方面相互作用，定價是平臺企業的策略。如羅歇和梯若爾（Rochet & Tirole，2004）認為，當平臺向需求雙方索取的價格總水準不變時，平臺中任何需求方所面臨的價格的變化都會對平臺的總需求和平臺實現的交易量有著直接的影響，從定義中可以看出，在價格結構上的任何變動都將影響到雙方對平臺的需求及其參與規模，並影響交易總量。因此在平臺企業的雙邊市場中，價格結構在平衡雙邊用戶的需求方面顯得尤為重要。例如在婚姻介紹所中，對男女會員的收費是存在差異的，很多婚姻介紹所都是對女性免費，對男性會員則收取高價；而如果將收費結構變為對男性免費，對女性收取高價，其結果會大不相同。

2. 平臺企業雙邊用戶需求具有互補性

在傳統的市場交易中，不同產品之間也存在互補性；但單邊市場中的互補性是由同一個消費者產生，所以消費者在消費時能夠充分考慮互補性產生的溢出效應，並可以將這種溢出效應內部化。例如一個消費者必須購買打印機和墨粉，才能完成打印行為，但是打印機與墨粉這兩種互補產品產生的溢出效應必須被同一消費者所獲得，消費者對墨盒的需求是基於自身已經擁有了打印機，否則消費者不會對墨盒產生需求，因此，這種互補是一種功能性的互補。換句話說，我們可以將打印機和墨盒作為一種組合產品。

但是在雙邊市場中，雖然平臺向兩個市場的消費者提供產品，產品之間存在互補性，但是這種互補性並非是功能性互補，這種互補是基於非同尋常的用戶安裝基礎而產生的。市場需求是指雙邊市場的聯合需求，缺少任何一邊的需求，都不會形成對平臺的需求。例如廣告媒體中，只有當受眾需要從廣告中獲得相關信息，同時也只有當生產廠商有發布廣告的需求，這個時候才會形成廣告；如果只有消費者希望從媒體獲取相關信息，而生產廠商不需要發布廣告，那麼這個時候，平臺就不會出現廣告。例如，房地產或仲介企業，在房地產市場處於低迷狀態的時候，房地產開發商需要發布廣告，而消費者購房也需要相關信息，這個時候，報紙等就會出現大量的房地產廣告。而近年來，隨著房地產市場的發展，很多樓盤出現了排隊購買的現象，這個時候，房地產開發商就不需要廣告，因此房地產廣告也就相應減少。因此，平臺企業的互補性需求特徵主要表現為：基於不同市場的用戶安裝基礎產生的非功能性互補需求決定了市場需求的特殊性，即：平臺廠商的需求來自雙邊市場的聯合需求，缺少任一市場的需求，都不會形成對平臺的需求。

3. 平臺企業同時向兩邊用戶銷售具有相互依賴性（Interdependent）和互補性（Complementary）的產品或服務

由於平臺企業中的雙邊用戶在需求上存在互補性，因此，在這種情況下，作為雙邊市場不可能只提供一種產品或者服務，而必須要向平臺的兩邊的用戶提供他們所需要的服務。所謂相互依賴性和互補性，是指這些平臺企業的產品或服務在促成雙邊的用戶達成交易方面是相互依賴和相互補充的，缺一不可。只有雙邊用戶同時對平臺企業提供的產品或服務有需求時，平臺企業的產品或服務才真正有價值，否則任何一邊用戶對平臺企業的產品或服務沒有需求時，該平臺企業的產品或服務的價值就不存在。也就是說，雙邊市場同時向兩類消費者群體銷售具有相互依賴性和互補性的產品，即「雞生蛋與蛋生雞」的問題（卡約，朱利安，2003）。因此，雙邊市場必須向這兩類消費者群體制定合適的價格水準和價格結構，以吸引他們到平臺上來並進行交易。平臺廠商除了需要考慮能夠為一邊的用戶提供什麼價值外，還需要明確這邊用戶能夠為另外一邊市場創造的價值，從而促進兩類用戶發生作用而獲利，如果只考慮一邊用戶的利益，則可能會失去另外一邊用戶，又通過交叉網絡外部效應，失去另外一邊用戶，從而形成惡性循環，最終使得平臺陷入困境。因此，從平臺的角度看，一邊用戶的市場份額可以被看成對另外一邊用戶的投入。例如，作為房地產仲介，不可能只幫出租房屋的人提供信息登記服務，而不向租房的人提供租房的相關服務，這裡房地產仲介作為雙邊市場平臺，必須向出租方和租房的人都提供服務，並且提供的服務是具互補性的。而且，房地產仲介在制定價格的時候必須考慮房地產市場的現狀，適時調整自己的定價策略。例如，近年來中國房地產市場呈現出了火爆的場面，二手房出現了供不應求的現象，因此，房地產仲介此時一般不向賣房的人收取費用，而是向買房的人收取全部費用。但是，隨著房地產市場供給的不斷增加，房地產市場出現供過於求的現象，那麼，這個時候房地產仲介手中出租房屋的人多，如果還是採用對租房的人制定價格的方式，那麼就很少有人到這個房地產仲介出租房屋，而在沒有人租房的情況下，即使到這裡登記房地產出租信息是免費的，但是人們也不願意將房屋拿到這裡來出租，因為租不出去。與此類似，在報紙廣告中，如果報紙不能吸引觀眾，那麼生產商也就沒有必要在這個報紙上打廣告，因此，報紙必須通過提供其他的新聞、信息等來吸引觀眾。

4. 平臺企業中存在交叉網絡外部性

凱茨和夏皮羅（Katz & Shapiro，1985）認為，「網絡外部性」是指某個產品或服務的價值隨著消費該產品或服務的消費者數量的增加而增加。

網絡效應主要分為直接網絡效應與間接網絡效應。直接網絡效應是指同一市場內消費者之間的相互依賴性，即用同一產品的消費者可以直接加強其他使用者的效用。如電話傳真以及互聯網等這些與麥特卡爾弗定理（Metcalfe's Law）所描述的網絡外部性是相類似的。間接網絡外部性主要指基礎產品與輔助產品之間技術上的互補性，這種互補性導致了產品需求上的相互依賴性，例如 VCD 播放機與 VCD 碟片、PC 機與應用軟件等。在平臺企業的雙邊市場中，存在直接網絡外部性和間接網絡外部性，例如在軟件行業中，當大多數人都選擇同一個操作系統時，新加入用戶選擇相同的操作系統更為便捷，因此也願意使用相同的操作系統。

但是雙邊市場的網絡外部性還主要表現為雙邊市場的交叉網絡外部性。前面我們分析的直接網絡外部性和間接網絡外部性都是指同一邊用戶對另外一邊用戶的影響，而交叉網絡外部效應是指平臺一方對平臺產品的需求不僅取決於該邊消費者對平臺產品的消費數量，還取決於平臺另一方的消費者消費平臺產品的數量，即一方對平臺產品的需求規模是作為一個質量參數來影響另一方對平臺產品的需求。例如在媒體廣告中，媒體的價值不僅取決於商家對廣告的需求，而且還取決於報紙的發行數量，一般報紙的發行數量越多，那麼商家也就越願意在這種報紙上打廣告，媒體價值也就越大；反之，如果報紙發行的數量很少，即使廣告價格再低，也沒有商家願意打廣告。與此類似的是在銀行卡支付系統中，接受信用卡的商家越多，給消費者帶來的便利越多，消費者才願意接受銀行卡；而只有接受信用卡支付的消費者越多，給商家帶來的收入才越高，商家也才願意接受信用卡支付。

1.2.2 平臺企業的功能特徵

平臺企業作為一種虛擬或現實的交易空間，其主要功能是為交易雙方提供服務，因此具有仲介特徵。國外部分學者探討了平臺企業作為仲介的業務模式。在雙邊市場中存在三個經濟主體，即平臺企業，生產企業和消費者。平臺企業作為市場雙方交易的主要載體，賣方市場需要在平臺上刊登廣告，他們通過這個平臺散布信息，吸引顧客；消費者也需要通過平臺仲介搜尋有用的產品和價格信息。研究平臺企業仲介功能的文章很多，這些文獻研究了賣方和顧客之間把媒體平臺作為交互媒介達成交易的過程。安德森和寇特（Anderson & Coate，2003）分析了私人和社會廣告，以及市場中的賣方經常提供新產品的情形。杜克思（Dukes，2003）分析了當賣方提供不同的產品時，私人和社會的廣告供應問題。勞色爾、索納克（Gabszewicz，Laussel & Sonnac，2001）和杜克思（Dukes，2003）提出了更一般化的競爭模型，研究了媒體在賣方和客戶之間提供不同服務的範圍。賴斯曼（Rysman，2004）研究了模型的網絡效果，例如黃頁目錄的競爭如何吸引廣告客戶和讀者。平臺企業的仲介特徵在房地產交易中表現得更明顯，近年來，隨著中國房地產業的發展，房地產平臺諮詢服務機構正在蓬勃發展，房地產開發和市場消費的橋樑紐帶作用通過這一平臺得以發揮。概括而言，房地產仲介業的主要功能是：溝通信息、提供諮詢；促成交易、提高效率；公平買賣、保障安全①。完善的房地產平臺體系包括房屋交易、融資按揭、物業管理等為房地產交易而提供相關諮詢服務。經營機構或個人有置業、投資、換房、租賃等需求，將買賣（或租賃）樓宇及置業的設想、貨源、位置、座號等要求委託給平臺公司，由於房地產平臺擁有大量不同等次價格的房屋物業的信息，能夠以最快的時間提供與客戶預期匹配的房源信息和服務，同時協助客戶辦理房地產評估、過戶、銀行按揭、物業管理、產權歸屬證明、憑證等各種服務，從而使雙方在平臺上達成交易。

---

① 張永岳，顧長浩. 上海房地產經紀行業發展與管理課題報告［J］. 經紀人（特刊），2004.

1.2.3　平臺企業的產品和服務特徵

平臺企業提供的產品和服務具有信息產品的特點。信息「不確定性地減少」(克勞德，申農，1948)，或說是傳遞中的知識差。當信息具有獨占性和使用價值時，信息就能成為具有市場價值和價格的商品。因此，瓦里安（Varian，1999）將信息產品定義為數字化產品或者可被數字化的產品。與傳統產品相比，信息產品在成本構成上具有非常顯著的特徵：巨大的初始固定生產成本和幾近為零的邊際生產成本（張軍，2002)。這種成本上的特徵是由信息產品的生產決定的。信息產品的生產通常分成兩個階段：第一階段是智力的創造性勞動階段。由於這一階段對企業而言會面臨巨大的風險，需要大量的投入才能創造出第一個信息產品。因此，這一階段所投入的初始固定成本是一種沉沒成本（Sunk Cost)。生產的第二階段則主要是大規模的生產階段。對信息產品而言，這種大規模的生產就是機械性的複製。由於複製信息的成本很低，因此，與巨大的初始固定生產成本相比，信息產品的邊際成本幾乎為零。例如，開發大型軟件一般需要上千萬美元的投入，然而一旦研製開發成功並投放市場時，刻錄（複製）一張光盤的成本卻不到 1 美元；製作一部影片需要耗費上億美元，但是將這部影片複製在光盤上的成本幾乎為零。

平臺企業的產品的生產成本具有和信息產品類似的成本結構，即高固定成本、低邊際成本的特點，例如電信網絡，建立基站和網絡的成本很高，但是每一次通話的成本很低。雖然不同的雙邊市場，其固定成本和可變成本有自己的特殊性，但雙邊市場的這種特殊的成本結構，使得其競爭策略與傳統的單邊市場相比，存在自身的差異性。

1.3 平臺企業的分類

不同學者從不同角度對平臺企業進行了劃分。比較典型的如下：

1.3.1 按照功能分類

埃文斯（Evans，2003）根據雙邊市場平臺功能的不同，將雙邊市場劃分為三類：市場製造者、觀眾製造者和需求協調者。

1. 市場創造型（Market-makers）

平臺企業的功能是使得雙邊的用戶交易方便，仲介平臺增加了買賣雙方配對成功的可能性，並且提高了搜索交易對象的效率，例如電子商務平臺、房屋仲介、婚姻仲介、獵頭公司、超市等。市場創造型平臺一般可以明確地觀察到交易用戶以及兩邊交易的次數，因此平臺可以採用註冊費、交易費以及兩步收費制等方式，實際上註冊費和交易費這兩種收費方式也是兩步收費制的特殊形式。電子商務平臺先向用戶收取註冊費，用戶交納註冊費後，就獲得了到平臺上交易的資格。隨後，平臺按照交易次數向用戶收費，這時的收費可以是和交易金額有關的費用（按照交易金額的一定的百分比收費），也可以是獨立於交易金額的費用（即每次交易收取固定的費用）。

2. 受眾創造型（Audience-makers）

平臺的主要職能是多吸引觀眾、讀者和網民。這樣，企業才會願意到平臺上發布廣告和產品信息，例如電視、報紙、雜誌、網站等。受眾創造型雙邊平臺的兩邊的用戶之間沒有直接的交易關係，而且在很多情況下，該市場類型往往與負外部性聯繫在一起，也就是說，觀眾對於電視等媒體上的廣告持比較厭惡的態度，因此，平臺對用戶收費難度較大，平臺只有將收費的重點放在企業這一邊。另外，在平臺上通常很難觀察到用戶和平臺之間交易的次數，例如電視臺很難知道電視觀眾觀看了多少次廣告。因此即使平臺對用戶收費，收取交易費也不是很合適，往往採用註冊費的方式，也就是用戶交納一定的費用後，在一定的時段內可以任意使用該服務。對於企業一邊，採用的收費方式可以靈活多樣，幾種常用的收費方式都可以採用。

3. 需求協調型（Demand-coordinators）

平臺的功能使得兩邊用戶的相互需求在該平臺上實現，主要分佈在 IT 產業、通信產業和金融行業，例如 Windows 操作系統、銀行卡系統、移動增值業務平臺等。需求協調型雙邊市場的兩邊有交易關係，平臺往往是作為一個基礎平臺，產品提供商一邊在基礎平臺上開發產品提供給消費者，實際上，換個角度考慮，平臺和產品提供商之間是基礎產品和應用產品的關係，它們共同構成完整的產品組合來提供給消費者使用。如果將提供基礎產品的廠商作為平臺來考慮，原來作為間接網絡外部性的情況就變成了雙邊市場的情況。對於消費者一邊，平臺的收費方式可以是以上提到的幾種方式，信用卡平臺對用戶收取年費，移動數據業務平臺對用戶按照交易次數收費，對於產品提供商一邊，軟件操作系統平臺對於應用開發商收取版稅，而信用卡平臺對特約商家收取交易額一定比例的費用等①。

1.3.2 按照應用形式分類

哈格尤（Hagiu，2004）在埃文斯（Evans，2003）的基礎上把雙邊市場分為以下四類：

① 紀漢霖. 雙邊市場定價方式的模型研究［J］. 產業經濟評論，2006（4）：12.

1. 仲介形式（Iniermediation Market）

平臺起到媒介（Matchmaker）的作用。包括不動產公司、BZB 和 BZC 平臺、拍賣以及股票交易市場。平臺扮演了純粹仲介的角色，幫助某類客戶找到另一類客戶中符合其條件的個體。

2. 受眾製造者市場（Audience-making Market）

平臺作為一個市場製造者（Market-maker），匹配不同的客戶群體，例如黃頁、電視、報紙以及 Internet 門戶。這種平臺通過信息服務減少了消費者的搜尋成本，同時商家也從平臺製造的受眾中獲益。

3. 分享輸入市場（Shared Input Market）

典型的是軟件市場，用戶需要很多軟件，很多開發商提供各種軟件，但是除非用戶安裝了相應的操作系統，否則不能使用該軟件；另外，應用開發商通常不能在沒有操作系統開發商的支持下訪問其操作系統。

4. 基於交易的市場（Transaction-based Market）

在這種市場中，平臺能夠記錄雙邊之間所有的交易，這是與前三種市場的不同之處。平臺企業會面臨一個兩階段問題：第一階段需要把不同客戶群體聯結到平臺上，第二階段要鼓勵客戶群體之間進行盡可能多的交易。即平臺作為一個需求的協調者（Demand-coordinator），最明顯的例子就是信用卡市場和增值業務平臺市場。隨著技術的進步，電信營運商平臺能夠處理話音業務之外的增值業務服務，例如視頻和數據業務。而增值業務需要內容提供商提供內容服務，由此產生了雙邊市場。

1.3.3 按照開放程度分類

按照其開放程度，可以將平臺企業分為開放平臺、封閉平臺和壟斷平臺。

在開放平臺中，市場買方與賣方各成員可以自由進入平臺市場。市場交易各方進出平臺，如果不考慮交易成本，往往並不需要特別的身分認證或者受到排他性歧視。這些平臺包括網絡門戶網站、房地產仲介企業等。

在封閉平臺中，現有成員可以阻止後來者進入。比如，購物商廈中的銷售櫃臺是有限的，因此商廈中的櫃臺或店面總是給定的。對在平臺的交易雙方，即購買者和銷售者中的購買者而言是開放平臺，因為購買者可以自由進出商廈。但是對在平臺的交易雙方，即購買者和銷售者中的銷售者而言，由於店鋪或櫃臺的總量有限，往往先來的銷售者可以阻止後來者的進入，後來者可能需要採取支付更高的租金等競爭性策略才能進入商廈。

在壟斷平臺中，所有市場位置均由一個壟斷者控制。再拿商廈舉例，作為一個買賣交易平臺，如果裡面的所有店鋪或櫃臺都被一個銷售者租用，就會形成一個壟斷平臺。在該商廈中，消費者所面對的交易對象是一個壟斷者或者局部壟斷者，其他銷售者是不可能進入這個商廈的。當然，壟斷平臺並不等於平臺壟斷，也就是說一個銷售者對特定平臺的壟斷，並不等於對所有平臺的壟斷，也不等於一個平臺壟斷所有交易過程。比如剛才例子中的一個銷售者租用店鋪裡所有的櫃臺不等於這個銷售者租用了所有商廈裡的所有櫃臺①。

1.3.4 按照發展週期分類

陳宏民、胥莉（2007）從產業成長的角度，根據具有雙邊市場特徵的產業的發展週期，將雙邊市場劃分為萌芽型、成長型、成熟型、衰退型。

---

① 徐晉. 平臺經濟學：平臺競爭的理論與實踐［M］. 上海：上海交通大學出版社，2007.

萌芽型雙邊市場是指一類真正由簡單的單邊市場演化為雙邊市場的產業。黃民禮（2007）分析了單邊市場向雙邊市場演化的三個條件：第一，雙邊需求同時存在。一個典型的例子就是由學者、期刊和讀者構成的雙邊市場的形成過程。傳統的單邊市場形態下，從供求的角度分析，若我們把稿件視為產品，則作者就是市場的賣方，而雜誌社則是市場的買方，「稿件」就是雜誌社用以生產加工的「原材料」，他們之間的供求關係十分明顯。伴隨著經濟社會以及高等教育的快速發展，稿件市場的供求關係發生變化：稿件作者越來越多，對學術成果發表有強烈需求，成了買方；雜誌社數量增加較少，逐漸變得稀缺，成了提供版面和編纂服務的賣方。與以前相比，這個市場雖然仍表現為基於雜誌社這一平臺的作者、雜誌社、讀者三位一體的運行形式，但有些雜誌社的性質已經變為一個「雙向」賣者：既向讀者獲得價格收入，又向提供稿件的學者收取版面費，即學術期刊市場已經演進為雙邊市場形態。因此，產生對平臺的雙邊需求是雙邊市場形成的首要條件。第二，能凝聚並維持足夠數量的雙邊客戶的平臺。首先是必須擁有建立在一定技術條件和資金實力基礎上的平臺。對於自然壟斷性質的行業，如移動通訊平臺企業必須具有強大的資金實力；對於技術密集型行業，如軟件開發平臺企業必須擁有核心的技術開發和營運能力；對於網絡型產業，如超市，連鎖店等，平臺企業必須擁有足夠覆蓋範圍的網絡，等等①。其次是必須吸引並維持足夠數量的雙邊用戶於平臺之上。在單邊市場向雙邊市場的演化過程中，平臺必須維持足夠數量的雙邊客戶；而如果只凝聚了一邊的客戶，那麼這個時候市場可能就難以成為雙邊市場。關於這點網絡廣

---

① 黃民禮. 雙邊市場與市場形態的演進［J］. 首都經貿大學學報，2007（3）：44.

告是比較好的例子，在網絡剛剛興起的時候，雖然人們都對互聯網抱有很大的熱情，但很多互聯網企業都沒有找到自身的盈利模式，大多都是虧損。其根本原因在於雖然這個時候平臺的一邊——網民對網絡有很大的熱情，但平臺的另外一邊——企業對互聯網的認識還相對模糊，還沒有尋找到通過互聯網實現企業發展的機遇。因此，在這個時候，互聯網起到的還只是信息傳遞的作用，還沒有形成一個較為明確的商業模式。而只有在企業也意識到網絡的重要性之後，企業也加入網絡平臺中來，這個時候，企業的互聯網廣告才大量出現，而且很多企業也希望通過互聯網發布自己的信息，很多互聯網才有了比較明確的盈利模式。而對於平臺究竟採用哪種策略，解決雙邊市場中關於「雞蛋相生」的問題，則依據平臺的用戶特徵制定相關戰略。再次，買賣雙邊的交叉網絡外部性是形成雙邊市場的必要條件。即在雙邊市場中，必須形成一邊對另外一邊的聯繫機理；否則雙邊市場不能形成。例如在婚姻介紹所中，女性會員越多，那麼男性會員也越多；如果女性會員雖然很多，但與未婚男性的要求差距較大，那麼此時就不能形成二者的交叉網絡外部性，婚姻介紹所也難以生存。在萌芽型雙邊市場中，雙邊用戶還沒有完全分化，雙邊市場的交叉網絡外部性還不顯著，廠商真正由一體化向分散化過度，廠商行為和傳統的單邊市場差異很小①。

成長型雙邊市場是指已經具有雙邊市場特徵，但是基於平臺的交易還不活躍。對於這類平臺而言，雙邊市場特徵已經很明顯，雙邊用戶之間的交叉網絡外部性顯著。但是由於基於平

---

① 陳宏民，胥莉.雙邊市場–企業競爭環境的新視角［M］.上海：上海人民出版社，2007：34.

臺的交易不活躍，雙邊用戶之間的依賴程度不深。[1] 比較典型的是當前的中國銀行卡產業，雖然已經建立了銀行卡交易平臺，並且擁有銀行卡的消費者和接受銀行卡的商家數量都在不斷增加，但由於大多數持卡消費者還沒有養成刷卡消費的習慣，因此銀行卡產業的有效交易量低，平臺運作成本較高。對這類平臺而言，最重要的是通過一定的策略提高平臺交易量。

成熟型雙邊市場：具有雙邊市場特徵，並且基於平臺很活躍的產業。比較典型的例如 WINDOWS 等，這類企業已經完成由一體化到分散化，最後形成平臺的過程。產業中的平臺企業已經成為主導產業發展的中堅力量，並且與平臺中的其他參與者在一起，形成一個比較典型的產業生態經濟圈[2]。對於這類平臺，一方面要通過提高平臺服務質量、制定合理的平臺雙邊價格結構，促進平臺的發展；另一方面，由於雙邊市場的網絡外部性，在這類平臺中往往存在著在位平臺利用其先動優勢，限制了其他平臺的進入，限制了平臺的競爭，形成了壟斷平臺。因此，作為政府必須通過相應的產業規制，避免這類平臺出現壟斷。

衰退型雙邊市場：衰退型平臺是指一類具有雙邊市場特徵，但是基於平臺的交易不活躍的產業。當平臺中一邊用戶需求發生改變或者新的、更加便捷的交易模式出現後，原有平臺可能就會慢慢萎縮，並且這種萎縮的速度較快，衰退型的平臺不多見，但有些傳統的平臺產業正在走向衰退，例如傳統的黃頁，隨著信息的數字化，人們對於傳統的黃頁關注越來越少，而用戶和商家彼此間的交叉網絡外部性將使得商家越來越不願意在上面提供信息，從而最終導致平臺快速萎縮。

---

① 陳宏民，胥莉. 雙邊市場-企業競爭環境的新視角［M］. 上海：上海人民出版社，2007：34.

② 陳宏民，胥莉. 雙邊市場-企業競爭環境的新視角［M］. 上海：上海人民出版社，2007：34.

1.3.5 按照市場的複雜程度分類

按照市場的複雜程度，我們可以將平臺企業的雙邊市場劃分為簡單雙邊市場和複雜雙邊市場。簡單雙邊市場就是一個平臺連接兩類或者多類用戶，例如報紙、無線電視、廣播等，它們往往只由單純的三類參與者組成。而複雜雙邊市場是指在市場中還存在一些服務仲介，市場中的參與者較多，比較典型的如信用卡系統、電信、互聯網等。

1.3.6 按照平臺的競爭程度分類

按照市場中平臺的數量，我們可以將雙邊市場劃分為壟斷型的雙邊市場、競爭型的雙邊市場。在壟斷型的雙邊市場中，市場上只有一個平臺可供選擇，買賣雙方必須通過這個平臺發生交易，比較典型的是中國的證券交易所，一個公司只能在一個證券交易所上市，此時上市公司和投資者必須通過這個平臺。而競爭性的雙邊市場是指在這個市場中，有多個平臺可以供買賣雙方選擇。在競爭性的雙邊市場中，雖然存在多個平臺可供買賣雙方選擇，但在個別情況下，買賣雙方擁有多個平臺的成本太高或者一些平臺不允許用戶多通道，此時買賣雙方就只有在開始的時候選擇平臺，而一旦平臺選擇後，所有的交易都必須通過選擇的平臺。例如一般用戶不會選擇多個操作系統，因為如果那樣，用戶的學習和處理成本太高。

1.3.7 按照平臺的經營性質分類

按照平臺的利益，我們可以將平臺劃分為營利性平臺和非營利性平臺。所謂營利性平臺是指平臺本身是追逐利潤的，很多平臺都屬於此類，例如網絡操作系統、房地產仲介、婚姻介紹所等；而非營利性平臺是指平臺本身並不以營利為目的，而只是提供一個買賣雙方進行交易、結算的場所。平臺的性質不同，決定了平臺在其定價行為上面就存在較大差異，對於非營利性平臺而言，其目標是社會福利最大化，而對於營利性平臺而言，其目的是自身利潤最大化或者平臺價值最大化。

1.4 常見的平臺企業

平臺的存在是廣泛的，它們在現代經濟系統中非常重要，而且，這樣的重要性會越來越大，成為引領新經濟時代的重要經濟體。回顧過去 30 年的《財富》500 強企業名單的變更，相當數量的一批新型產業和企業已經取代了傳統產業，成為現代經濟的支柱產業，而這些信息產業很多都具有雙邊市場的特徵。這裡我們可以看一些最常見的平臺企業的案例，如表 1-1 所示。

表 1-1　　常見的平臺企業

平臺	產品	雙邊用戶	平臺企業收入來源
媒體企業	廣告信息服務	受眾、廣告商	報價、收視費、廣告費
大型商場	各種消費品	消費者、生產商	租金、免費停車、廣告等
房地產仲介	仲介服務	消費者、房地產開發商	仲介費
開發園區	產業發展平臺	生產商	租金、基礎設施建設等
證券交易所	提供證券交易服務	上市公司、投資者	佣金
婚姻介紹所	提供婚姻介紹	男、女	仲介費

表1-1(續)

平臺	產品	雙邊用戶	平臺企業收入來源
銀行卡	提供信用或者信貸服務	持卡人、商家	交換費、卡費
大型商場	各種消費品	消費者、生產商	租金、免費停車、廣告等
電信	語音增值和數據業務	消費者、SPCP	入網費和通話費
網上商店	網絡購物平臺	商家、消費者	拍賣設計、信息流
會展中心	提供會展服務	參觀者、生產廠商	會費

1.4.1 銀行卡組織

銀行卡產業是以現代電子信息技術為基礎，由發卡、收單、專業化服務組織等眾多企業或機構組成，為社會提供電子支付產品和消費信貸產品的企業群體（程貴孫，孫武軍，2006）。

1. 銀行卡產業的雙邊用戶

銀行卡產業的核心產品是銀行卡提供給消費者和商戶的服務，這種服務是由發卡銀行和收單銀行在銀行卡組織提供的平臺上共同向消費者和商戶提供的。銀行卡產業市場涉及的市場參與者包括消費者、為消費者提供服務的發卡銀行和商戶、為商戶提供服務的收單銀行和銀行卡組織。

銀行卡產業具有典型的雙邊市場特徵，羅歇和梯若爾（Rochet & Tirole，2002）首次將雙邊市場理論引入銀行卡網絡中進行研究，指出銀行卡支付是一種由發卡行和收單行合作提供給兩種支付卡的消費者，即商品消費者和商戶（商品出售者）

的一種支付服務。在銀行卡產業中，在銀行卡組織提供的平臺上所涉及的雙邊市場參與者，一邊是由消費者和為消費者提供服務的發卡銀行共同組成的發卡市場，另一邊是由商戶以及為商戶提供服務的收單銀行共同組成的收單市場，它們共同構成了銀行卡產業市場的複雜網絡（Gans & King，2001）。在由發卡銀行和消費者構成的發卡市場上，發卡銀行不斷推出各種不同的銀行卡產品，不斷創造快捷、便利的支付方式以吸引更多的消費者持有該銀行卡，而這將使得更多的商戶受理該銀行卡。同樣，在由收單銀行和商戶構成的收單市場中，收單銀行不斷提高支付、結算的效率，不斷提高其支付結算體系的安全性，以使商戶更願意受理這種銀行卡，而受理該銀行卡的商戶的增加，會激發更多的消費者持有和使用該卡。

銀行卡組織是平臺的提供者，銀行卡組織除了作為消費者和商戶交易的平臺，必須把雙方同時拉到平臺上外，還必須通過多種手段協調雙邊用戶產生的過渡需求與需求不足，並從中獲益。它們以服務和品牌吸引消費者，以 pos 協議吸引著商戶，以交換費吸引著發卡行，以扣率吸引著收單行。此外，它還是銀行卡網絡規則的制定者，例如維薩卡和萬事達卡組織制定了一系列規則來指導成員間的「互聯」（Interconnection）。如中國銀聯公司 2002 年在上海成立，其主要職責是建立和營運全國統一的銀行卡跨行信息交換網絡，制定統一的業務規範和技術標準，保障銀行卡跨行通用以及業務的聯合發展，提供各銀行共享的銀行卡基礎設施，杜絕重複建設，開展技術和業務創新，提供先進的電子支付技術和相關的專業化服務，推動中國銀行卡產業的迅速發展。

2. 銀行卡產業的業務流程及交叉網絡外部性

當平臺有交易發生時，消費者首先從商戶那裡購買到商品，並向發卡銀行支付商品費用和卡費。其中，卡費是由發卡市場中的發卡銀行之間的市場競爭決定，商戶扣率是由收單市場中的收單銀行之間的市場競爭來決定的，並且它們也不是固定的。發卡銀行收到這筆資金後，將扣除交換費後的資金支付給收單銀行；收單銀行將收到的資金扣除商戶扣率之後，將剩餘資金支付給商戶。其中，商戶扣率由交換費、銀行卡組織網絡服務費、收單服務費這三部分費用組成（如圖 1-2 所示）。

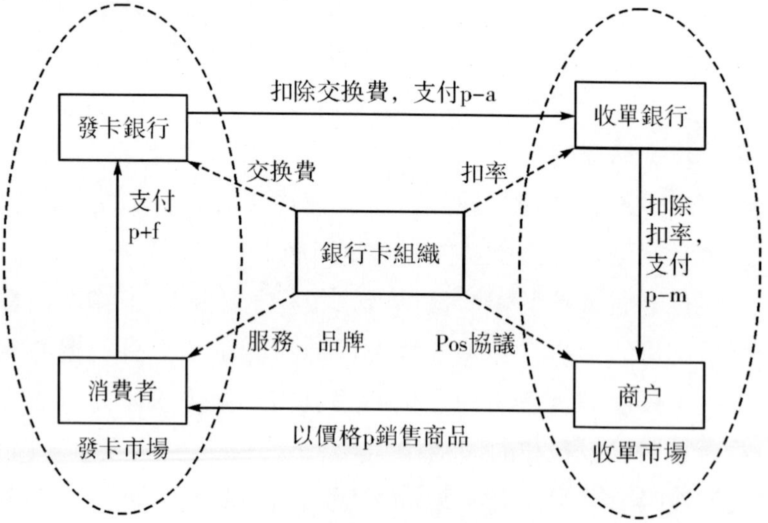

圖 1-2 銀行卡產業業務流程①

交叉網絡外部效應是指平臺一方對平臺產品的需求不僅取決於該邊消費者對平臺產品的購買數量，還取決於平臺另一方的消費者購買平臺產品的數量，即一方對平臺產品的需求規模是作為一個質量參數來影響另一方對平臺產品的需求。在銀行卡產業中，消費者在選擇銀行卡支付時，考慮的不僅是銀行卡給自己帶來的安全性、便利等效用以及使用卡支付的成本，如

① 程貴孫，孫武軍. 銀行卡產業運作機制及其產業規制問題研究——基於雙邊市場理論視角［J］. 國際金融研究，2006（1）：41.

卡的成本費和卡的年費，更重要的是要考慮受理該卡支付方式的商家數量。受理該銀行卡的商戶數目越多，持有銀行卡給消費者帶來的效用也越大，消費者就越有動機去持有該銀行卡。同樣，商戶在選擇受理銀行卡時，不但要考慮受理銀行卡的收益，如銷售量的增加和受理銀行卡的成本，更重要地是要考慮有多少消費者願意持卡消費，即消費者對銀行卡需求的潛在規模大小。持卡消費者的潛在數目越多，受理銀行卡的商戶的效用也就越大，商戶越有動機受理銀行卡。

可見，銀行卡產業市場是個典型的具有雙邊市場特徵的產業，它的特殊性在於：市場中存在兩類需求相互依賴的消費群體（消費者和商戶），它們的交易必須借助網絡平臺（銀行卡組織）來完成，網絡平臺向它們銷售平臺服務；在銀行卡產業市場中除了價格水準之外，價格結構是決定市場交易總量的關鍵要素，而交換費的設定對平衡價格結構起著非常重要的作用（程貴孫，孫武軍，2006）。例如，發卡行作為聯繫消費者和商戶之間的仲介必須始終圍繞雙邊用戶的相互作用而行事，幫助雙邊用戶解決外部性問題，通過一定的價格策略向雙方出售產品和服務，並努力促成他們在平臺上完成交易。發卡機構要在競爭中取勝，必須既爭奪消費者，又爭奪商戶。而商戶增加銷售額的最終途徑在於消費者願意在他們那裡持卡消費。因此，從根本上說，發卡機構的盈利主要取決於消費者的行為。例如，信用卡的主要收入來源於商戶（即持卡人消費的一定比例，VISA 規定為 1.7%），而持卡人付費很少（如年費）甚至不用付費，同時還能享受免息期及消費積分等優惠。從對雙邊市場的理論分析中我們可以知道，只有當消費者和商戶對銀行卡的需求得到平衡時，銀行卡組織網絡平臺才能正常運轉，銀行卡的價值才能體現。

1.4.2 大型購物中心

大型購物中心也是典型的平臺產業，比如沃爾瑪、家樂福、蘇寧、百安居等。一直以來，傳統的零售商的職能被界定為「媒介商品交換」，這種界定概括了零售商承擔的產品分銷職能，反應的是生產商主導零售商的理念。然而，隨著產品的不斷豐富和零售商為了壓縮消費者的需求彈性實行的產品差異化策略，大型零售企業演變為為生產廠商和購買者提供服務而獲取收益的雙邊市場交易平臺。成為製造商展示商品的有效媒介，而消費者成為商品展示的受眾。

大型零售企業具有交叉網絡外部性。傳統網絡外部性是來自同一用戶的需求方規模經濟，而雙邊市場的這種網絡外部性主要取決於交易平臺的另一類型的用戶數量，製造商進駐賣場的需求主要取決於光顧賣場的消費者規模，以獲得更多的交易機會。同理，消費者對光顧購物中心的需求主要取決於進駐購物中心的製造商數量，以獲取更多差異化的產品。大型購物中心是製造商產品展示的平臺，也是消費者選擇多樣性商品的平臺。購物中心的業務，一方面要吸引製造商，同時也要吸引消費者。作為吸引買家的手段，一般是購物中心所提供的服務如商場的免費巴士、海報、免費停車場、潛在的賣方數量以及賣場中產品的多樣性。吸引賣方的手段，通常是其規模性、集中性以及潛在的消費者數量。大型零售商陳列眾多的差異化產品，在差異化產品的相互比對中，展示賣方產品差異，提高交易頻率，增加交易對象，擴大交易範圍。

大型零售企業的價格結構非中性。羅歇和梯若爾（Rochet & Tirole，2004）認為，雙邊市場的重要特徵在於雙邊市場中的價格結構比價格水準更重要，即價格是非中性的。為何價格可能是非中性的，是由於用戶自己的價格轉嫁不完美造成的，也就是說，平臺企業對平臺兩邊不同的用戶收取的價格不同，可能就會影響到平臺的總的收入。作為雙邊市場交易平臺的大型購物中心，只有吸引足夠多的買方，才能使賣方也具備和廠家更大的討價還價能力。因此，它通常是向供貨商收費而不向消費者收取額外費用。這是因為，一方面，大型購物中心由於其規模性以及集中性能吸引更多的消費者；另一方面，供貨商之間相互競爭，其產品的差別無法通過中小零售商的服務行為得到顯示，而不得不向大型零售商繳費以獲取銷售資源。同時，大型購物中心也不得不面對眾多中小零售商爭奪消費者的競爭。這樣就使購物中心交易平臺對消費者一方採取低收費甚至提供免費的服務，而對供貨商一方收取相應的費用以彌補營運成本。

1.4.3 電子商務平臺

21 世紀，隨著網絡技術的發展以及它在社會經濟中的廣泛應用，在網絡技術的支持下產生出一種新的貿易方式——電子商務平臺。它的出現與迅速發展，使經濟生活發生了巨大的變革，成為今後重要的經濟貿易方式之一。

1. 電子商務平臺的概念及模式

電子商務平臺是基於網絡技術的支持，在一種虛擬的場所下進行交易的場所。在當前的電子商務實踐中，電子商務交易平臺作為一種促成雙方或多方交易的產業組織形式，是由一方或多方提供技術和服務，按照一定的規則，形成電子商務交易的現實和虛擬空間的總稱①。電子商務平臺將買方和賣方的信息、產品和服務聯繫起來，提高買賣雙方商務活動的效率，並降低成本。它涉及兩個方面，一個是買方，另一個是賣方。買

① 羅鋼，黃麗. 華電子商務交易平臺的網絡外部性初探 [J]. 商場現代化，2007 (8)：123-124.

賣雙方的角色，可以是企業、消費者，也可以是政府機構。

在日常生活中常見的電子商務模式有 B2B、B2C 和 C2C 三種。B2B 模式是指企業與企業之間的業務通過 Internet 或專用網的方式，企業通過內部信息系統平臺和外部網站將面向上游的供應商的採購業務和下游代理商的銷售業務有機地聯繫在一起，從而降低彼此之間的交易成本的商務模式。B2C 模式是指從企業到終端客戶（包括個人消費者和組織消費者）的業務模式，如網上商店、網上書屋、網上售票等。這種新型模式的企業使消費者足不出戶，通過互聯網的交易就可以購買商品或享受資訊服務。C2C 是指用戶對用戶的業務模式，目前，如易趣、淘寶、當當網等，中國 C2C 電子商務市場用戶的發展非常迅速。2001 年，C2C 電子商務的用戶數為 2 萬人，此後一直保持穩步增長，2005 年達到 2,245 萬人；2001 年至 2005 年，中國 C2C 電子商務市場用戶規模的年均複合增長率（CAGR）高達 73.1%。2005 年，中國 C2C 電子商務用戶數占互聯網用戶數的比例為 20%，註冊用戶中有 30%左右為活躍用戶。

2. 電子商務平臺的特點

(1) 仲介性

電子商務平臺是一種仲介場所，它使交易的雙方或多方用戶聯繫在一起，促成他們之間的交易，它只提供仲介服務，而不生產所交易的產品。

(2) 虛擬性

是一種虛擬的交易空間，利用網絡選擇產品，利用網絡進行付款、貸款、結算等。市場的虛擬化降低了交易成本，如電子郵件節省了通信郵費，而電子數據交換則節省了管理費用。

(3) 信息性

平臺的功能是吸引雙方用戶，平臺中聚集了大量買賣的信息，改變了傳統商務活動中推銷員難跑、消費者難找的局面。

（4）高效性

電子商務平臺是一種高效率的現代商務模式。由於互聯網交易不受時間和空間的限制，減少了中間環節，大大提高了通信速度，尤其是國際範圍內的通信速度。同時，電子商務平臺具有開放性和全球性的特點，擴大了市場範圍，增加了商機。

3. 電子商務平臺的業務模式

（1）召集雙邊客戶

電子商務平臺市場的參與者是買方和賣方。它相當於「媒人」，把雙方潛在的貿易夥伴連接起來，並為每一方提供另外一方的信息。平臺上買方潛在的客戶數量越多，就會有更多的賣方願意加入這個平臺。反之，平臺上賣方客戶的數量越多，對於買方客戶就會有更多的選擇，進而有更多潛在的買方客戶加入這個平臺。因此，電子商務平臺要吸引更多的賣方和買方加入這個平臺。

在平臺建立初期，平臺的網絡規模和信息相當有限，平臺在雙邊客戶召集階段必須解決平臺賣方和買方網絡規模互相牽制的問題。如果按照穩定發展階段的均衡模型，賣方會因為買方網絡規模過小而無法進入穩定的大網絡均衡區域，買方也有同樣的情況（高爾，卡蘇瑪，2002）。電子商務平臺召集雙邊客戶的方法之一是，首先獲取市場某一方的大量客戶，免費為他們提供服務，卡約和朱利安（Caillaud & Jullien，2003）把這樣的策略稱為「各個擊破」。例如消費者免費進入網站，進行價格查詢，並瀏覽貨物，提高了受益一方參與平臺的積極性。通過這樣的投資方式，雙邊平臺能夠為市場培養（甚至在最初提供）一方或雙方的客戶，以推動平臺獲得全面的成功。

（2）雙邊客戶利益的平衡

在平臺交易中，雙邊的客戶都著眼於自身利益而要求對方支付高額費用，平臺要為雙方客戶制定和維持一個最優收費結構或價格結構，這樣才能保證平臺市場上雙方客戶的數量和交易質量，才能使平臺得到發展，通常包括買方補給與賣方補給。在平臺建立的初期，平臺為了吸引更多的買方客戶，以求今後的盈利與發展，甚至付費讓他們接受服務。例如：網上的電子銀行進行餘額查詢並不向持卡人收取查詢費用，而是銀行自身對銀聯支付這筆服務費用，來補給持卡人，以增加持卡的客戶量。當交易平臺上的買方客戶數量不多時，電子商務平臺可通過廣告收入和其他業務來補給賣方市場，以降低賣方進入平臺的註冊費用。這樣，就會吸引更多潛在的賣方加入平臺，同時也吸引了大量的買方客戶加入平臺，實現雙方的交易。

4. 電子商務平臺的類型

根據平臺的功能，電子商務平臺屬於市場創造者平臺。市場創造者使得屬於不同市場方的成員能夠進行方便的交易，增加了買賣雙方配對成功的可能性，而且提高了搜索交易對象的效率。按照應用形式來說，電子商務平臺屬於仲介形式，平臺起到媒介（Matchmaker）的作用，扮演了純粹的仲介角色，幫助某類客戶找到另一類客戶中符合其條件的個體。同時，電子商務平臺屬於開放性平臺，市場買方與賣方各成員可以自由進入平臺，不需要特別的身分認證，也不會受到任何排他性歧視。

2　平臺企業價格形成及影響因素分析

2.1　平臺企業服務的使用價值與價值

2.1.1　馬克思服務價值論

平臺企業為平臺兩邊用戶提供服務並收取一定費用。平臺企業的這種服務的定價基礎是什麼？其關鍵是平臺企業這種服務是否具有價值。對此，我們應該從馬克思的勞動價值論和馬克思關於服務是否創造價值的思想去尋找。

1. 馬克思關於服務勞動的分類

在馬克思的時代，物質生產是社會生產的主要形式，馬克思主要是研究物質生產領域中的生產和勞動問題，但這並沒有防礙他對服務勞動的研究。馬克思說：「任何時候，在消費品中，除了以商品形式存在的消費品外，包括一定量的以服務形式存在的消費品。因此，消費品的總額，任何時候都比沒有可消費的服務存在時要大。」① 馬克思認為，服務勞動和物化勞動是兩種不同的基本勞動形式。服務產品與物質產品一樣，都可以成為商品，成為買賣的對象。他說：「一個人為我縫衣服，為此我向他提供材料，他給我使用價值。但他不是立即以物的形式提供使用價值，而是以活動的形式提供使用價值。我給他一種現成的使用價值，他為我製造另一種使用價值。過去的物化勞動同現在的活勞動之間的差別，在這裡僅僅表現為勞動的不同時態的形式上的差別，一個是處於完成時態，另一個是處於現在時態。」②

馬克思將服務分為兩種，一種是可以物化的服務勞動，即「把自己的勞動固定在某種物上，並且確實使這些物的價值提高了。」③ 他在《剩餘價值理論》中肯定了斯密的觀點並指出，「『服務』只要是直接加入生產的，不管這是體力勞動者的勞動，還是經理、店員、工程師的勞動，甚至學者的勞動（只要這個學者是個發明家，是在工場內或在工場外勞動的工場勞動者）」。④ 因此，馬克思認為這種服務屬於生產性服務，是創造使用價值和價值的勞動。馬克思還以運輸服務為例，對生產性服務進行了分析，馬克思認為，雖然交通運輸業提供的是無形產品，但是無形的運輸服務卻起著聯結生產和消費、促進商品和人員流通的重要作用。因此，他指出，有一些獨立的生產部門，那裡的生產過程不是新的物質的產品，不是商品。在這些

① 中央編譯局. 馬克思恩格斯全集（第一卷）［M］. 北京：人民出版社，2002.

② 中央編譯局. 馬克思恩格斯全集（第一卷）［M］. 北京：人民出版社，2002.

③ 中央編譯局. 馬克思恩格斯全集（第一卷）［M］. 北京：人民出版社，2002.

④ 中央編譯局. 馬克思恩格斯全集（第一卷）［M］. 北京：人民出版社，2002.

產業部門中，對經濟發展起重要作用的只有交通工業，它或者是真正的貨客運輸業，或者只是消息、書信、電報等的傳遞」。[①]運輸業是「根本不使用原料而只使用生產工具」，交通運輸業提供的產品或者服務是場所的變動，不論是客運還是貨運，結果都是場所的變動，運輸業所出售的東西，就是場所的變動。它產生的效用，是和運輸過程（運輸業的生產過程）不可分離地結合在一起的。正因為如此，馬克思認為，「運輸業的公式應該是G—w（A，Pm）—P—G′，因為被支付的和被消費的是生產過程本身，而不是能和它分離的產品。[②] 也不是產業資本循環的一般形式，即G—W（A，Pm）…P…W′—G′。對於生產性服務創造價值的觀點為大多數人所認同。

除了生產性服務之外，馬克思認為還存在一種純粹的服務，並認為這種服務不採取實物的形式，不作為物而離開服務者獨立存在。馬克思將官吏、藝術家、牧師、律師、教師等歸入「純粹的服務」。並將這些人的服務分為三類。第一類是藝術家，如演員、音樂家等，他們的表演服務有使用價值（能夠滿足人們對文化生活的需求）和交換價值（通過服務取得報酬獲取生存資料）。如果這些演出被錄制成片，他們的勞動就物化了，若不被物化，他們的勞動一經提供隨即消失。第二類是教師和醫生。馬克思指出：「有一些服務是訓練，能使人保持勞動能力，使勞動能力改變形態等。總之，使勞動能力具有專門性，或者僅僅使勞動能力保持下去的，例如學校教師、醫生的服務……這些服務應歸為勞動能力的生產費用和再生產費用。」第三類是國家官吏、軍人、法官等。馬克思說：「他們的勞動有一部分不僅不是生產的，而且實質上是破壞性的，但他們擅長依靠出賣

① 中央編譯局. 資本論（第二卷）[M]. 北京：人民出版社，2004.

② 中央編譯局. 資本論（第二卷）[M]. 北京：人民出版社，2004.

自己的『非物質』商品，或把這些商品強加於人，而佔有很大部分的『物質』財富。」

2. 關於純粹服務勞動是否創造價值的爭論

對於純粹服務勞動是否創造價值一直是理論界存在爭論的問題。而其爭論的焦點在於純粹服務勞動是不是一種生產性勞動。有人認為純粹服務不具備馬克思所說的物質規定性，因此，純粹的服務勞動在「生產勞動一般」的領域內則不是生產勞動，因此不創造價值；而有的人認為，純粹服務也是一種生產勞動，因為純粹服務的結果也是「以產品或某種使用價值為結果的、以某種成果為結果的一切勞動」。我們認為，對於這個問題的研究應該從一個動態的視角去考察，其原因在於，雖然按照馬克思的某些論述和傳統的政治經濟學原理，在商品經濟條件下，從單純的勞動過程考察，只有物質生產領域中生產商品的勞動才能創造價值。而非物質生產領域中提供純粹服務的勞動，屬於流動狀態的勞動，沒有對象化在物質產品中，不形成價值，不屬於一般意義的生產勞動。但馬克思所處的年代的服務勞動的總體數量還很少，所占的比重也很低。因此馬克思主要思考的是物質領域內勞動的價值創造問題，而對於服務領域內的勞動價值創造思考則相對較少。在當今社會，由於受新技術革命和經濟全球化的作用，西方國家尤其是發達國家勞動生產力快速增長，大大推動了服務業的發展。目前，以服務為特徵的第三產業在西方發達國家國民經濟中的比重已超過 70%，在就業結構中的比重也達 70%左右①。因此，這就需要我們在研究服務勞動性質時不應該拘泥於傳統教科書的定義和經典著作的個別論斷，而應該從一個動態辯證的角度去考察服務勞動的性質。

---

① 陳永志. 馬克思服務勞動理論與當代服務勞動的變化 [J]. 當代經濟研究，2008 (5)：1-6.

(1) 從歷史看

生產勞動是一個動態的範疇，生產勞動的範圍是隨著社會的發展而不斷擴大和延伸的。在原始社會至奴隸社會初期，由於社會出現了三次大分工，生產勞動相應地從畜牧業、農業擴展到手工業。此後，在從奴隸社會到現代社會的漫長歲月中，隨著生產力和社會分工的發展，許多勞動者從生產性勞動獨立出來，專門從事服務性勞動時，這個時候服務活動成為社會生產活動的一個獨立組成部分，服務業便成為一個獨立的、龐大的產業部門，從而形成了三大產業並存的分工格局，服務業活動成為社會化生產體系的一個重要的、不可分割的產業部門，從而形成了與第一、二產業並存的三大產業格局。

隨著生產勞動實踐的發展和拓寬，生產勞動理論也在不斷豐富和演進。處在不同社會發展階段的思想家，根據其各自所處的時代，對財富及生產勞動提出了不同的見解。在奴隸社會和封建社會，認為自然形態的使用價值才是財富，總是把擁有田園、農具和家畜當作「問國君之富」；在中國古代，流行的「農本工商末」的思想，可以說是最早的生產勞動思想，把農業勞動看作是高於其他各種勞動的「本」；在資本主義發展的早期，西歐重商主義學說則認為，財富就是貨幣，至此，財富由使用價值轉為交換價值，生產勞動由生產物質產品的勞動轉變為生產價值的勞動；到了十八世紀，古典政治經濟學的著名代表人物亞當·斯密提出了從社會規定性和物質規定性兩個方面對生產勞動進行定義①。而馬克思所處的機器大工業時期，作為第一次科技革命的產物——蒸汽機，以及其在生產領域的廣泛應用，確立了資本主義生產方式牢固的技術基礎。與工場手工業相比，大機器的使用不僅使勞動生產力迅速提高，而且使工

① 王述英. 服務勞動也是生產勞動 [J]. 經濟學家，2002 (1)：20-24.

廠內部的分工協作關係發生重大變化。正是在這一背景下，馬克思重新審視了生產勞動的定義，批判了重農學派把生產勞動局限於農業勞動的片面見解，評述了斯密關於生產勞動必須在物質產品上留下痕跡的偏頗觀點，突破了生產勞動必須直接作用於勞動對象的狹窄界限，提出了「總體工人」理論，認為：隨著勞動過程協作性質的發展，生產勞動的概念也必然相應擴大，作為生產勞動者，就不一定都要直接作用於勞動對象，只要成為總體工人的一個器官，完成所屬的某一種職能，他們的勞動也是生產勞動。馬克思還根據當時生產過程協作關係的發展狀況，把總體工人的範圍從廠內擴展到廠外，他在《剩餘價值理論》中指出：只要是在工場內或在工場外為生產服務的勞動，不管是體力勞動者的勞動還是經理人、工程師的勞動，都可以看作是生產勞動①。而且，馬克思還預見了未來服務勞動性質的變化：「隨著資本主義生產的發展，所有的服務都轉化為雇傭勞動，所有服務的執行者都轉化為雇傭工人，從而都具有這種與生產工人相同的性質。」因此，從動態的歷史的角度看，當今的服務勞動應該是創造價值的。

（2）從當代服務勞動的特點來看

服務勞動具有與生產勞動相類似的特點。馬克思在論述這類純粹服務不屬於生產勞動的同時，也曾經肯定過它們具有使用價值和交換價值，具有消費品的形式。

馬克思在分析非物質生產領域時，多次提到服務的使用價值和交換價值。「這些服務本身有使用價值，由於它們的生產費用，也有交換價值。任何時候，在消費品中，除了以商品形式

① 陳永志. 馬克思服務勞動理論與當代服務勞動的變化［J］. 當代經濟研究，2008（5）：1-6.

存在的消費品以外，還包括一定量的以服務形式存在的消費品」。[①]「對於提供這些服務的生產者來說，服務就是商品。服務有一定的使用價值（想像的或現實的）和一定的交換價值。但是對買者來說，這些服務只是使用價值」。[②] 馬克思認為，商品的使用價值是指商品「靠自己的屬性來滿足人的某種需要，這種需要的性質如何，例如是由胃產生還是由幻想產生，是與問題無關的」。[③] 馬克思認為使用價值就其形態而言包括兩類，一類是「物化、固定在某個物中」的「實物形式」的使用價值；一類是「隨著勞動能力本身活動的停止而消失」「不採取實物的形式，不作為物而離開服務者獨立存在」的「運動形式」的使用價值，後者就是服務的使用價值。馬克思說：「服務這個名詞，一般地說，不過是指這種勞動所提供的特殊使用價值，就像其他一切商品也提供自己的特殊使用價值一樣；但是，這種勞動的特殊使用價值在這裡取得了『服務』這個特殊名稱，是因為勞動不是作為物，而是作為活動提供服務的，可是這一點並不使它與某種機器（如鐘表）有什麼區別。」[④] 可見，馬克思認為服務具有使用價值，在一定程度上和一定範圍內，服務也具有交換價值，服務具有活動形式的特點。馬克思認為服務具有可消費性，「在服務形式上存在的消費品」與「在物品形式上存在的消費品」一道構成社會消費品，服務消費品能夠「滿足個人某種想像的或實際的需要」，這點與其他商品沒有什麼不

---

① 中央編譯局. 馬克思恩格斯全集（第一卷）［M］. 北京：人民出版社，2002.

② 中央編譯局. 馬克思恩格斯全集（第一卷）［M］. 北京：人民出版社，2002.

③ 中央編譯局. 資本論（第一卷）［M］. 北京：人民出版社，2004.

④ 中央編譯局. 馬克思恩格斯全集（第一卷）［M］. 北京：人民出版社，2002.

同。馬克思分析了服務生產、交換和消費的特點，服務「只是在它們被購買時才被創造出來」，只能以「活動本身的形式」出售，在生產過程結束之後就完全消失了，這說明服務具有生產、交換和消費的作用①。因為服務能滿足人們的需要，「工人自己可以購買勞動，就是購買以服務形式提供的商品，他的工資花在這些服務上，同他的工資花在購買其他任何商品上，是沒有什麼不同的……工人作為買者，即作為同商品對立的貨幣的代表，同僅僅作為買者出現，即僅僅把貨幣換成商品的資本家，完全屬於同一個範疇」。② 同時馬克思也認為「服務只是勞動的特殊使用價值的表現，因為服務不是作為物而有用，而是作為活動而有用」。③

實際上，當代服務勞動與物質生產勞動在本質上具有一致性。當代服務勞動既保留與傳統服務勞動相同的基本特性，如生產與消費的同時性、勞動產品的無形性以及異質性等特點，同時又具有不同於傳統服務勞動的新特點：一是服務勞動與物質生產勞動相互融合，互相滲透。二是服務勞動呈現社會化與個性化並存的特點。三是大部分服務勞動具有複雜化、高級化的特徵④。但服務勞動與物質生產勞動都是勞動者運用勞動工具，作用於勞動對象，消耗了一定的腦力和體力，創造出一定的使用價值，形成一定形式的商品。儘管這裡的使用價值有實物形式與流動形式的區別，商品有有形與無形、物質與非物質

---

① 中央編譯局．馬克思恩格斯全集（第一卷）［M］．北京：人民出版社，2002.

② 中央編譯局．馬克思恩格斯全集（第一卷）［M］．北京：人民出版社，2002.

③ 中央編譯局．馬克思恩格斯全集（第一卷）［M］．北京：人民出版社，2002.

④ 陳永志．馬克思服務勞動理論與當代服務勞動的變化［J］．當代經濟研究，2008（5）：1-6.

的區別，但商品體內凝結的都是無差別的一般人類勞動；這種產品無論是有形還是無形，都體現了具體服務產品的社會必要勞動耗費，而對這些服務勞動的補償，就形成了服務商品的價值。因此正如馬克思所說：「如果我們從商品的交換價值來看，說商品是勞動的化身，那僅僅是商品的一個想像的即純粹社會的存在形式，這種存在形式和商品的物體實在性毫無關係。」① 二是二者的勞動都具有二重性。作為具體勞動，生產使用價值，作為抽象勞動，創造價值，其價值也都是以社會必要勞動時間來計算的；三是在商品經濟條件下，二者都存在私人勞動和社會勞動的矛盾，都需要通過交換來解決這一矛盾，並以此來體現商品生產者之間相互交換勞動的社會關係。總而言之，二者的本質都是無差別的一般人類勞動，都是人類的大腦、神經、筋肉、手等的耗費，其差別僅僅在於勞動的形式，前者的勞動結果有物質承擔者，勞動處於凝固狀態；後者的勞動結果大都沒有物質承擔者，勞動處於流動狀態。前者的勞動生產的商品是物質的、有形的，後者的勞動生產的商品大都是非物質的、無形的。既然這類處於流動狀態的純粹服務具有使用價值和交換價值，它們的勞動同樣花費了勞動者的一定量的體力和腦力，同樣屬於人類的大腦、神經、筋肉、手等的耗費②。服務產品既然是社會勞動的化身，它就是使用價值和價值的統一體，成為完整意義上的商品，而服務產品的存在形式不能作為服務勞動是否創造價值的依據。

因此，判斷勞動是否形成（創造）價值，不是看它是否固定在某個可以捉摸的物品中，而是要看它是否是「社會勞動的

---

① 中央編譯局. 資本論（第二卷）[M]. 北京：人民出版社，2004.

② 陳永志. 馬克思服務勞動理論與當代服務勞動的變化 [J]. 當代經濟研究，2008（5）：1-6.

化身」。三大產業的所有勞動，無論是工農業勞動，還是服務勞動，只要它們能創造出用於交換的使用價值，就能創造價值。

2.1.2 平臺企業服務勞動的性質

馬克思從勞動過程的角度將服務勞動劃分為兩種類型：一類是物質生產領域中的服務勞動，另一類是非物質生產領域中的純粹服務。對於物質生產領域內的服務勞動，馬克思認為其是一種生產勞動。生產勞動的一般含義，指把勞動過程的各種特定的社會性質撇開，有某種勞動體現了社會生產的共同本質：第一，這種勞動以人與自然界（包括已被加工過的生產資料）的相互作用為消耗方式；第二，這種消耗的結果能夠創造出提供給消費的物質財富，或者能夠使物質財富的創造過程得以完成。生產勞動的特殊含義，指體現資本主義生產關係的生產勞動。在資本主義條件下，只要勞動體現了資本的剝削關係，就被看作是生產勞動①即馬克思所說的：「生產勞動是直接增殖資本的勞動或直接生產剩餘價值的勞動。」②

在馬克思所處的時代，平臺企業還沒有出現或者在當時所占的比例較小，因此馬克思並沒有論述平臺企業服務勞動的性質。但根據馬克思關於生產勞動與非生產勞動的定義，我們認為平臺企業服務勞動屬於馬克思所論述的純粹的服務勞動。因為平臺企業所從事的服務活動主要是將平臺兩邊的用戶聯繫起來，雖然可能平臺的一邊是生產者，例如 B2B 市場中的賣方、房地產開發商等，但平臺企業所從事的這種服務並沒有涉及物質生產領域，這種服務活動不以人與自然界（包括已被加工過

① 李斌. 社會主義分配通論［M］. 北京：人民出版社，1992：105-106.

② 中央編譯局. 馬克思恩格斯全集（第一卷）［M］. 北京：人民出版社，2002.

的生產資料）的相互作用為消耗方式。

2.1.3　平臺企業服務的使用價值

服務產品的使用價值具有實物使用價值的共性和其自身的特殊性。服務產品使用價值具有可消費性、生產、交換、消費同時性、非實物性和非轉移性。平臺企業服務勞動的使用價值體現在如下方面：

1. 為平臺兩邊提供信息和服務

在市場經濟條件下，由於信息不對稱、信息收集成本較高等原因制約了買賣雙方的交易；而平臺企業則可以通過收集雙邊的信息，提供專業的信息和服務。使得雙邊的用戶交易方便，仲介平臺增加了買賣雙方配對成功的可能性，並且提高了搜索交易對象的效率。以房地產仲介為例，房地產仲介收集買賣雙方的信息，促成二手房交易；同時，還可以為買賣雙方提供專業化的諮詢和服務。在報紙廣告中，商家正是通過廣告向消費者傳遞了信息，從而使得具有需求的消費者能夠瞭解到相關信息。

2. 創造和滿足平臺兩邊用戶的需求

平臺企業所提供的服務還可以創造和滿足平臺用戶的需求。對於這點我們可以以石奇、岳中剛（2008）對現代大型零售商場的分析為例，他們認為，消費的現代性賦予大型零售商雙邊市場特徵。首先，現代社會中廣泛存在消費者自我虛擬身分的現象，現代零售商提供了消費者所需的自我想像空間。例如，在西方國家聖誕期間的百貨商店就會發生很多變化，零售商們至少要為孩子們提供一些他們喜歡的「聖誕老人小屋」，根據商品的性質，有選擇地為消費者安排理想化的現實與虛擬世界。其次，現代大型零售場所滿足了消費者對「社區」的渴望，而這是消費者在其他生活領域無法獲得的。零售場所成為了消費者進行表達、展示與聚會的地方，在滿足人們商業需求的同時，也滿足人們生活、文化以及社會等各方面的需求。再次，消費體驗成為消費者進行文化表達的特殊途徑。購物過程本身就是一種體驗，消費者的文化資本不僅通過買的產品表達出來，還有一部分需要通過消費過程表達出來。而且，與產品本身相比，購物過程的重要性在不斷加大。如果真是這樣，零售商的地位就更加重要了，站在舞臺中央的正是他們，而不是他們所銷售的產品。所以，零售商可能在創造出超現實的同時，也創造了娛樂性因素。因此，零售商成為了創造者，創造出一定的主題來反應特定的想像；也成為了管理者，管理私人空間並服務於公共目的，進而他們為社區的形成、為人們表達自我搭建了一個平臺，而這個平臺是人們展示象徵性文化資本的舞臺①。

3. 通過平臺交易提高效率

促使平臺用戶通過交易平臺實現各自的需求是平臺企業最基本的職能。而這種交易通過平臺來實現與通過其他方式來實現相比，其效率可能更高，比較典型的例如銀行卡系統，消費者刷卡消費比現金消費更加方便、省事；同樣，軟件應用商共同在一個操作平臺上面開發軟件，可以使得不同軟件之間的兼容性大大提高，從而提高了軟件的效率，如果我們現在的計算機軟件不是基於 Windows 操作系統開發出來的，那麼就意味著我們每裝一個應用軟件就要裝一個操作系統，這勢必會大大降低我們電腦的運行速度和效率。「它們節約勞動，並且使『產業資本家』或者生產工人有更多的時間從事自己的勞動，由於別人代替他們去完成價值較小的勞動，他們就能完成價值較大的

① 石奇，岳中剛. 大型零售商的雙邊市場特徵及其政策含義 [J]. 財貿經濟，2008 (2)：105-111.

勞動……從而促進一般勞動生產率的發展」。[①]

2.1.4 平臺企業服務的價值形成與創造

1. 平臺企業服務價值源泉

(1) 平臺企業服務是現代服務勞動的延伸和擴展

從前面的分析我們已經得出，當今社會的服務勞動已經遠遠超出馬克思所處年代的服務勞動的範圍，已經成為價值創造的重要組成部分；而平臺企業的服務則是在更深層次地延伸和拓展。對此，我們從平臺企業所處的雙邊市場的產生可以看出。市場的形成是在生產力發展到出現剩餘產品和私有制後，才具備了形成有形市場的物質基礎和社會條件；隨著生產力進一步發展，市場交易關係不斷擴大和深化，市場形態進一步演進為有形市場和無形市場並存的格局；而雙邊市場或者平臺企業是伴隨著近年來網絡技術、服務技術的提高和社會分工的細化發展而出現的。平臺企業最早是出現在報業領域。1833 年，《紐約太陽報》在美國掀起「便士報紙」運動，只要一個便士就可以買到一份報紙。因此，普通大眾都能買得起，銷量劇增。於是，它對廣告商產生了很大吸引力，獲得了大量廣告收入，此時報紙業就慢慢演變成為平臺企業；而第二次世界大戰以後，電視傳播事業迅速發展，其中，許多電視臺都經營電視廣告業務，因為電視覆蓋了廣大的消費者群體，廣告效果非常好，因此廣告商越來越多，電視行業也演變成為平臺企業；最早的超市產生於 20 世紀 50 年代中期，受益於服務技術和經營模式的創新，迅速吸引了大量的消費者，進而吸引了眾多的供應商，超市一方面經營一些產品，另一方面通過服務供應商和消費者獲利，

---

① 中央編譯局. 馬克思恩格斯全集（第一卷）［M］. 北京：人民出版社，2002.

超市行業也逐步轉變為平臺企業；20 世紀 90 年代以後，在電腦不斷普及、網絡技術和服務不斷提高的背景下，門戶網站、網絡游戲、電子商務平臺等也逐漸興起[①]。由此可以看出，平臺企業是從流通領域獨立出來而面向買賣交易雙方的服務企業，其提供的核心產品就是服務，是對傳統買賣交易的拓展。既然在傳統的單邊市場中，類似的服務是創造價值的，而平臺企業所從事的服務僅僅是對原有服務活動的拓展，其服務也同樣應該是創造價值的。

（2）平臺企業服務是人類社會勞動的結晶

平臺企業提供的服務勞動與交通運輸等生產性服務勞動是一樣的，都是無差別的一般人類勞動，都是人類的大腦、神經、筋肉、手等的耗費，所體現的是勞動交換的社會關係，只不過交通運輸業勞動作用的結果是使得商品的位置發生了變動，而平臺企業提供的服務是促使平臺雙方在平臺發生交易，二者在勞動的形式上面存在一定的差異。同時，由於平臺企業是在傳統的單邊市場基礎上逐漸獨立出來的，是一種更高形式的產業形態，因此在其價值形成中，腦力勞動和複雜勞動創造的價值比重更大，而體力勞動和簡單勞動創造的價值較小。以微軟開發的 Windows 系統為例，微軟投入了巨額資金，但在 Windows 的價值形成中，更多的是腦力勞動。

（3）平臺企業的服務勞動的社會性

平臺企業服務勞動的社會性是指平臺企業提供的服務的價值是得到社會承認的社會價值而非個別價值。平臺企業提供的服務需要得到社會的承認，即作為平臺用戶雙邊對平臺所提供的服務具有需求；否則，平臺提供的服務不能為社會所承認。

---

① 黃民禮. 雙邊市場與市場形態的演進 [J]. 首都經貿大學學報，2007（3）：43-39.

在銀行卡系統中，如果消費者或者商家不認同銀行卡系統的服務，例如近來頻頻爆發的「銀商之爭」，即商場認為向銀行交納的刷卡手續費過高，進而抵制銀行卡消費，那麼此時銀行卡系統中的平臺企業——中國銀聯所提供的服務就不能轉化為社會勞動；而這也從另外一個角度說明了，平臺企業所提供的服務將受到競爭者或者其他同類服務價格水準的制約。

2. 平臺企業價值形成特點

（1）價值形成過程的流動性和凝結性相結合

平臺企業服務的過程既是價值形成的過程也是價值的實現過程；在平臺企業的服務過程中，價值凝結在平臺服務的使用價值中，即凝結在服務的過程中，但由於平臺企業提供的服務是一個整體，其使用價值是不能分割的。因此，其價值隨著平臺企業提供的服務被消費而實現。

（2）個別價值轉化為社會價值的過程性而非即時性

實物商品個別價值轉化為社會價值是在生產過程結束後在流通過程中進行的。但對於服務商品，其價值轉換究竟是在服務之前還是在服務過程中卻存在爭議。李江帆（2000）認為這種轉化是在服務商品生產之前進行的，即在交換關係達成後轉化就實現了。但我們認為，平臺企業服務商品的轉化是在服務過程中，因為在交換關係達成時，實現的只是服務商品使用權的轉讓而非價值的轉讓。這時，生產過程還未進行，無論是個別價值還是社會價值都未生產出來。只有在平臺企業提供服務的過程中，服務商品的個別價值才被生產出來，並且根據先前達成的交換關係，這種個別價值才隨著消費者的消費行為轉化為社會價值，其個別價值也才得到社會的承認，轉化成為社會價值。這是在過程中實現的而非在交換關係達成之時實現的。先前達成的交換關係只是一種約定，如果消費者不滿意消費的結果，他也可以取消這種約定，就像商品不滿意可以退貨一樣。

平臺企業提供的服務商品在交換關係達成後，並沒有發生現實的使用價值的轉讓，因此不可認定這時它的個別價值也得到社會的承認。① 因此，平臺企業提供的服務的價值轉化應該是在平臺企業提供的服務過程中實現的。

(3) 平臺企業提供的服務的價值抽象性與現實性相結合

實物商品的價值具有有形的載體，它的價值既是抽象的又是現實的，抽象是指我們看不見摸不著的，「在商品體的價值對象性中連一個自然物質原子也沒有」。② 平臺企業提供服務價值也是抽象性和現實性的結合體。只是相對於一般的實物商品而言，其價值是附加在具體的服務過程中的；但是當服務過程結束後我們對這一過程也只剩下抽象的觀念，這時價值已經不具備現實性了，而在生產過程之中的任意時點上的價值都還沒有完全生產出來，它的現實性是不完全的。因此，對於平臺企業所提供的服務其價值的實現，我們只能從動態的角度去把握，離開了這一過程，價值就只是觀念上的概念而非現實的概念。

2.1.5 平臺企業服務的價值決定及其實現

1. 平臺企業服務價值決定

平臺企業所提供的服務既然作為一種商品，那麼其價值量的決定也遵循價值規律，即是由提供服務所耗費的社會必要勞動時間決定。平臺企業所提供的服務價值決定也因平臺企業類型的不同而不同。一些平臺所提供的服務，社會上有許多生產者生產或提供同一種服務產品，對於這類服務產品來說，其價值量是由生產該項產品所耗費的社會必要勞動時間決定，例如

---

① 張程. 論市場經濟中服務勞動和服務商品的價值 [D]. 南京：南京師範大學，2004：29-30.

② 中央編譯局. 資本論（第二卷）[M]. 北京：人民出版社，2004：61.

房地產仲介等平臺企業。但在前面我們分析的時候已經指出，平臺企業一個重要的特徵是由於網絡外部性的存在，使得很多平臺企業呈現一網獨大、一網通吃的格局，因此很多平臺是一種壟斷性平臺。那麼對於這樣一種壟斷性平臺，其價值量如何決定？我們認為，壟斷平臺企業所提供的服務仍然是由提供這種服務的社會必要勞動時間決定的，只是與前面不同，這種社會必要勞動時間的形成不是由若干競爭的平臺企業形成的，而是由社會上其他從事類似服務的企業形成的。對於這點，我們在前面分析的時候也可以發現，很多平臺企業的出現是在傳統的單邊市場上演進而形成的，而且實際上，現實生活中平臺企業所提供的服務很多一般企業也在從事。例如銀行卡系統中的交換費率受到現金消費成本大小的影響；在房地產仲介中，仲介費用受到用戶自己尋找或者出租房屋成本大小的影響。

2. 平臺企業服務價值實現

平臺企業所提供服務商品價值實現的多少表現在平臺企業提供服務的價格上面，並通過競爭來強制，最終使得平臺企業服務商品價值量的實現是由第二種含義的社會必要勞動時間決定的。所謂第二種含義的社會必要勞動時間，是由社會對某種使用價值的需要決定的，在生產這種使用價值所應該花費的時間。當平臺提供的服務超過市場需求時候，這個時候賣方競爭，價格下跌，平臺企業所提供的服務價值不能全部實現；供不應求，買方競爭，價格上漲，價值不僅全部實現，而且超額實現。對平臺企業服務價值實現我們可以以房地產仲介企業為例，房地產仲介作為平臺企業，其提供的服務受到房地產市場的影響，以前幾年為例，由於房地產市場火爆，二手房交易頻繁，房地產仲介費用也較高，這個時候房地產仲介企業所提供的服務不僅實現了價值，甚至超額實現；並且由於此時市場供不應求，一些原來不從事房地產仲介行業的企業也加入房地產仲介行業，雖然這些企業不具有專業優勢，但市場的火爆使得其仍然能夠生存，導致該部門的整體再生產條件因此劣化，部門整體生產力下降，第一種含義社會平均勞動反比上升，價值也相應上升；但 2008 年下半年後，由於全球性金融危機和國家宏觀調控，使得房地產市場需求大幅度下降，二手房交易需求也下降，導致二手房市場陷入了寒冬，此時房地產仲介行業提供的服務價值就不能得到實現，也使得很多房地產仲介企業破產或者改行。

2.2 平臺企業價格形式

在現實生活中，平臺企業可以採取不同的定價形式以實現自身利潤最大化目標；而平臺企業採取不同的價格形式，其根源在於平臺企業用戶間雙邊作用的模式存在一定的差異，即平臺企業的外部性存在一定的差異。

2.2.1 成員外部性和使用外部性

成員外部性是指平臺擁有的一邊市場的用戶數量對平臺另外一邊市場的用戶帶來的潛在價值增值。現實生活中很多平臺的雙邊用戶都具有成員外部性，例如微軟作為一個平臺企業，向消費者索取與使用無關的費用；聊天工具 QQ 或者 MSN 上面的用戶越多，那麼通過 QQ 或者 MSN 投放廣告的客戶產生的價值也就越大；報紙發行量越大，那麼在報紙上打廣告的用戶所獲得的潛在價值也就越大。成員外部性屬於事前的概念，所謂事前是指在平臺用戶發生交易之前。

使用外部性是平臺企業的用戶的需求選擇決策將對另外一邊市場用戶的剩餘產生影響，並影響另外一邊用戶的成本和收益，但是在做出這種決策時，平臺企業的用戶並不會考慮這種影響①。通常情況下，當平臺企業的用戶加入平臺之後，用戶需要將事前的潛在價值增值轉變為現實的價值增值。潛在價值增長只有在平臺用戶進行交易或者發生相互作用的時候才能轉變為現實的價值增值。現實生活中比較典型的使用外部性有：雖然消費者都擁有信用卡，但信用卡的價值只有在成員刷卡消費的時候才能得以體現，如果消費者沒有養成刷卡消費的習慣，例如中國很多消費者仍然習慣用現金支付，那麼擁有信用卡的消費者再多也沒有太大意義；同樣，例如在電信市場中，如果我們都不將自己的電話號碼告訴給其他人，那麼擁有電話的用戶數量對於電信平臺企業就沒有太大意義，對消費者而言，安裝電話也並不會帶來價值的增值。因此，使用外部性是事後的概念，所謂事後，這裡是指加入平臺之後，使用外部性只有在用戶加入平臺後相互作用才能得以體現。

2.2.2 會員費、使用費和二部定價

平臺企業的目的是要吸引平臺用戶雙方在平臺企業發生交易。因此，平臺企業首先要吸引平臺用戶選擇該平臺；其次，平臺企業要促使用戶發生交易。與此相對應，平臺企業的定價包括兩種：一種是會員費，其功能是吸引平臺企業用戶加入該平臺，會員費的高低對平臺吸引的用戶數量產生重要影響；另外一種是針對交易量的收費，即交易費，平臺通過交易費影響基於平臺發生的交易量。

1. 會員費

一些平臺企業僅僅向用戶收取固定的費用，即會員費。例

① 陳宏民，胥莉. 雙邊市場-企業競爭環境的新視角 [M]. 上海：上海人民出版社，2007：84.

如婚姻介紹所、購物中心僅僅向商家收取一定的租金等。會員費是一種事前費用，一旦支付就成為沉澱成本，不會對事後的交易量產生影響。

平臺企業收取會員費而不收取使用費的原因在於：首先，平臺企業難以準確地按照交易量或者相互作用收取費用。以婚姻介紹所為例，婚姻介紹所很難判斷一對男女是否能夠成為夫妻，而且即使可能成為夫妻的，如果婚姻介紹所按照使用費收取，都有可能出現逆向選擇和道德風險。在一些情況下，即使交易是可觀察的，也可能不是一次完整的交易，婚姻介紹所中，男女雙方成為夫妻是需要很長一段時間相處的。在 B2B 交易中，買賣雙方相遇並完成一次交易後，以後的交易就可以繞開平臺自己交易。其次，固定費用可能是獲取終端用戶剩餘的有效方式。在價格歧視和拉姆齊定價的文獻中，固定費用能夠有效地補償平臺企業的固定成本。例如在軟件平臺中（Haigu，2004），平臺可以通過應用軟件開發商提供補貼來降低應用軟件的價格，從而使軟件開發商和消費者產生大量的剩餘，最終達到吸引消費者和軟件開發商的目的。最後，平臺企業存在對交易量不敏感的成本。在這種情況下，平臺企業採用會員費而不採用使用費形式有利於平臺企業彌補成本。例如軟件開發商的成本包括購買軟件開發包的費用、推介費用和軟件開發本身的費用，這些費用與交易量的關係很小，對交易量不敏感，而且成本之間的界限也不清楚，對於應用軟件開發商來說，為獲得開發工具包而支付給軟件平臺的較低費用（一種固定費用）和軟件平臺開放軟件源節省了應用軟件開發商造成的開發費用是很難區分的。

會員費同樣存在一個價格結構或者價格分配問題，也就是說，固定費用究竟由平臺企業哪邊的用戶來承擔的問題。其原因在於平臺企業的用戶都要承擔這種固定費用，而且這種固定費用難以轉嫁給另外一邊的用戶，因此一邊市場收取固定費用的微小變化將影響平臺企業用戶的參與決策。賴特（Wright，2004）運用一個極端的案例證明了固定費用的非中性特徵，假設消費者從刷卡消費的交易中每次可以獲取的收益為 b^B，商戶不受到交易成本和反額外收費規則的影響。如果商戶（壟斷者）以 v 的價格出售某商品給現金支付的消費者。這樣，商戶的最優定價將是：向現金消費者收取 v（商品的價格），而對刷卡消費者收取 $v+b^B-a^B$。因此刷卡消費沒有給消費者帶來額外的收益。在信用卡存在年費的情況下，消費者將不會選擇持有銀行卡，因為現有的事前投資（即年費）被商戶的額外費用阻止了。這點在中國的銀行卡市場中表現得也比較明顯，在信用卡收取年費後，個人擁有信用卡的數量出現一定的程度的下降。

2. 使用費

所謂使用費就是平臺企業依據平臺用戶相互作用或者發生的交易量收取的費用。收取使用費的條件在於平臺企業能夠準確地判斷交易量。使用費對交易量的影響是非常明顯的，使用費過高，將可能導致平臺企業雖然已經成為用戶，但卻並不發生相互作用或者交易。以電信市場為例，在通話費過高的情況下，雖然很多用戶都擁有手機或者電話，但卻並不願意使用。

使用費的價格也是非中性的，即使用費同樣存在價格結構和價格分配問題，這種，使用費的價格結構或者價格分配問題同樣對平臺企業的運行產生非常重要的影響。以銀行卡系統為例，消費者刷卡消費時，消費者並不支付任何費用，反之還會獲得一定的獎勵（例如積分優惠、免年費等），但是商家將向銀聯組織支付依據交易金額比例的費率，如果這種費率過高，那就將影響商家的積極性，進而通過交叉網絡外部性對消費者產生影響。

3. 二部定價

當平臺企業既向用戶收取會員費，又向用戶收取使用費時，這個時候平臺企業定價的形式就是一種二部定價。很多平臺企業在定價時都採取二部定價形式，例如「電信企業」不僅向消費者收取座機費，每分鐘通話還收取一定的費用；銀行卡也是一種二部定價，消費者要支付年費，使用費這個時候可能是一種負的價格，而商家支付的固定費用是負的（與銀行卡相關的固定設備例如 pos 機等，一般是由銀行購買），但使用費是正的；在 B2B 交易中，既有成為會員的會員費，還有每筆交易支付的費用等。

4. 不同收費模式的選擇

對平臺企業而言，究竟採取哪種收費模式，應該根據平臺企業的成本構成和兩邊用戶交叉網絡外部性的大小。對此，阿姆斯特朗（Armstrong，2002）對平臺企業定價模式及其影響進行了詳細研究。他的研究認為，平臺企業的利潤隨著使用費的增加而增加；二部定價對於利潤的影響是模糊的，但是相對於只收取會員費（固定費用）而言，平臺企業的利潤可能會增加；當平臺企業在市場的一邊獲得成功時，他可以採用一系列的二部定價方式。

2.3 平臺企業價格運行特點

價值是價格的基礎，價格是價值的貨幣表現。平臺企業所提供服務其價值實現多少表現在平臺企業提供服務的價格上面，並通過競爭來強制。在市場經濟條件下，平臺企業對兩邊用戶的價格除了受到供求關係的制約之外，其價格運行還有自身的特徵。

2.3.1 價格結構決定利潤水準

1. 傳統單邊市場中價格與利潤的關係

在單邊市場中，企業直接面對消費者，因此企業主要依據產品的生產成本和企業的競爭狀況制定價格，銷售者的利潤和交易量僅僅取決於銷售者向消費者制定的價格總水準，與價格結構無關，因此，單邊市場中在利潤最大化假設的情況下，利潤函數是產出價格的非減函數①，即在成本一定的情況下，價格越高，廠商的利潤也就越大。而且，在單邊市場中由於一筆交易僅涉及一個需求和一個買者，所以不存在一項產品或服務的價格結構問題。

2. 雙邊市場中價格與利潤的關係

雙邊市場中價格與利潤的關係就比單邊市場要複雜得多。在雙邊市場中，由於平臺企業必須對平臺兩邊用戶提供服務，一筆交易涉及平臺企業、買者和賣者三方，平臺企業也因其向買賣雙邊提供促成交易的服務而具有向買賣雙邊收取費用的權力。因此，在雙邊市場中，平臺企業定價不僅涉及對買賣雙方制定的價格的總和，即價格總水準，而且還面臨如何在價格總水準一定的情況下，如何對買賣雙方進行價格分配，即價格結構問題。首先，從價格總水準與利潤的關係看，平臺企業向兩邊用戶收取的價格總和與利潤之間仍然是一種非遞減關係，即價格總水準越高，那麼平臺企業的利潤也就越大，但從實際中來看，平臺企業向兩邊用戶收取的價格總水準將受到競爭和替代的制約，而且在平臺競爭中，價格結構比價格總水準顯得更為重要，也正因為如此，人們也將研究的重點放在了價格結構

---

① 哈爾·瓦里安. 微觀經濟學（高級教程）[M]. 財洪，等，譯. 北京：經濟科學出版社，1997：43.

問題上。其次，從價格結構與利潤的關係看，當平臺企業對平臺雙方制定的價格總水準保持不變時，在價格結構（或價格分配）上的任何改變都將影響到雙方對平臺的需求和參與平臺的程度，並將進一步影響到平臺實現的交易總量。其原因在於平臺企業兩邊的用戶是一種互補性需求，即一邊用戶的需求是以另外一邊的用戶需求為基礎，因此平臺兩邊用戶存在明顯的交叉網絡外部性。如果對一方的價格制定得太高，那麼平臺這邊的用戶就少，在交叉網絡效應的影響下，另外一邊的用戶也就減少，從而影響平臺企業的交易量。而平臺企業的利潤是來源於平臺雙方交易的數量。正因為雙邊市場定價的這種特殊性，羅歇和梯若爾（Rochet & Tirole，2004）將雙邊市場定義為：「當平臺向需求雙方索取的價格總水準 $p=pB+pS$，且不變時（其中 pB 為平臺向消費者索取的價格，pS 為平臺向商戶索取的價格），平臺中任何需求方所面臨的價格的變化都會對平臺的總需求和平臺實現的交易量有著直接的影響，那麼這個平臺市場被稱之為雙邊市場。」在實踐中，很多平臺企業採用依據平臺不同類型消費者對價格的敏感性策略，通過低於平均成本甚至邊際成本的定價來吸引價格敏感一方的消費群體到平臺來，並利用這類消費群體的交叉網絡外部效應，吸引平臺另外一方消費群體，實現在價格總水準不變的情況下利潤最大化。而平臺雙方價格傾斜或者價格與成本的差異程度則取決於交叉網絡外部性的大小，如果 A 邊對 B 邊產生了比 B 邊對 A 邊更大程度的外部性，此時對 A 邊制定低價就導致 B 邊對平臺的需求隨著免費 A 邊增加而不斷增加。

ADOBE 公司就是遵循這種價格策略，公司開發的軟件有兩種類型用戶：一種是純粹的瀏覽者，另外一種則是軟件的編寫者，他們使用不同的軟件；瀏覽者使用公司軟件不需要支付任何費用，但是軟件的編寫者卻需要支付較高的費用。其原因在於瀏覽者對價格非常敏感，而且瀏覽者對編寫者產生的交叉網絡外部性較大，而編寫者主要是看重軟件巨大的瀏覽用戶群體。因此，如果 ADOBE 公司需要瀏覽者僅僅支付很少一部分費用，公司 5 億的客戶需求基礎就不復存在，由於缺乏了瀏覽者，編寫者也不會採用該軟件；而如果 ADOBE 公司將策略反過來，那麼公司也將會崩潰，因為編寫者對價格不敏感，即使免費也不會大幅度提高需求量。另外，我們熟悉的報紙廣告定價和銀行卡定價也是遵循這種策略。報紙廣告一般都採取對報紙定低價，而對廣告定高價的策略，其目的也是通過制定低價吸引更多消費者的眼球，增加媒體（報紙）的市場影響力，吸引平臺另外一方（商家）到平臺中來並願意支付更高的價格；反之，如果報紙價格太高，那麼看報紙的人就少，商家在報紙上發布的廣告吸引的消費者就少，商家就不願意為廣告支付高價。而在銀行卡支付系統中，消費者使用銀行卡是不需要支付費用的，商家卻要為刷卡消費支付較高的費用，其原因就在於只有接受信用卡支付的消費者越多，給商家帶來的收入才越高，商家也才願意接受信用卡支付；而消費者對價格是非常敏感的，如果用信用卡支付的價格比現金高，那麼就不會有消費者刷卡消費，即消費者對商家的交叉網絡外部性需求要比商家對消費者的交叉網絡外部性需求要小。

2.3.2 價格與成本分離

1. 傳統單邊市場中價格與成本的關係

在傳統單邊市場中，企業定價遵循勒納條件，即價格是邊際成本的非遞減函數，成本越高，價格也越高。

為了說明這一點，我們可以以壟斷條件下壟斷企業兩種相互替代的成本函數為例，即 $C1$（.）和 $C2$（.）。假設他們是可微的，並且對所有的 $q>0$，$C'2$（q）$>C1'$（q）。令 $p_1{}^m$ 和 $q_1{}^m$ 代表成本函數為 C1（.）時的壟斷價格和數量，$p_2{}^m$ 和 $q_2{}^m$ 也類似定義，當成本函數為 C1（.）時，壟斷者寧可要價 $p_1{}^m$，而不是其他價格。此外，他本可以要價 $p_2{}^m$ 並售出數量 $q_2{}^m$。因此有：$p_1^m q_1^m - C_1(q_1^m) \geq p_1^m q_2^m - C_2(q_2^m)$。

同理，當成本函數為 C2（.）時，壟斷者寧可要價 $p_2{}^m$，而不是 $p_1{}^m$，即：

$$p_2^m q_2^m - C_2(q_2^m) \geq p_1^m q_1^m - C_2(q_1^m)$$

將兩個式子相加我們可以得到：$[C_2(q_1^m) - C_2(q_2^m)] - [C_1(q_1^m) - C_1(q_2^m)] \geq 0$。由於對於所有的 x，$C'2(x) > C1'(x)$，因此，壟斷價格是邊際成本的非遞減函數①。企業在制定價格時遵循勒那條件，即：$p = \dfrac{c'}{1 - \dfrac{1}{\varepsilon}}$。其中，ε 為需求彈性。

2. 雙邊市場中價格與成本的關係

單邊市場中企業定價所遵循的勒納條件對平臺企業並不適合，由於平臺用戶的交叉網絡外部性，因此平臺企業可以在價格總水準一定的情況下，根據平臺雙方貢獻的大小，通過價格結構來調節平臺雙方的需求量，從而實現利潤的最大化。即平臺企業在定價時，價格與成本是分離的，對一方的定價可能低於企業向該方消費者提供產品或者服務的邊際成本；即使向平臺的一邊提供產品或者服務的成本上升，但企業仍然可能保持對該方價格不變，而通過對平臺另一方加價來補償生產的共同成本。對於雙邊市場中的價格與成本的關係，我們可以通過羅歇和梯若爾（Rochet & Tirole，2004）關於壟斷平臺定價的經典模型進行分析。

模型假設：市場有兩邊 $i \in \{B, S\}$ 和一個壟斷平臺，這裡

① 泰勒爾. 產業組織理論［M］. 北京：中國人民大學出版社，1997：82.

B 和 S 分別表示平臺兩邊用戶，一般我們稱為買方和賣方。平臺在 i 邊的每個成員有 C^i 的固定成本；同時當成員進行交易時，還產生 c 的邊際成本。在個邊上，成員從每筆交易中獲得的收益 b^i 和從加入平臺所獲得的收益 B^i 都是不同的。i 邊的成員向平臺支付 A^i 作為會員費，a^i 作為每筆交易的使用費。這與我們現實生活中的很多平臺企業定價是吻合的，例如銀行卡系統中，消費者需要支付年費，只是每筆交易費用為 0，商家不需要支付固定費用，但每筆刷卡消費商家需要支付一定的費用給銀行；同樣，在電信市場中，一個消費者除了支付每分鐘通話費之外，每月還需要支付一定的固定費用。只是這裡的固定費用有的時候為 0，有的時候每筆交易費用為 0。

買方的會員數量為 N^B，賣方的會員數量為 N^S，平臺的交易量取決於買賣雙方的數量，為方便，這裡假設平臺交易量遵循匹配規則，即平臺交易的數量為 $N^B N^S$。那麼，一個每筆交易的收益為 b^i，會員固定收益為 B^i 的消費者的效用為：

$$U^i = (b^i - a^i)N^j + B^i - A^i \qquad \text{式 (2.1)}$$

這裡 N^j 表示與平臺相聯繫的另外一方會員的數量。

平臺 i 邊用戶的數量則為：$N^i = Pr(U^i \geq 0)$。結合式 (2.1)，我們可以看到，i 邊用戶的數量僅僅取決於另外一方會員的數量 N^j 和每次成交的價格。每次實際成交的價格可以定義為每筆交易的使用費 a^i 加上平臺從會員費中所獲得的利潤的平均，具體可以表述為：$p^i = a^i + \dfrac{A^i - C^i}{N^j}$。

將式 (2.1) 加上再減去 C^i，並用 N^j 除以 U^i 可以得到 i 邊的需求函數為：

$$N^i = Pr(U^i \geq 0) = Pr(b^i + \frac{B^i - C^i}{N^j} \geq p^i) = D^i(p^i, N^j), \ i \in \{B, S\} \qquad \text{式 (2.2)}$$

根據正則條件，式（2.2）有一個唯一解，並且成員數量由平臺向兩邊收取的價格 p^B和 p^S決定。即：

$$N^B = n^B(p^B, p^S)$$
$$N^S = n^S(p^B, p^S)$$

上面兩個式子分別對 p^B和 p^S求微分我們可以得到：

$$\frac{\partial n^B}{\partial p^B} = \frac{\dfrac{\partial D^B}{\partial p^B}}{1 - \dfrac{\partial D^B}{\partial N^S}\dfrac{\partial D^S}{\partial N^B}}, \frac{\partial n^S}{\partial p^B} = \frac{\dfrac{\partial D^B}{\partial p^B}\dfrac{\partial D^S}{\partial N^B}}{1 - \dfrac{\partial D^B}{\partial N^S}\dfrac{\partial D^S}{\partial N^B}} \qquad \text{式（2.3）}$$

同理，$\frac{\partial n^S}{\partial p^S}$ 和 $\frac{\partial n^B}{\partial p^S}$ 一樣可以得到。

平臺企業的利潤為：$\pi = (A^B - C^B)N^B + (A^S - C^S)N^S + (a^B + a^S - c)N^BN^S$。其中前面兩部分分別為平臺從會員費中獲取的利潤，而第三部分為從交易中獲取的利潤。平臺企業的利潤函數可以改寫為：

$$\pi = (p^B + p^S - c)n^B(p^B, p^S)n^S(p^B, p^S)$$

在價格總水準一定，即 $p^B+p^S=P$ 的情況下，最優價格結構可以由最大化使用容量得出：

$$V(p) = \max\{n^B(p^B, p^S)n^S(p^B, p^S), s.t. p^B + p^S = p\} \qquad \text{式（2.4）}$$

命題1：平臺企業對兩邊用戶收取的總體價格遵循勒那公式。

證明：對式（2.4）分別為 p^B、p^S求導，並將式（2.3）帶入可以得到在雙邊市場中，平臺企業向兩邊用戶收取的總體價格水準與邊際成本之間的關係為：$\frac{p - c}{p} = \frac{1}{\eta}$。從形式上看，這與單邊市場中企業定價的勒那公式是一樣的，只是這裡的 $\eta = -\frac{pV'(p)}{V(p)}$，表示交易量對總價格的彈性。

命題 2：平臺企業對兩邊用戶收取的價格與平臺企業提供的成本之間不再是完全的單向關係，平臺向用戶收取價格高低取決於雙邊市場中用戶的價格彈性。

證明：當容量關於兩者價格的導數相等時，我們便得到了最優的價格結構。即：$\frac{1}{p-c}=\frac{\frac{\partial n^B}{\partial p^B}}{n^B}+\frac{\frac{\partial n^S}{\partial p^B}}{n^S}=\frac{\frac{\partial n^S}{\partial p^S}}{n^S}+\frac{\frac{\partial n^B}{\partial p^S}}{n^B}$。利用式（2.3）我們可以得到最優價格結構的等價條件，這個時候是直接對 D^B 和 D^S 的微分。

$$\frac{\frac{\partial D^B}{\partial p^B}}{D^B}+\frac{\frac{\partial D^B}{\partial p^B}\frac{\partial D^S}{\partial N^B}}{D^S}=\frac{\frac{\partial D^S}{\partial p^S}}{D^S}+\frac{\frac{\partial D^S}{\partial p^S}\frac{\partial D^S}{\partial N^S}}{D^B} \qquad \text{式（2.5）}$$

從式（2.5）我們可以看出，平臺對單邊用戶收取的價格卻不遵循勒那條件，即對單邊用戶的價格可能與為該邊用戶提供服務的成本是相分離的。其原因在於平臺企業的利潤來源於平臺企業兩邊用戶相互作用的結果，但平臺企業兩邊用戶是可以相互影響的。因此，平臺企業可以在價格總水準一定的條件下，通過價格結構的選擇，即通過平臺兩邊用戶價格上的平衡，來實現利潤最大化。在實踐中，平臺可以對價格彈性較高的一邊用戶收取低價甚至負價格，而對價格彈性較低的一邊收取高價以補貼另外一邊的損失。平臺企業的這些傾銷定價比較常見，例如大型購物中心不僅不會向顧客收取費用，而且還會提供良好的購物環境、一定的促銷優惠等多種措施以吸引顧客，但對進入商場內的商家卻收取高價；在銀行卡系統中，對商家收取較高的交換費，而對消費者則採用積分優惠等措施。

2.3.3 平臺企業定價的複雜性

正是由於平臺企業所處市場及其所服務的對象的複雜性，

使得平臺企業的定價與傳統企業定價相比更加複雜。雙邊市場定價的複雜性除了平臺企業必須要向買賣雙方提供服務，因此平臺企業就必須得為買賣雙方分別制定相應的價格，以滿足買賣雙方的需求，重要的是平臺企業的競爭性定價更為複雜，而且平臺的競爭性定價行為也一直是雙邊市場經濟學所研究的重點。

首先，平臺之間的競爭既可以發生在一個平臺內部，即內部競爭，比較典型的例如在銀行卡市場中，支付卡網絡制定銀行成員之間的補償費，但是銀行依然可以自由競爭，具有對他們的服務選擇最終價格的自由。在大型百貨商場中，雖然百貨商場所吸引的消費者是一定的，但不同品牌的商家之間仍然存在著爭奪消費者的競爭。同時，平臺企業間的競爭，即平臺的外部競爭也是平臺企業定價所必須面臨的問題，外部競爭在競爭性行業更為突出，例如不同房地產仲介的定價，不同報紙、電視的定價等。而且平臺兩邊用戶的特殊性使得傳統的許多競爭性定價方法及策略在這裡並不適用，例如傳統產業組織理論中的限制性定價，即在位者可以通過制定低價以降低進入者的進入預期，從而阻止進入者的進入。但對平臺企業而言，則可以採用分而治之的策略，即在位者可能對一邊定低價，而對另外一邊制定高價；那麼競爭者則可以反其道而行之，對在位者制定低價的這邊制定高價，而對在位者制定高價的這邊制定低價，並通過兩邊用戶的交叉網絡外部性來達到利潤最大化。朱利安（Jullien，2001）在卡約和朱利安（Caillaud & Jullien，2001）模型基礎上，證明了在可以實施三級價格歧視的情況下，新進者的加入對在位者來說意味著一個相當強的競爭威脅。「分而治之」的能力大大降低了利潤，使在位者不得不選擇與新進入的平臺兼容。這種比較典型的案例是在婚姻介紹所這種平臺企業中，一般婚姻介紹所是對男性會員收高價，對女性會員收取低價；但一些婚姻介紹所卻專門為白領女性服務，採取的是對男性收取低價，而對女性會員收取高價的策略。還有與單邊市場的捆綁銷售策略類似的單通道和多通道行為，所謂單通道即平臺企業只允許用戶加入本企業；而多通道還允許用戶加入其他平臺。在單邊市場中，捆綁銷售肯定是增強了自身的市場勢力，但對平臺企業而言這種策略並不一定適用。其次，對平臺企業而言，還有一個重要的問題是必須解決「雞蛋相生」問題：為說服某些購買者採用特定的仲介平臺，有必要首先說服某些銷售商，但是要說服銷售商，除非有某些購買者已經在市場上，這個問題尤其是對新進入者而言顯得更為突出。例如，比爾蓋茨曾面臨這樣一個問題，1989 年，他曾請求一些程序開發商為 Windows 編寫程序，但是未能成功。蓋茨的解決方式很簡單，讓微軟的程序開發組為 Windows 編寫程序。即便在今天，Windows 已經發展成為相當成熟的平臺，微軟仍然自己編寫一些最重要的程序。

而平臺企業定價的複雜性也使得平臺企業在定價時可以採取更多的策略空間，給予了平臺企業更多的定價靈活性。

2. 3. 4 價格管理與規制的複雜性

由於平臺產業的特殊性，使得傳統的價格規制判斷標準在平臺產業中並不適用，在傳統產業中一些常見的價格規制問題在這裡顯得更為複雜。

以掠奪性定價為例，在傳統單邊市場中，掠奪性定價是指在位企業在競爭者進入市場後，定一個異常低的價格，以排擠新進入者，一旦新進入者由於不能選擇相同的低價而退出市場，那麼在位企業又提高價格，以獲取壟斷利潤並彌補前面的損失。[1] 在實踐中，我們一般以價格與成本進行比較來判斷一個企業是否是掠奪性定價。但是對平臺企業而言，由於所處的市場的特殊性，其價格水準與其提供的成本是可以分離的，即平臺企業對某一邊用戶可能向其制定高於提供產品或服務的邊際成本的價格，也可能向另一邊用戶制定低於產品或服務的邊際成本的價格。在雙邊市場中，平臺企業最重要的任務就是如何使雙邊用戶能夠參與到平臺中來，使雙邊用戶願意到平臺上進行交易，而吸引雙邊用戶的參與可以通過「非對稱」的價格策略來進行。這種非對稱的雙邊價格策略正好反應了「雙邊市場」的特徵，很好地解決了雙邊用戶的參與問題。[2] 因此，在雙邊市場的環境下，平臺企業低於邊際成本定價策略並不一定表明掠奪性定價行為的存在；而當平臺企業對一邊制定低價的時候，對平臺另外一邊勢必就要制定高價，但這種高於邊際成本定價策略並非是平臺企業壟斷勢力的表現。因此，對平臺企業的掠奪性定價就不能以傳統的價格與成本間的關係進行判斷。因此如何判斷平臺企業的掠奪性定價就沒有一個明顯的標準。

另外一個問題就是平臺企業壟斷及其效應。由於平臺企業的網絡外部性，因此其具有明顯的網絡規模經濟，按照傳統產業的判斷標準，這屬於自然壟斷產業，壟斷並不會造成社會福利的損失，但從實踐看，即使平臺企業具有明顯的網絡規模經濟，平臺產業壟斷帶來的社會福利損失是存在的。對此，我們以銀行卡為例進行說明，由於銀行卡產業中銀聯組織處於壟斷地位，並且銀行卡產業具有明顯的網絡規模經濟，因此對銀行卡產業的規制也一直是產業經濟學研究和關注的重點。例如世

---

① 田明華. 中國價格競爭狀況剖析 [J]. 科技與管理，2002 (1).

② 楊冬梅. 雙邊市場：企業競爭策略性行為的新視角 [J]. 管理評論，2008 (2)：40-48.

界上各個國家不斷出現銀行卡產業關於交換費的反壟斷訴訟案例，美國、澳大利亞、歐盟相繼對銀行卡組織的定價、協調問題進行了反壟斷調查。但從目前研究看，普遍認為，銀行卡產業具有典型的雙邊市場特徵，因此對銀行卡產業的規制不能以傳統單邊市場的理論原理來解釋，否則可能導致錯誤的結論。林芙美子（Fumiko Hayashi）和 Stuart E Weiner（2006）分析了銀行卡支付系統的特點，以及美國、英國和澳大利亞各國在銀行卡轉換費中的實踐與現有理論模型的匹配性；James M Lyon（2006）則以美國的商場和發卡行之間關於轉換費問題的爭論為例分析了對雙邊市場進行規制所面臨的困境：首先，從定價水準看，商家認為目前轉換費的確定與成本無關，是一種壟斷定價的結論。但由於雙邊市場的價格與成本之間的關係不像單邊市場，因此，無論是經濟學家還是政府都不能因此得出轉換費是壟斷定價。而且從其他國家關於轉換費規制的實踐看，並不是轉換費低，市場運行效率就高。其次，轉換費的社會福利問題，即銀行卡是否給社會帶來了福利。從一些國家的實踐來看，銀行卡確實給社會帶來了福利。最後，銀行卡要求不允許加價和不接受其他卡等要求是否合理。程貴孫、孫武軍（2006）等人以銀行卡產業的運作機制和產業特徵為例對雙邊市場的規制進行了分析，他們認為只有當消費者和商戶對銀行卡的需求得到平衡時，銀行卡組織網絡平臺才能正常運轉，銀行卡的價值才能體現。任何對交換費的規制政策和措施都必須先考慮如何使網絡交易量最大化。但究竟平臺企業壟斷所帶來的規模經濟能否抵消其效率的損失，目前並沒有一個明確的判斷標準和依據。

還有捆綁銷售問題，捆綁銷售是指企業將基本產品與其他產品（聯產品）組合在一起，以一個價格出售的策略行為。最著名的如微軟將其「探索者（Explorer）」與視窗（Windows）

操作系統捆綁銷售；歐洲委員會阻止 GE 併購霍尼韋爾公司（Honwell）以防止他們將飛機引擎、電力設備部件和商業金融捆綁。在單邊市場中，捆綁銷售屬於價格歧視和市場定行為。捆綁銷售通常減少了消費者的選擇，損害了消費者的福利。在雙邊市場中，平臺企業廣泛使用捆綁銷售策略，最典型的就是銀行卡雙邊支付平臺。維薩（Visa）卡組織為了加強卡網絡間各成員銀行的「互聯」，採取了「受理所有卡（Honor-all-eard-srule）」策略。「受理所有卡」策略要求受理某品牌卡的商戶必須同時受理該品牌下所有的卡。比如受理了維薩信用卡的商戶必須同時受理維薩的借記卡。從受理銀行卡的商戶角度來說，卡組織的「受理所有卡」規則確實是捆綁銷售行為。一些已經對銀行卡產業進行了監管的國家和地區認為，卡組織的「受理所有卡」規則是捆綁銷售行為，要求卡組織廢除受理所有卡規則。然而，儘管銀行卡組織捆綁銷售策略行為減少了商戶的受理選擇，但該策略卻是有利於網絡平臺平衡雙邊用戶的需求，更有利於提高卡組織的交易量，增進了消費者和社會的總福利[①]。羅歇和梯若爾（Rochet & Tirole，2006）的研究也證明了這一點，他的研究表明，卡組織對商戶受理卡行為的捆綁銷售更有利於平臺平衡雙邊用戶的需求，更有利於提高卡組織的交易量。商戶同時受理信用卡和借記卡使得消費者可以使用同一品牌下所有的卡，這就增加了消費者的福利，從而導致更多的消費者願意持有該種品牌的卡。因此，銀行卡組織的捆綁銷售行為並沒有降低消費者福利，而是提高了消費者和社會總福利。Amelio 和 Jullien（2006）也考查了平臺企業對一邊制定負價格情況下捆綁銷售對社會福利的影響。他們的分析表明：捆綁能

① 楊冬梅. 雙邊市場：企業競爭策略性行為的新視角［J］. 管理評論，2008（2）：40-48.

夠提高一邊的社會福利，從而解決雙邊市場中的雞與蛋相生的問題。因此，捆綁能夠提供市場兩邊的參與程度，而且消費者能夠從壟斷平臺中獲利。

總之，由於平臺企業所面臨市場的特殊性，使得對平臺企業價格行為的評價不能簡單地套用傳統單邊市場的競爭理論來進行，否則將導致錯誤的結論和政策。這些錯誤的結論和政策不但不能合理解釋平臺企業的競爭策略性行為，反而會使得平臺企業不能健康地發展，並損害了消費者和社會總福利。

2.4 平臺企業定價影響因素分析

影響平臺企業定價的因素除了平臺企業提供服務的成本之外，還包括這三個方面的因素：第一個方面是用戶，這裡主要是指消費者，包括用戶的多平臺接入行為、用戶間的交叉網絡外部性強度、用戶的需求價格彈性等；第二個方面是平臺企業行為，包括平臺的競爭與壟斷、捆綁銷售、排他性協議、產品差異化戰略等；第三個方面則來自平臺的另外一方面，這裡主要是生產廠商或者服務提供商的行為，例如服務提供商的壟斷等。

2.4.1 平臺用戶方面

1. 需求價格彈性

羅歇和梯若爾（Rochet & Tirole，2003）的研究已經證明，用戶的需求彈性對平臺的定價有著極其重要的作用。在雙邊市場中，平臺兩邊的需求彈性是存在差異的，即兩邊對價格的敏感程度是不一樣的。與單邊市場類似，平臺企業往往會對價格彈性較大的一方制定較低的價格，由於此邊用戶價格彈性較大，因此平臺在定價時將採取低價，甚至低於邊際成本定價，或者免費，乃至補貼，以吸引這些用戶參與到市場中來。而這邊用戶數量的增加，又會通過交叉網絡外部性帶動另外一邊用戶參與到市場中來。報紙、信用卡、大型百貨商場是利用需求彈性進行定價具有代表性的案例。報紙讀者對價格較為敏感，而企業對價格相對不敏感；信用卡用戶對信用卡價格敏感，而商家相對不敏感；大型百貨商場消費者價格彈性較大，而商家價格彈性相對較小。

2. 用戶多平臺接入行為

所謂多平臺接入是指用戶可以同時在兩個以上的平臺註冊，並選擇其中的一個平臺進行交易；與多平臺接入相對應的是單平臺接入，即用戶只能選擇一個平臺註冊進行交易。影響用戶多平臺接入或者單平臺接入行為的因素既有平臺企業方面的原因，也有用戶自身方面的原因。平臺企業方面的原因：例如平臺在用戶加入時要求用戶簽訂排他性協議，限制用戶加入其他平臺，從而使得用戶只能單平臺接入；平臺制定較高的接入費等。用戶方面的原因包括用戶的消費習慣、承受能力等，例如銀行卡在收取年費後，有的用戶只有一張銀行卡，也有一些用戶有幾張銀行卡，這其中的原因既有一些用戶不習慣刷卡消費，一張銀行卡就足夠滿足自己的需求；而有的用戶不願意承擔銀行卡的年費。多平臺接入對平臺定價的影響是明顯的，因為多平臺接入擴大了交易對象的範圍，提高了交叉網絡外部性的效用。因此，在接入成本較低的情況下，用戶一般都選擇多平臺接入；但如果接入成本提高，用戶的多平臺接入行為將受到很大影響。比較典型的是中國銀行卡收費，在銀行卡不收取年費的時候，銀行卡數量呈現大幅度上漲，很多消費者持有多種銀行卡，而在銀行卡收取 10 元錢年費後，出現了退卡現象，很多用戶就只用一張銀行卡。

在有的時候，平臺可能面臨一邊用戶單平臺接入，而另外一邊用戶多平臺接入的情況，在這種情況下，由於單平臺接入的用戶成為稀缺資源，因此平臺會對單平臺接入用戶制定低價，通過單平臺接入用戶規模的擴大來增加多平臺接入用戶加入平臺所獲取的收益，然後平臺通過對多平臺接入用戶制定高價獲取收益。

3. 兩邊用戶的相互影響

前面我們的分析已經指出，平臺兩邊用戶具有交叉網絡外部性，即一邊用戶的規模是另外一邊用戶加入平臺所獲取收益的函數；但兩邊用戶的影響程度是存在差異的。例如報紙廣告中，讀者越多，企業廣告的價值也就越大，因此企業所獲取的收益也就越大，但企業的廣告在有的時候可能對讀者產生負效用。因此，平臺在定價時，會根據兩邊用戶相互影響程度的大小，分別制定不同的價格，一般是對能夠產生較強交叉網絡外部性的用戶制定低價，然後通過交叉網絡外部性吸引另外一邊用戶。

2.4.2 平臺企業方面

1. 市場結構

市場結構是指廠商之間市場關係的表現和形式。在傳統的單邊市場中，市場結構對企業市場行為起決定性作用，對此，產業組織理論創始人貝恩從多個方面進行了論述。1949 年，貝恩建立了現有企業行為的限制性定價模型，以解釋串謀的企業為什麼會把價格定在聯合利潤最大化水準之下。「有證據表明，一些產業中的產品價格多年來持續地被維持在產業需求曲線明顯缺乏彈性的區間，從而相應的邊際收益為負，並且必然低於長期邊際成本，這表明存在將價格維持在最大化水準之下的長期趨向[1]」。貝恩把未能實現短期利潤最大化看作是現有企業追求利潤的貼現值最大化的證據。但是，潛在進入者並不會天真地認定進入前的價格會在進入後得以持續，「（潛在進入者）應該考慮產業的需求、產業中現今的競爭或者串謀情況、他進入後競爭對手或串謀的前景、他預期獲得的市場份額以及他所設定的自己的生產成本。如果在可信的安排下的產業需求能夠給進入者帶來利潤，那麼，他最應考慮的就是估計進入後的競爭類型和將要面臨的先前賣者的價格政策。在評價決策的這些決定因素時，現有的價格和利潤不應具有直接的作用，因為預期進入後的價格和進入者的預期市場份額屬於戰略性的考慮[2]」。此後不久，貝恩著重提出了市場結構和市場績效的最有可能的決定因素，這後來成為貝恩學說主要受關注之所在，即「隨著市場結構與結果的聯繫被發現……先驗性分析表明，不僅要注意產品差別化……還有注意……賣者和買者的數量和規模分佈以及進入市場的條件。」[3]

對平臺企業而言，同樣存在市場結構對其行為的影響問題，即平臺的壟斷和競爭問題。但由於平臺兩邊用戶的交叉網絡外部性和用戶的多平臺接入問題，使得對平臺的壟斷和競爭研究的難度加大。

2. 差異化行為

在單邊市場中，企業產品差異化行為將使得企業能夠鎖定一部分用戶，避免價格競爭。平臺服務的差異化也是平臺的重

---

① BAIN, JOE S. Anote on pricing in monopoly and oligopoly [J]. American Economic Review, 39 (1): 3-452.

② BAIN, JOE S. Anote on pricing in monopoly and oligopoly [J]. American Economic Review, 39 (1): 3-452.

③ BAIN, JOE S. Workable Competition in Oligopoly [J]. American Economic Review, 40 (1): 38.

要行為。但對平臺企業而言，其差異化行為對平臺定價究竟產生何種影響？因為平臺企業必須為兩邊用戶提供服務，其差異化行為可以是多樣性的；而且平臺企業對一邊用戶的差異化行為可能通過交叉網絡外部性影響另外一邊用戶。因此，有必要對平臺企業的差異化行為及其影響進行深入研究。

3. 捆綁銷售行為

在單邊市場中，捆綁銷售是企業常見的一種行為；而在雙邊市場中，由於用戶的網絡外部性，使得很多平臺出現一網獨大的現象，導致很多平臺有採用捆綁銷售的動機。比較典型的例如 Windows 利用自身在 Windows 系統的壟斷優勢，在視窗、多媒體播放器等多個領域進行捆綁銷售。但羅歇和梯若爾（Rochet & Tirole，2003）認為，雙邊市場上的捆綁銷售和傳統市場中進行捆綁銷售的動機是不同的。在傳統單邊市場中，捆綁銷售具有歧視定價和阻止進入者進入的作用，但對平臺企業而言，由於平臺用戶兩邊的相互影響，一邊的捆綁銷售可能並不一定會損害社會福利。以銀行卡為例，在銀行卡支付系統中，銀行卡組織通常設定「受理所有卡規則」，即如果商家一旦受理了某銀行卡組織的信用卡，那麼就必須受理該組織發行的所有的其他銀行卡，這裡銀行卡組織其實質是將其所有的信用卡進行了捆綁銷售，但在這種規則下，持卡消費者在所有的商家都可以進行刷卡消費，那麼持卡消費者的收益將增加，而持卡消費者所獲得的收益的增加又促進持卡消費者數量的增加，隨著持卡消費者數量的增加，受理信用卡對商家產生的價值也將增加。因此，捆綁給一邊用戶帶來好處的同時也給另外一邊的用戶帶來了有利的影響。因此，在一定情況下，平臺企業的捆綁銷售可以平衡兩邊用戶存在的過度需求和不足需求，解決兩邊用戶之間的外部性問題。

4. 排他性行為

在單邊市場中，獨占交易作為一種非價格競爭手段，提高了競爭對手的成本，達到反競爭的效果，因此單邊市場中與用戶簽訂排他性協議屬於不正當競爭行為。排他性交易一直受到美國和歐洲反壟斷機構和法院的密切關注，通常受到法律的禁止，例如美國《克雷頓法》的第一條和第三條對其進行了嚴格限制。對平臺企業而言，由於用戶多平臺接入行為是一種普遍現象，當進入者進入後，由於用戶希望通過多平臺接入，帶來更大的網絡效應；而作為在位者，勢必就面臨進入者的進入而導致的用戶分流。因此，對在位者而言，在進入者進入之前，通過與用戶簽訂排他性協議，無疑是限制進入的最好辦法。而且，在雙邊市場中，由於存在網絡效應，在位者通過排他性協議對用戶的鎖定，降低了進入者平臺的價值，從而使得自身在競爭中處於優勢。而也正是由於雙邊市場網絡效應給在位者帶來的巨大優勢，因此在雙邊市場中，排他性協議應用更為普遍。但由於平臺企業用戶的網絡外部性使得網絡中擁有的用戶越多，那麼用戶從網絡平臺中所獲取的效用也就越大，因此，從社會福利角度看，市場中只有一個網絡是最優的。阿姆斯特朗和賴特（Armstrong & Wright，2006）考慮了在對稱競爭的雙邊市場情況下的排他性交易的效應，他們認為，排他性交易有利於提高社會者福利。但無論如何，平臺在實施排他性行為時，肯定會對價格進行相應的調整，以吸引消費者與其簽訂排他性協議。

2.4.3 廠商（服務提供商）方面

1. 服務提供商的市場力量

在一些雙邊市場中，平臺企業的終端用戶是通過廠商獲得服務的，其服務模式類似於圖2-1。由於平臺企業不是直接向終端用戶提供服務，因此平臺企業只能通過收取較低的接入費用削弱平臺提供商的市場力量。例如一邊市場的服務提供商獲得了較高的邊際收益，那麼平臺企業只能降低該邊市場的服務提供商的接入費，提高另外一邊市場的服務提供商的接入費，通過增加一邊市場用戶的剩餘來贏得該邊市場用戶的支持，從而吸引另外一邊用戶加入平臺。比較典型的例如在銀行卡市場中，銀行卡組織通過發卡銀行將銀行卡發給消費者；另外一方面，銀行卡組織通過收單機構與銀行卡商戶簽訂協議。在其中，發卡行的市場力量就比較關鍵，例如在中國的銀行卡組織發展歷程中，由於四大行的勢力強大，銀行卡組織在發卡行和收卡行的比例分配時就必須考慮。

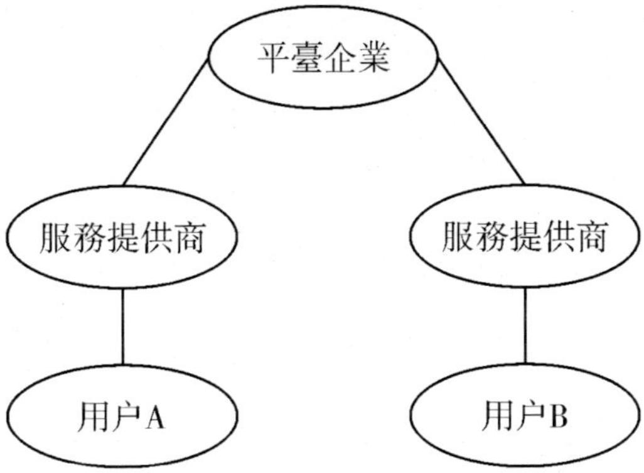

圖 2-1　通過服務提供商為消費者服務的平臺

2. 服務提供商行為

在一定情況下，商家的行為也會影響平臺企業的定價模式。比較典型的例如在銀行卡系統中，商家對刷卡消費和現金消費的態度就會影響到銀行卡組織的定價，而也正因為商家的行為影響到整個銀行卡系統，所以在銀行卡系統中才明確規定不得對刷卡消費和現金支付進行歧視的原則。

除了上述的三方面的因素之外，其他還有一些因素，例如市場供求關係、提供服務產品的標誌性等也對平臺企業的定價產生一定的影響。以市場供求關係為例，房地產仲介在不同的市場環境下，將制定不同的價格結構，在房地產市場繁榮時，對買方收取高價，在不景氣時則對賣方收取高價。

2.5 平臺企業定價分析框架

從上面的分析我們可以看出，平臺企業定價的影響因素較為複雜。但這些因素彼此間並不是相互獨立的，一個因素的變化可能會影響到其他因素，用戶和廠商的行為最終會影響平臺企業並促使平臺企業行為發生相應改變，例如用戶的多平臺接入行為可能會導致平臺採取排他性行為，而平臺的排他性行為又迫使用戶只能採用單平臺接入。但平臺是整個平臺系統中最核心的環節，平臺企業也希望通過自身的行為吸引兩邊用戶到平臺中來交易，也具有一定的主動權。正因為如此，論文重點研究平臺企業因素對平臺企業定價的影響。

在平臺企業定價中，壟斷平臺和競爭平臺定價是最基本的，平臺在很多其他情形下的定價都是從其派生出來的，因此論文在第四章分析平臺企業在壟斷和競爭下的定價；然後利用壟斷平臺和競爭平臺定價模型，就平臺企業在捆綁銷售、排他性協議、差異化下的定價進行分析；最後，則根據平臺企業的特點，對平臺企業定價的規制進行相應的分析和探討。

3 平臺企業壟斷定價與競爭性定價

3.1 平臺企業壟斷及其表現

3.1.1 傳統企業壟斷的成因分析

企業壟斷的成因大致可以劃分為兩種類型，即經濟性壟斷和行政壟斷。經濟性壟斷是市場經濟條件下常見的壟斷形式，它又進一步可以區分為自然壟斷和市場壟斷。在壟斷的成因中，最常見，也最為人們所關注的是自然壟斷和行政壟斷。這裡，我們先分析傳統企業壟斷的機理，再結合平臺企業的特徵對平臺企業的壟斷成因進行分析。

1. 自然壟斷

傳統的自然壟斷理論認為，自然壟斷是建立在規模經濟的基礎上的。所謂規模經濟是指以企業的技術為基礎，在單一產品的生產過程中，在生產要素價格不變的前提下，隨著供給市場產出的增加，企業平均成本遞減。美國經濟學家卡恩（Kahn，1971）認為，一個自然壟斷的產業就是這樣一個產業，它擁有規模經濟，即企業生產規模越大，平均成本越低，能持續到使一個企業供應整個市場。謝勒（1980）認為，自然壟斷存在於「規模經濟非常持久，以至於單一企業就能以相對於兩個或更多企業而言更低的成本為整個市場提供服務的產業」中。但是不少學者認為，單純地以規模經濟作為自然壟斷存在的條件是存在缺陷的，比較典型的是包莫爾（Baumol，1977），他認為，「規模經濟對壟斷而言既不必要也不充分」。因為傳統的自然壟斷理論是以企業生產單一產品作為假設前提的，而現實生活中的企業一般都會生產多種產品，因此，包莫爾（Baumol）認為，應該以多產品企業的成本次可加性來定義自然壟斷。所謂成本次可加性是指：如果由一個企業生產整個產業的產出的總成本比由兩個或兩個以上企業生產這個產出的總成本低，那這個產業就是成本次可加性產業，應該屬於自然壟斷產業。與傳統的規模經濟導致自然壟斷的觀點相比，成本次可加性更好地決定了自然壟斷的存在。在單一產品條件下，規模經濟成為某個行業自然壟斷的充分條件，而不是必要條件；在多產品條件下，成本的次可加性也能比規模經濟更好地決定自然壟斷的存在。對此，布勞第甘（Braeutigam，1989）有過詳細的分析。

2. 市場壟斷

所謂市場壟斷是指企業在競爭中，通過市場手段佔有了市場，從而使得市場出現壟斷格局。市場壟斷又根據形成壟斷的原因劃分為技術壟斷、產品差異化壟斷等。所謂技術壟斷就是指在位企業憑藉自身在技術上的壟斷優勢阻止進入者進入，從而使得市場中只有一個企業。技術壟斷是在位企業通過長期、大量的技術投入而取得的，雖然在一定程度上，技術壟斷妨礙競爭，制約整個產業的發展；但允許存在一定程度上的技術壟斷，對於推動企業技術創新具有一定的促進作用。技術壟斷比較典型的是 Windows。產品差異化壟斷是指由於產品差異化能夠鎖定一部分消費者，使得企業擁有一定的市場勢力，從而在對這部分消費者定價時可以使用壟斷高價。與市場壟斷相關的一個概念是進入壁壘。所謂進入壁壘是指進入者在進入市場時，必須比在位者承擔的更多成本。當在位者制定壟斷高價獲取高額利潤時，必然會吸引一些潛在的競爭者進入市場以獲取高額利潤，而在位者能否限制進入者的進入就取決於市場的進入壁壘。當進入壁壘足夠高時，進入者進入不能獲取預期利潤，就會放棄進入，在位者依然保持壟斷地位；反之，當進入壁壘較低時，進入者就可以進入，從而改變市場的壟斷格局。

3. 行政壟斷

所謂行政壟斷指政府通過行政權力，賦予企業在特定行業和特定區域壟斷經營的權力，包括政府壟斷和政府賦予壟斷。政府壟斷的案例如酒類專賣、菸草專賣。導致政府壟斷的原因包括了政府處於國家安全考慮、全社會福利最大化考慮等。政府賦予壟斷的例如許可證制度等。自然壟斷和行政壟斷二者之間並不是完全分開的，一般認為，當某個產業具有自然壟斷的特性後，即這個產業具有規模經濟效應和巨大的沉澱成本時，這個時候只有一個企業存在是最優的，因此政府將限制其他企業進入以實現社會福利的最大化。

3.1.2 影響平臺企業壟斷的因素分析

前面已經指出，在單產品條件下，規模經濟是自然壟斷的充分條件。與傳統企業相比，平臺企業不僅具有我們傳統意義上的規模經濟，即基於市場供給方的規模經濟，還有需求方的規模經濟，即平臺企業的網絡外部性。而且平臺企業的網絡特性和功能，也使得平臺企業與傳統企業相比，面臨更多的行政性管制，使得很多平臺企業帶有行政壟斷的性質。具體而言，可能導致平臺企業壟斷的因素主要包括：

1. 平臺企業供給方的規模經濟

傳統企業擁有規模經濟的原因在於資本設備的不可分割性以及固定成本分攤的規模經濟、專業化及勞動生產率提高的規模經濟、容積體積的規模經濟、密集存貨的規模經濟、學習曲線的規模經濟。與傳統企業相比，平臺企業的這些特徵更為明顯。

（1）資本設備的不可分割性以及固定成本分攤的規模經濟

平臺企業具有明顯的高固定成本、低邊際成本的特性。以電信業為例，電信業是一個具有明顯高固定成本、低變動成本特徵的行業，中國 2000 年至 2004 年電信業固定資產投資每年超過 2,000 億元。中國聯通為了通過 CDMA 網絡進入市話市場，要構建一個容 5,000 萬戶的網絡需耗資 800 億元，這是十分龐大的一筆資金；而中國的市話長久以來是壟斷的，它的邊際成本就非常之小，市話依託的基礎是市話網，因為它大量的成本是市話的網絡，而這個市話的網絡、光纜、電纜，甚至交換設備都是不再計入成本的，只需要將用戶接入網絡即可①。同樣，在媒體產業中，報紙平臺的固定成本是相當高的，包括了報紙印刷的機器設備、龐大的新聞採編網絡、大量的編輯人員等，而每張報紙的邊際成本相對來說是比較低的。在銀行卡系統中，pos 終端設備的投入也是一筆巨大的固定資產投入，而每筆交易的邊際成本相對來講是比較低廉的。高固定成本、低邊際成本的成本結構使得平臺企業的規模經濟與傳統企業相比更為明顯，即雙邊市場網絡呈現一網獨大、強者恒強的特徵。

（2）專業化及勞動效率的提高

平臺企業的馬太效應，即強者恒強、弱者恒弱表現得更為

① 魏徽. 對於中國電信業進入壁壘的研究 [J]. 東方企業文化，2007 (5)：71.

明顯，其原因就在於雙邊市場中市場規模對專業化及勞動效率的影響更為明顯。以房地產交易仲介為例，一旦房地產交易仲介構建了自己的網絡後，那麼就可以據此從事房地產買賣的信息收集，進行專業化分工。

（3）容積體積的規模經濟

容積或者體積的規模經濟在雙邊市場中表現為：網絡的擴充所需要的物理成本更低，例如在互聯網中，將網絡速度提高一倍並不需要建設兩條寬帶，而只需要對電纜進行重新設計即可。

（4）密集存貨的規模經濟

很多平臺企業也表現為密集存貨的規模經濟，以銀行卡為例，銀行卡的銷售點情報管理系統發生故障並不會對整個銀行卡系統產生影響，相關的機器越多，銷售點情報管理系統給銀行卡系統所帶來的影響也就越小；同樣的情況在電信市場中也存在，一臺交換機的損壞並不會對整個系統產生太大的影響，而企業規模越大，網絡就越穩定。

（5）學習曲線的規模經濟

平臺的學習曲線依然存在，並且時間越長，其效率越高。平臺企業進入者可以觀察和學習在位企業的商業模式。例如美國運輸公司 1958 年在進入收費卡市場時，它可以觀察和學習 1950 年 Dinner Club 採用的商業模式。當 Palm 公司進入手機操作系統市場時，微軟既支持內部應用軟件開發也鼓勵外部獨立軟件開發商為其開發應用軟件的應用模式成為其楷模。總之，在一個需求和供給上均存在潛在範圍經濟的市場中，市場進入並不能確保能夠阻止在位企業實現風險調整後的超過競爭水準的回報率。[1]

2. 平臺企業需求方的規模經濟

傳統的規模經濟立足於供給者一方，是指企業在生產中充分利用規模效應創造價值，並將單位生產成本降至最低水準，這種規模經濟從實質上講是生產的規模經濟，來源於供給方的規模經濟；而需方規模經濟則是立足於產品用戶網絡的一種規模經濟效應，它源於網絡外部性。所謂網絡外部性，是指產品的價值隨著使用者的數量增加而增加的現象，或者說是指一個使用者從產品消費中得到的效用隨著消費同一產品的消費者數量的增加而增加的現象，即產品的新用戶的加入可以給老用戶帶來正的外部收益。與傳統企業相比，平臺企業的網絡外部性包括了三個方面，即直接網絡外部性、間接網絡外部性和交叉網絡外部性。網絡外部性市場的競爭及均衡路徑的形成具有不同於傳統經濟的顯著特徵，主要表現在以下幾個方面：

首先，網絡外部性使得平臺企業往往表現出極強的正反饋機制特徵。所謂正反饋是一個使強者更強、弱者更弱的動態過程。在正反饋機制的作用下，某種產品市場規模的增長過程往往符合一種 s 形的成長道路軌跡：緩慢的起步累積用戶安裝基礎，達到一定臨界規模後爆炸性地增長，然後飽和。在網絡外部性市場中，引發正反饋效應的前提為產品的用戶安裝基礎必須達到一定的容量，即臨界規模，高於臨界規模的產品網絡規模，有自我強化的趨勢，產品的用戶規模進一步擴張；而當產品的用戶安裝基礎低於臨界規模的時候，則產品的用戶規模將不斷弱化，直到產品退出市場。這是因為，一旦某種產品的市場規模達到臨界規模以後，消費者預期將向有利於該產品的方

① 鬱義鴻，管錫展. 產業鏈縱向控制與經濟規制 [M]. 上海：復旦大學出版社，2006：429.

向發展，消費者預期其他消費者也會採納這種產品，在這種從眾心理的影響下，最終市場所有的消費者都會選擇該產品；反之，當某種產品的市場規模未達到臨界規模之時，由於消費者預期其他消費者不會選擇這種產品，從而使得市場所有的消費者最終都不會選擇該產品，該產品不得不面臨被市場淘汰的命運，即正反饋具有使強者更強，弱者更弱的特徵。這也意味著，網絡外部性產生的正反饋機制將使得市場競爭均衡常常表現出壟斷性或者寡占性的市場結構，即網絡外部性市場中一般只有少數幾家寡頭壟斷者，甚者獨家壟斷者。[①] 例如，在銀行卡產業中，信用卡發行商重要的一課就是建立基礎客戶。在美國的銀行卡產業中，Dinner Club 主要從商戶獲得收入，在基礎商戶存在之前，公司就能取得卡用戶，然後便能利用基礎卡用戶吸引商戶；美國運通公司進入市場的時候，Dinner Club 公司和其他公司已經樹立了用戶卡的概念，美國運通公司憑藉其在旅遊娛樂業中的地位，建立了自己的用戶基礎，而美國銀行在進入階段大量發展卡用戶，他們利用已有的在加州最多規模儲蓄業務的客戶，瞬間建立了基礎卡用戶，然後以此吸引用戶[②]；在中國的銀行卡產業發展中，在沒有進行互聯互通之前，四大國有商業銀行利用自身的市場優勢，使得其他商業銀行不能累積起相應的用戶基礎，遏制了其他商業銀行信用卡業務的發展。

其次，網絡外部性市場競爭均衡具有路徑依賴性，這種路徑依賴性最終可能導致一些平臺企業處於壟斷地位。這是指在網絡外部性市場中，究竟誰將在競爭中獲勝並成為市場的壟斷者，市場的選擇往往具有路徑依賴性。初始條件和競爭過程中

① 吳昊. 網絡外部性市場後入者的進入壁壘研究［J］. 世界經濟情況，2007.

② 徐晉. 平臺經濟學［M］. 上海：上海交通大學出版社，2007：33.

的一些微小的擾動經過網絡外部性正反饋機制的放大，影響著均衡的演變路徑，並最終決定了市場均衡的結果。這是因為，網絡外部性作為一種需求方規模經濟，消費者的消費決策具有相互依賴性，後進入的消費者的決策不僅受到前期消費者決策的影響，而且受到前期市場初始事件的影響。前期初始事件引發的學習曲線效應、互補產品的發展、用戶安裝基礎的形成等，在正反饋機制的作用下，共同推進了市場均衡向著有利於某種產品的方向演變，而伴隨這種產品市場規模的飛速增長，市場將最終進入由該產品壟斷市場的均衡狀態中。① 以軟件市場為例，IBM 公司曾試圖進入 PC 操作系統市場，挑戰市場的絕對壟斷性在位者微軟公司，1994 年它推出了 OS/2 操作系統，但這種操作系統不能獲得眾多軟件開發商的支持，軟件產品的缺乏一直是困擾著 IBM 公司的難題，為了吸引應用軟件開發商為 OS/2 操作系統開發應用軟件，IBM 公司投資了幾千萬美元，並試圖複製應用軟件接口，但種種努力都沒有取得成效，市場份額停滯不前，即使在其發展的最高峰時期，OS/2 操作系統也僅僅獲得了 2,500 種應用軟件的支持、10% 的市場份額，較之於 Windows 操作系統所擁有的高達 70,000 多種的配套應用軟件、80%以上的市場份額，OS/2 操作系統的劣勢不言而喻。其後，微軟公司又利用自身在操作系統中的壟斷優勢，通過捆綁銷售等策略，不斷拓展自己的市場範圍，進一步鞏固了自己的壟斷地位，例如在瀏覽器中與 Netscape 的競爭、在流媒體市場中與 Realworks 的競爭等。

最後，網絡外部性市場競爭均衡具有鎖定特性。一旦路徑依賴特徵最終選擇了某種產品成為市場的壟斷者，在正反饋機

① 吳昊. 網絡外部性市場後入者的進入壁壘研究 [J]. 世界經濟情況，2007.

制的作用下，這種壟斷地位往往具有進一步加強的趨勢，使得網絡外部性市場競爭均衡一旦形成，就具有很強的穩定性，甚至市場往往會「鎖定」於這種均衡狀態中。移動通信產業是一個典型的具有網絡外部性的產業，且直接網絡外部性特徵與間接網絡外部性特徵都非常明顯。移動通信產業的直接網絡外部性是顯而易見的。在選擇移動通信網絡時，新用戶更願意選擇原來用戶多的網絡，因為網絡中的用戶越多，潛在通話對象就越多，該網絡對新用戶的價值就越大；自然，新用戶的加入也增加了網絡中原有用戶的價值，因為他們通話的潛在對象也增加了，因此，對「移動通信服務」這種產品的消費者而言，同一通訊網絡的消費者數目越大，消費者能獲取的效用水準也就越高。移動通信產業的間接網絡外部性則與「移動通信服務」這種商品本身特性相關。移動通信服務實際上是一種由各類互補配套產品組成的系統產品，只有通過這些相互互補的產品的配合使用才能向消費者提供電信通信服務，在最簡單的況下，消費者得到一次移動通信服務也需要終端設備生產商所提供的手機產品以及移動營運商提供的連接服務才能共同完成，而提供這些配套產品的廠商則構成了移動通信產業的產業鏈。這些互補產品之間的交互作用形成了移動通信產業的間接網絡外部性。例如，當消費者在不同的移動營運商提供的移動通信服務產品之間進行選擇時，如果這位消費者很重視手機上網的功能，希望能夠隨時隨地獲取更多的娛樂新聞資訊，那麼他就會比較各家營運商所擁有的互補產品——內容提供商所提供的資訊內容，選擇加入擁有更豐富資訊內容的營運商的通信網絡。① 平臺企業中，較高鎖定成本比較典型的還有例如在軟件行業中，

---

① 吴昊. 網絡外部性市場後入者的進入壁壘研究 [J]. 世界經濟情況，2007.

WPS 和 office 系統的競爭，在 office 進入市場後，由於 Office 是基於 WINDOWS 平臺系統開發出來的，1994 年，在國內文字處理軟件市場上具有絕對優勢的中國金山公司與剛剛踏入中國的微軟公司簽訂了協議，金山 WPS 與微軟的 Word 實現了兼容。這種兼容使得 Word 的國內用戶可以與大量存在的用戶進行信息交流，這使得金山大規模的用戶基數優勢大大被削弱。當微軟在中國市場站穩腳跟之後，卻阻止金山與其升級產品兼容；而在用戶習慣使用微軟公司的 office 系統後，如果要轉到使用金山的 WPS，就需要重新學習一個新軟件，並且用戶還面臨著原有系統下的一些文件不能使用的風險，因此，巨大的轉移成本往往將使用戶望而卻步，從而在一定程度上形成了 office 系統對辦公軟件行業的壟斷。

3. 較高的進入壁壘

平臺企業除了利用傳統的規模經濟、網絡外部性等構築進入壁壘之外，技術標準壁壘也是導致一些平臺企業保持壟斷的重要原因。這是因為很多平臺企業所處的產業屬於技術密集型產業，技術標準是最重要的生產要素。而在技術創新進步日新月異的時代，生產同類產品往往有多種技術標準可供生產者選擇、採納，自然採納不同技術標準生產的產品必然具有相異的產品特性，從而不可避免地影響著產品市場的競爭。如果產品市場出現壟斷的市場結構，這就意味著，壟斷產品所採納的技術標準擊敗了其他互不兼容的技術標準，成為市場的事實標準，而一旦某種技術標準成為市場的事實標準，生產者通過對標準的控制，也必然更易於奪取產品市場競爭的勝利。在網絡外部性市場中，正反饋機制的作用強化了這種「事實標準擁有者+產品市場壟斷者」的模式形成的概率。例如微軟 Windows 視窗操作系統標準作為市場的事實標準，確保了微軟在操作系統市場壟斷者的地位，雖然市場後入者研發了不少無論是在功能

(Function) 還是界面 (Interface) 上都不遜色於 Windows 的產品，例如，Apple 公司的 Macos 系統、免費的 LINUX 系統等，但微軟通過技術標準控制策略，遲遲不願公開 Windows 核心代碼，並採取不兼容策略阻止 Linux 用戶分享 Windows 豐富的應用程序，在位者的技術標準控制策略惡化了後入者的市場競爭環境，強化了後入者市場進入的壁壘，促使市場出現一種壟斷格局。

4. 行政壁壘

前面的分析我們已經指出，平臺企業的網絡外部性使得很多平臺企業出現了明顯的規模經濟。在存在明顯規模經濟的情況下，從整個社會福利的角度看，只有一個企業是最優的，因此政府從社會福利最優的角度出發，往往會給予在位企業很多特權，從而使得很多平臺企業能夠獲得一種行政手段構築的壁壘。比較典型的例如中國的電信業改革，很長一段時間只有一家中國電信，其初衷就是認為這種自然壟斷產業只有一個企業是最優的，引入競爭會導致網絡重複建設；還有例如銀行卡組織也是如此，卡組織一般是由眾多的發卡銀行和收單銀行組織而成的，大多數國家一般只有一家或少數幾家銀行卡組織，並且這些卡組織確實在各國的銀行卡支付產業中呈現出「壟斷」和「寡頭壟斷」的市場結構。

3.1.3 與平臺企業壟斷的其他問題的思考

雖然平臺企業的很多因素使得很多平臺屬於一種壟斷或者寡頭壟斷平臺；但在現實生活中我們看到了很多平臺屬於一種競爭性平臺。其原因在於雖然很多平臺擁有成為壟斷平臺的一些因素，但平臺企業所處的雙邊市場特徵又限制了很多平臺企業成為壟斷平臺，而對於這個問題的探討有助於我們進一步加深對平臺壟斷的認識。

1. 交叉網絡外部性限制了平臺企業實施壟斷行為的能力

儘管某些平臺企業擁有在該平臺產業中的「壟斷」市場地位，但「雙邊市場」的需求相互依賴性特徵限制了平臺企業實施壟斷勢力的能力。在雙邊市場中，不考慮市場另一邊用戶的需求，任何想從單邊用戶中獲取超額利潤的策略都將是自我毀滅的過程（Rieardo，2003）。平臺向某邊用戶索取高於邊際成本的價格從而獲取超額利潤，但這些利潤是短期的，也是得不償失的。因為過高的價格將降低該用戶對平臺產品或服務的需求，並且由於「交叉網絡外部性」效應的存在，該邊用戶需求的減少又將使另一邊用戶對平臺產品或服務需求進一步減少，最終導致整平臺交易量大大降低。因此在雙邊市場中，某些平臺企業儘管處於「壟斷」或「寡頭壟斷」的狀態，但雙邊市場特徵限制了其實施壟斷行為的能力。①

2. 平臺企業的市場界定問題

市場界定的目的是為檢查反壟斷問題提供一個行業背景，在反競爭行為案例中，市場界定幫助判斷被告是否有足夠的市場力量實施反競爭策略，這些策略是否增加或維持了被告的市場力量。在兼併案例中，市場界定可以識別出一個企業是否可以通過兼併控制價格因此而判定兼併是否增強了他們的市場力量，通常，我們可以通過觀看需求或供給的替代品情況來判斷產品或服務是否屬於一個市場。一個企業的市場份額通常可以代表一個企業的市場力量。但對於平臺企業而言，其市場界定顯得更為複雜，其原因在於平臺企業必須面對兩邊的客戶，而且平臺企業為兩邊客戶所提供的服務是存在差異的，因此我們很容易認為提供給兩方用戶群體的產品或服務是不同的，從而

① 楊冬梅. 雙邊市場：企業競爭策略性行為的新視角 [J]. 管理評論，2008（2）：40-48.

把這些產品或服務歸為不同的市場。這樣就很自然地忽視了兩方市場之間的聯繫，當一方市場上產品收取零價格或負價格時，把雙邊市場中的兩個市場孤立起來考察的情況更容易發生，因為在這種情況下，人們不認為平臺企業在為銷售產品或服務而競爭。因此，很容易認為購物中心只是出租給零售商空間而忽略了對購物者一方的市場，出售軟件和硬件系統給個人數據管理者，而忽視了對程序開發商的市場。電視臺被看作是銷售廣告的地方而忽略了觀眾的市場。在這些案例中，價格和產量決策地不可避免地纏繞在一起，不能把雙邊市場中的一方市場作為單獨的市場來考慮。①

3. 平臺企業的市場力量問題

與市場界定相關的一個問題就是如何界定平臺企業的市場力量問題。在單邊市場經濟中，由於企業的均衡價格是市場份額的函數，因此我們可以根據一個企業的價格與邊際成本的關係來估算市場力量；但對平臺企業而言，這種判斷是不妥的。因為平臺企業向一方收取的價格可能與其成本分離。與之相關的一個問題就是關於平臺企業的兼併問題。對傳統企業而言，由於兼併後的企業增強了市場力量，可能導致壟斷高價，損害社會福利；但平臺企業的兼併是否一定會導致企業市場力量的增加，因為兩個平臺企業的兼併將會影響到價格水準和價格結構，這取決於平臺的成本、需求結構和競爭狀況。兼併後的均衡價格可能會上升。但是平臺企業之間的兼併增加了平臺兩方的用戶，從而擴大了交易對象的範圍，提高了交易成功的可能性和效率，使平臺企業對於雙方用戶來說更具有價值，因此，即使一方用戶或總體的價格增加，用戶的福利仍有可能增加。

---

① 郭麗丹. 雙邊市場平臺企業的策略及相關反壟斷問題研究［D］. 大連：東北財經大學，2008.

3.2 壟斷平臺企業的定價分析

3.2.1 Rochet 和 Tirole 的壟斷平臺定價模型

Rochet 和 Tirole（2003）的壟斷平臺定價模型是壟斷平臺企業定價的經典模型，後來很多關於壟斷平臺的定價模型都是以該模型為基礎進行展開的，因此這裡我們有必要對該模型進行分析和評價。

1. 模型假設

Rochet 和 Tirole（2003）的模型源自對銀行卡產業的分析，因此在模型假設的很多方面與銀行卡產業有類似的地方。

（1）平臺為平臺兩邊用戶提供服務

其中一邊用戶稱為 B，如持卡消費者、軟件使用者、傳媒受眾所在的市場，B 從每一筆平臺交易中獲得的收益為 b^B，不同用戶所獲得的收益是存在差異的；另一邊用戶稱為 A，如特約商戶、應用軟件開發商、廣告客戶所在的市場，用戶 A 從每一筆平臺交易中獲得的收益為 b^A，同樣，A 從平臺交易中獲得的收益也具有差異。

（2）A 和 B 通過平臺發生交易或者相互關係

平臺為促成 A 和 B 發生相互關係，或者促成終端用戶完成每一筆交易提供服務的邊際成本為 c，$c>0$。

（3）匹配規則假設

Rochet 和 Tirole（2003）假定交易雙方一定可以達成匹配，即平臺交易的有效量是平臺兩邊需求的乘積。這裡的匹配規則直接關係到平臺的收入函數和利潤函數，並成為影響平臺定價的重要因素，對此我們後面可以對此進行相關介紹①。

（4）外部性假設

平臺分為成員外部性和使用外部性，但 Rochet 和 Tirole（2003）的模型主要是研究使用外部性，而沒有考慮成員外部性。在此假設下，Rochet 和 Tirole（2003）假設終端用戶不承擔固定費用，平臺採用線形定價規則，即平臺用戶支付的價格為用戶通過平臺交易的次數與平臺針對每筆交易所徵收的費用。在使用外部性假設情況下，用戶 A 從每筆交易中獲得的收益與用戶 B 的數量 N^B 有關，同樣，用戶 B 從每筆交易中獲得的收益與用戶 A 的數量 N^A 有關。

（5）價格假設

用戶 A 和用戶 B 以價格 p 完成買賣交易，b^A、b^B 獨立於平臺廠商制定的價格和用戶 A 和用戶 B 交易時的價格 p。以銀行卡為例，在銀行卡組織反額外收費規則下，特約商戶在持卡消費者和現金消費者之間不能進行歧視定價。因此，b^A、b^B 獨立於銀行卡組織制定的價格和特約商戶選擇的價格。

2. 模型推導

A 市場的需求函數為：$N^A = pr(b^A \geq p^A) = D^A(p^A)$ （3.1）

同樣，B 市場的需求函數為：$N^B = pr(b^B \geq p^B) = D^B(p^B)$ （3.2）

按照一定可以達成匹配的假設，平臺兩邊用戶在平臺上實現的交易量等於 $D^A(p^A)D^B(p^B)$。Rochet 和 Tirole（2003）分別分析了不同性質平臺下平臺的定價策略。

我們首先考慮私人壟斷者的選擇，而後考慮在預算約束下的福利最大化問題。

① Caillaud 和 Jullien（2003）的模型考慮了仲介完成匹配的效率。而 Rochet 和 Tirole 考慮雙邊用戶之間可以發生完美的匹配。

(1) 利潤最大化平臺的定價

私人壟斷者通過設定最有價格實現利潤最大化。

$$\pi = (p^A + p^B - c)D^A(p^A)D^B(p^B) \tag{3.3}$$

由一階條件有：$\frac{\partial(\ln\pi)}{\partial(p^A)} = \frac{1}{(p^A + p^B - c)} + \frac{(D^A)'}{D^A} = 0$

$$\frac{\partial(\ln\pi)}{\partial(p^B)} = \frac{1}{(p^A + p^B - c)} + \frac{(D^B)'}{D^B} = 0$$

從而有，$(D^B)'D^A = D^B(D^A)'$。一階條件表明了在一定價格總水準條件下實現交易量最大化的雙邊市場價格 p^B、p^S。引入需求價格彈性 $\eta^A = \frac{p^A(D^A)'}{D^A}$，$\eta^B = \frac{p^B(D^B)'}{D^B}$，雙邊市場的私人壟斷定價的勒納公式為：

$$p^A + p^B - c = \frac{p^B}{\eta^B} = \frac{p^A}{\eta^A} \tag{3.4}$$

事實上，壟斷平臺廠商選擇的價格總水準仍然由經典的勒納公式給出，即：

$$\frac{p - c}{p} = \frac{1}{\eta} \text{ 或 } p = \frac{\eta}{\eta - 1}c \tag{3.5}$$

其中，$\eta = \eta^A + \eta^B$ 表示總的需求價格彈性，假設 $\eta > 1$。因此總價格在雙邊市場的分配為：$p^A = \frac{\eta^A}{\eta}p = \frac{\eta^A}{\eta - 1}c$，$p^B = \frac{\eta^B}{\eta}p = \frac{\eta^B}{\eta - 1}c$。 (3.6)

因此，私人壟斷平臺的價格總水準 $p = p^B + p^A$ 與總需求彈性 $\eta = \eta^B + \eta^A$ 之間的關係仍可由標準的勒納公式給出，即 $\frac{p - c}{p} = \frac{1}{\eta}$。私人壟斷平臺的價格結構由用戶的需求價格彈性確定，而不是彈性的倒數，即 $\frac{p^B}{\eta^B}=\frac{p^A}{\eta^A}$ 。

（2）社會福利最大化平臺定價

由於平臺的網絡外部性，使得很多平臺屬於行政性壟斷平臺，比較典型的例如中國的銀行卡組織——中國銀聯，雖然中國銀聯其會員是各個商業銀行，但又具有政府壟斷色彩，因此這類平臺的定價目標是實現社會福利最大化，而通過對比不同性質平臺的定價，可以對平臺壟斷所帶來的社會福利損失進行比較分析。

由於社會福利最大化平臺的目標是實現社會福利最大化。因此，其預算約束為對用戶收取的價格，等於其交易成本。平臺每一邊用戶從一筆交易中獲得的淨剩餘為：

$$V^k(p^k)=\int_{p^k}^{+\infty}D^k(t)\,dt\text{ ，其中 }k\in\{A,\ B\}\tag{3.7}$$

因此，社會福利最大化平臺的定價就轉變為在 $p^B+p^A=c$ 的約束下，求解 $W=V^A(p^A)D^B(p^B)+V^B(p^B)D^A(p^A)$ 的最大值。由一階條件可知，成本的分配條件為：$\frac{\partial W}{\partial p^B}=\frac{\partial W}{\partial p^A}$ ，從而 $V^A(D^B)'-D^BD^A=-D^AD^B+V^B(D^A)'$ 。對上述進行計算可得 Ramsey 價格。Ramsey 價格中包含另一邊市場的平均利潤，並且具有以下特徵

$$p^B+p^A=c\text{（預算約束）}\tag{3.8}$$

$$\frac{p^A}{\eta^A}\left[\frac{V^A}{D^A}\right]=\frac{p^B}{\eta^B}\left[\frac{V^B}{D^B}\right]\text{（成本分配）}\tag{3.9}$$

成本分配條件表明了在一定價格總水準條件下，使得社會福利最大化的價格結構。與私人最優條件得到的價格結構相比，命題 2 的成本分配包含了市場 A 和市場 B 的用戶從每一筆交易中獲得的平均剩餘。可見，在具有雙邊市場特徵的產業中，平臺廠商的定價策略綜合了多產品壟斷廠商定價原則與網絡產品

的定價原則。與傳統市場的勒納指數不同，最優價格結構並非與邊際成本成比例。在一定情況下，一邊的市場價格可能低於邊際成本，這取決於網絡外部性的強度[①]。

3. 對 Rochet 和 Tirole（2003）模型的評價

（1）Rochet 和 Tirole（2003）模型的貢獻

Rochet 和 Tirole（2003）的重要貢獻在於：首先，通過理論模型得出了影響平臺企業定價的影響因素。通過前面模型介紹我們可以看出，Rochet 和 Tirole（2003）認為，平臺企業的定價將取決於平臺兩邊用戶各自的需求、平臺廠商的成本以及競爭態勢等因素，從而使得平臺定價與傳統單邊市場定價相比區分開來，這也使得對平臺及其所處的雙邊市場研究進入了一個新的發展階段。在 Rochet 和 Tirole（2003）研究的基礎上，賴特（Wright，2003）、甘斯和金（Gans & King，2003a，2003b，2003c）、施瓦茲和文森特（Schwartz & Vincent，2004）、曼恩替和索瑪（Manenti & Somma（2002）、查克沃和羅森（Chakravorti & Roson，2004）等以銀行卡產業為例，分別就商戶市場結構、反額外收費規則以及支付系統競爭對最優交換費確定的影響進行了討論。

其次，對不同性質平臺定價行為進行了研究。具有不同性質的平臺對平臺兩邊用戶收取的價格是存在一定差異的，而這也為平臺壟斷及其所帶來的社會福利損失的判斷尋找到了依據，同時也為傳統市場中反壟斷和不正當競爭規則在雙邊市場或者平臺企業中的應用提出了理論上的依據。以銀行卡產業為例，銀行卡產業中的交換費率一直是理論和實踐中爭論的焦點。正是基於對銀行卡產業的系統分析，許多學者認為，交換費是校

① 陳宏民，胥莉. 雙邊市場——企業競爭環境的新視角［M］. 上海：上海人民出版社，2007：84.

正外部性帶來的市場缺陷所必不可少的制度安排，是銀行卡產業平衡雙邊市場成本和收益，從而將外部性內部化的重要機制；但對於交換費的高低卻存在一定的爭議，例如商家認為目前轉換費的確定與成本無關，是一種壟斷定價，因此，是違法的，這也是今年來頻頻爆發銀商之爭的重要原因；而美國法庭考察了20世紀90年代晚期制定的交換費問題，得出的結論是地方法院提交的大量結論可以合理地推出交換費是有利於促進競爭的，因為交換費對於維持銀行卡系統穩定是很必要的，並且確保銀行卡系統能成功吸引雙方用戶；但澳大利亞儲備銀行在最近的調查中得出了不同的結論，認為交換費有可能導致了社會上銀行卡的過度使用，所以應該對交換費實施管制，交換費不應超過發行者的總成本。但從目前關於平臺企業的研究看，交換費的收取是有明確依據的，但對交換費率的高低確定以及政府是否應該對交換費率進行管制卻缺乏充分的理論依據。

（2）Rochet 和 Tirole（2003）模型的不足

由於 Rochet 和 Tirole（2003）試圖建立一般性模型，但其研究是以銀行卡產業作為假定對象的，因此導致了 Rochet 和 Tirole（2003）的模型及其結論存在一定的缺陷。

首先，模型與產業定價實踐存在較大的差異性。按照 Rochet 和 Tirole（2003）的研究，價格與其彈性是呈正相關關係，即彈性越大，壟斷平臺在該邊設定的價格越高。但現實中，平臺企業定價卻是相反的。紀漢霖（2006）按照 Rochet 和 Tirole（2003）的定價模型，對比分析了在平臺競爭與壟斷情況下的定價，他將該公式與壟斷平臺的定價公式相比較，發現在其他參數相同的情況下，競爭平臺的定價竟然會高於壟斷平臺的定價，這顯然是不合理的。

其次，模型僅僅考慮了使用外部性，而沒有考慮成員外部性。第三，在匹配規則上，模型採用了完全匹配的原則，而現實中平臺的交易量既與兩邊用戶的需求相關，又與兩邊用戶的數量有密切關係。

3.2.2 Armstrong 的壟斷平臺價格模型

阿姆斯特朗（Armstrong，2002）以不同於 Rochet 和 Tirole（2003）的角度，研究並分析了壟斷平臺的定價問題。阿姆斯特朗（Armstrong，2002）的模型以黃頁、電視、報紙等壟斷平臺為研究對象。

1. 模型假設

（1）用戶效用假設

模型根據黃頁等平臺的特徵，假定用戶只關注平臺另外一邊用戶的數量，即用戶 A 的效用是平臺另外一邊用戶 B 數量的函數。因此，用戶 A、B 的效用分別為：

$$u_A = \alpha_A n_B - p_A,\ u_B = \alpha_B n_A - p_B \tag{3.10}$$

其中：p_A、p_B 表示平臺廠商向兩邊用戶收取的價格，n_A 和 n_B 分別為用戶 A 的數量和用戶 B 的數量；α_A 表示每個用戶 B 通過平臺交易給用戶 A 帶來的收益，例如一個消費者 A 看到了黃頁廣告給廠商 B 帶來的收益，類似地，α_B 表示每個用戶 A 通過平臺交易給用戶 B 帶來的收益。與 Rochet 和 Tirole 的假設明顯差別在於用戶參與平臺後，同一邊市場的用戶，通過與另一邊的每一個用戶發生交易或者相互關係獲得的收益是相同的。

（2）成本假設

平臺廠商為用戶 A、用戶 B 提供服務的單位成本分別為 f_A、f_B。

（3）需求函數

用戶 A、B 對平臺的需求為其效用的函數，假定為：$n_A = \varphi_A(u_A)$，$n_B = \varphi_B(u_B)$

2. 模型推導

平臺廠商的利潤函數為：$\pi = n_A(p_A - f_A) + n_B(p_B - f_B)$。

其中 $p_A = \alpha_A n_B - u_A$，$p_B = \alpha_B n_A - u_B$。將其帶入利潤函數我們可以得到：

$$\pi(u_A, u_B) = [\alpha_A \varphi_B(u_B) - u_A - f_A]\varphi_A(u_A) + [\alpha B \varphi_A(u_B) - u_B - f_B]\varphi_B(u_B)$$

(1) 利潤最大化平臺的定價

最大化平臺利潤函數我們可以得到：

$$p_A = f_A - \alpha_B n_B + \frac{\varphi_A(u_A)}{\varphi_A'(u_A)},\ p_B = f_B - \alpha_A n_A + \frac{\varphi_B(u_B)}{\varphi_B'(u_B)} \quad (3.11)$$

由式（3.11）我們可以看出，壟斷平臺廠商利潤最大化時，平臺廠商對一邊市場用戶收取的價格在成本的基礎上受到三個因素的影響：首先是對該邊用戶提供服務的成本，提供服務的成本越高，那麼收取的價格也就越高，這點與 Rochet 和 Tirole（2003）的模型存在明顯差異；其次是交叉網絡外部性效應，即一邊用戶對另外一邊用戶所產生的影響。如果一邊用戶能夠給另外一邊用戶產生較大的交叉網絡外部性，那麼對該邊用戶收取的價格較低。這種定價結果意味著，每增加一位用戶 A 將對用戶 B 產生外部收益 $\alpha_B n_B$，平臺廠商將通過轉移支付的方式吸引用戶 A 參與平臺。這種轉移支付的額度恰好等於用戶 A 對用戶 B 產生的外部收益。而轉移支付的實現則通過定價完成。即平臺廠商通過對用戶 A 的定價中減去這一部分轉移支付來內部化外部性。這樣，一邊市場用戶對另一邊市場的用戶產生的外部收益越大，那麼該邊市場的用戶為獲取在平臺進行交易的權利而支付的價格將越低。特別是在 α_1、α_2 足夠大時，平臺廠商在一邊市場的定價將可能低於成本。以購物中心為例，經營者為了促進商家和消費者到購物中心完成交易，在制定價格分配機制的時候，將考慮商家和消費者之間產生的外部收益的大小。

通常，消費者進入購物中心進行購物給商家帶來的外部收益大於購物中心中的商家對消費者產生的外部收益，因此，我們看到，消費者進入購物中心不但不必支付費用，而且還可以享受到許多免費服務。相反，商家進入購物中心必須支付一定的費用才可以獲得在購物中心的經營權。① 第三是與該邊用戶需求價格彈性有關的因素。價格彈性對平臺定價的影響要複雜得多，我們對此可以進行相應轉換得到：

$$\eta_A(p_A/p_B) = \frac{p_A\varphi_A'(\alpha_A n_B - p_A)}{\varphi_A(\alpha_A n_B - p_A)}$$

$$\eta_A(p_B/p_A) = \frac{p_B\varphi_B'(\alpha_B n_A - p_B)}{\varphi_B(\alpha_B n_A - p_B)}$$

表示平臺廠商在另一邊市場用戶數量一定的情況下的一邊市場的需求價格彈性，平臺廠商利潤最大化時的價格結構滿足：$\frac{p_A - (f_A - \alpha_B n_B)}{p_A} = \frac{1}{\eta_A(p_A/n_B)}$ 和 $\frac{p_B - (f_B - \alpha_A n_A)}{p_B} = \frac{1}{\eta_B(p_B/n_A)}$。

因此，用戶的需求價格彈性很高，用戶 i 給用戶 j 的外部收益足夠大時，平臺廠商從利潤最大化的目的出發，會對用戶 i 進行補貼，即用戶 i 承擔的價格將小於平臺廠商為其服務所發生的成本，即 $p_i > f_i$。事實上，這樣的補貼可能會很大，甚至導致價格為負。②

與 Rochet 和 Tirole（2003）的模型比較，得出的總體結論是一樣的，即平臺企業的定價將受到兩邊用戶需求彈性的影響。

（2）社會福利最大化平臺定價

總的社會福利為：$w = \pi(u_A, u_B) + v_A(u_A) + v_B(u_B)$，最大

---

① 陳宏民，胥莉 雙邊市場——企業競爭環境的新視角［M］. 上海：上海人民出版社，2007：84.

② 陳宏民，胥莉. 雙邊市場——企業競爭環境的新視角［M］. 上海：上海人民出版社，2007：84.

化社會總福利我們可得：$u_A=(\alpha_A+\alpha_B)n_B-f_A$，$u_B=(\alpha_A+\alpha_B)n_A-f_B$

因此我們可以得到社會福利最大化情況下平臺的定價：

$$p_A=f_A-\alpha_B n_B,\ p_B=f_B-\alpha_A n_A$$

3. 對模型的評價

與 Rochet 和 Tirole（2003）的模型相比，阿姆斯特朗（Armstrong，2002）的模型有以下幾個方面的不同：

（1）模型考慮了交叉網絡外部性。模型將交叉網絡外部性納入平臺企業定價因素之中，並認為一邊用戶給另外一邊用戶帶來的效用越大，對該邊用戶收取的費用也就越低。這點很好地解釋了為何有的平臺企業對一邊用戶制定的價格甚至低於其成本的現象。

（2）價格與需求彈性的關係。根據前面的分析我們已經指出，Rochet 和 Tirole（2003）得出了與現實平臺企業定價相反的結論，而阿姆斯特朗（Armstrong，2002）的模型得出了平臺的價格結構與傳統多產品市場定價具有一定的相似性，即價格與彈性的倒數關係。因此，在另一邊的市場需求確定的情況下，價格彈性越高，那麼對該邊制定的價格也就越低。

3.2.3 其他的壟斷平臺定價模型

1. 亞倫·希夫（Aaron Schiff）的用戶存在偏好下的壟斷平臺定價模型

亞倫·希夫（Aaron Schiff，2003）也對壟斷平臺廠商的定價行為進行了研究。亞倫·希夫（Aaron Schiff，2003）的模型也考慮了兩邊用戶間的交叉網絡外部性。這裡，他直接使用將一邊市場的規模作為另外一邊用戶獲得的網絡外部性的效用函數。與前面介紹的模型存在差別的是，亞倫·希夫（Aaron Schiff）的模型考慮不同用戶偏好對壟斷平臺定價的影響；但其關於壟斷平臺價格結構的結論與前面兩個模型是類似的：用戶通過平臺發生交易獲得的收益不同，平臺將提供向通過平臺進行交易獲得的收益多的用戶收取較高的費用，而向獲益較少的用戶收取低費用來促使雙邊用戶基於平臺發生交易。我們這裡也對亞倫·希夫（Aaron Schiff，2003）的壟斷數量模型進行簡單介紹。

（1）模型假設

壟斷平臺擁有兩個用戶，其中用戶 A 為 α，$\alpha \in [0, 1]$，用戶 B 為 β，$\beta \in [0, 1]$。α、β 分別反應了平臺廠商 P 在市場 A 和市場 B 的市場佔有率。

平臺交易給兩邊用戶 A、B 帶來的收益存在差異，用戶 A 選擇平臺進行交易所獲得的效用為 u，u 在區間 [0，1] 服從均勻分佈；用戶 B 在選擇平臺交易獲得的效用為 δv，其中，$\delta > 0$，v 在區間 [0，1] 服從均勻分佈。其中 δ 表示用戶 A、B 對平臺營運商提供的產品的偏好差異（以下簡稱偏好差異），$\delta \in [-1, 1]$。

定價方式。平臺廠商存在兩種不同的定價模式。一是，不管用戶是否達成了完美匹配或者進行了交易，平臺廠商均向用戶收取接入費。p、r 分別表示平臺廠商向用戶 A、B 收取的接入費；二是，當用戶之間達成了完美匹配或者實現了一筆交易的時候，平臺廠商均向用戶按照交易量收取交易費。s、t 分別表示廠商向平臺廠商和用戶 A、B 收取的交易費。亞倫·希夫（Aaron Schiff，2003）認為，兩種定價模式對於平臺廠商來說是等價的（利潤函數是相同的），都是 $\pi(\alpha, \beta) = \alpha\beta[p(\alpha, \beta) + r(\alpha, \beta)]$。

成本假定。平臺廠商提供服務的邊際成本為 0。

匹配技術。這裡亞倫·希夫（Aaron Schiff，2003）仍然採用了完美匹配來界定一邊用戶給另外一邊用戶的交叉網絡外部性。即每一個 A 在平臺 P 的期望交易量為 β，用戶 A 通過平臺 P 進行交易獲得的總期望效用為 βu。同樣，每一個用戶 B 的平臺期望交易量為 α，用戶 B 通過平臺 P 進行交易獲得的總期望效用為 $\alpha\delta v$。

（2）模型推導

利潤函數為：$\pi(\alpha,\ \beta)=\alpha\beta[p(\alpha,\ \beta)+r(\alpha,\ \beta)]$。

在利潤最大化假設下，可得 $\alpha=\dfrac{(1+\delta)}{3}$，$\beta=\dfrac{(1+\delta)}{3\delta}$，由於 $\alpha,\ \beta\in[0,\ 1]$。

當偏好差異較小時，即 $\delta\in(\dfrac{1}{2},\ 1]$，壟斷平臺在用戶 A 邊的佔有率為 $\alpha=\dfrac{1}{3}(1+\delta)$，用戶 B 的市場佔有率 $\beta=\dfrac{1}{3\delta}(1+\delta)$，壟斷平臺不會完全占領雙邊市場，當完全沒有偏好時，壟斷平臺占領 2/3 的市場；但是當該偏好差異增大，即 $\delta\in(0,\ \dfrac{1}{2}]$ 時，壟斷平臺營運廠商將完全佔有市場 B，而僅佔有一半的市場 A，即 $\alpha=\dfrac{1}{2}$，$\beta=1$。

在定價結構上，將 α、β 帶入接入費和交易費表達式得：

$p=\dfrac{(1+\delta)(2-\delta)}{9\delta}$，$r=\dfrac{(1+\delta)(2-\delta)}{9}$，$s=\dfrac{(2-\delta)}{3}$，$t=\dfrac{(2\delta-1)}{3}$，由於 $\delta\in[0,\ 1]$，因此，$s\geq t$。即平臺依然存在對通過平臺獲得較小收益的一邊收取低價，而對另外一邊則收取高價。

2. 紀漢霖的壟斷平臺模型

復旦大學的紀漢霖（2006）在分析了 Rochet 和 Tirole（2003）模型的基礎上，研究和分析了壟斷平臺分別收取註冊費、交易費和兩步收費制三種方式下的定價行為。模型通過複雜的數學推導，得出了如下三個結論：①對於壟斷的雙邊市場平臺，無論在兩邊採用註冊費、交易費還是兩步收費，其在一邊的定價都是和平臺另外一邊的網絡外部性強度、消費者數量是負相關，並且都有可能低於邊際成本定價，甚至出現負價格或零價格。②匹配技術的提高會降低平臺收取的註冊費。這表明，隨著匹配技術的提高，平臺會傾向於通過收取交易費盈利，註冊費在平臺盈利中的份額會不斷下降。③平臺兩邊消費者在平臺上交易的預期次數的增大會降低平臺收取的註冊費和交易費。這表明，隨著消費者預期交易次數的提高，註冊費會逐步成為吸引消費者到平臺上註冊交易的工具。平臺會逐步傾向於通過收取交易費盈利，同時也會降低平臺的單位交易收費，來促使消費者在平臺上增加交易次數①。

3.2.4 小結

上述幾個模型在不同的假設條件下，分析了壟斷平臺企業的定價；但由於平臺企業必須要對兩邊用戶分別制定不同的價格，而且兩邊用戶之間存在明顯的交叉網絡外部性，即一邊用戶的數量是另外一邊用戶加入平臺後獲得效用的函數，因此與單邊市場的壟斷定價模型相比，雙邊市場的壟斷定價模型要複雜得多，而且由於平臺企業所涵蓋的行業較廣，因此其定價的限制條件和定價形式也存在多樣性，或許並不存在類似例如單邊市場壟斷企業定價所遵循的普通模型。正是基於定價模型的複雜性和定價限制條件的多樣性，本書並不試圖構建一個一般模型去分析單邊企業中的壟斷定價。但從上述模型我們可以看出，壟斷平臺企業定價具有以下幾個特點：

① 紀漢霖. 雙邊市場定價策略研究 [D]. 上海：復旦大學，2006.

(1) 平臺壟斷高價與社會福利。從前面的分析我們已經看出，利潤最大化平臺的總體價格水準要高於社會福利最大化平臺的總體價格水準，因此壟斷平臺依然會存在壟斷高價。但與傳統壟斷企業不同，傳統企業的壟斷高價將造成社會福利的損失；平臺企業壟斷對社會福利的損害要被網絡外部性帶來的正效應彌補。因此，平臺企業的壟斷定價並不一定導致社會福利損失。

(2) 價格總體水準與成本依然存在一定的關係

在雙邊市場中，價格結構與平臺上實現的交易量有明顯的相關關係，這是雙邊市場區別於傳統單邊市場的根本；而也正是基於此，在對平臺企業定價的研究中，學者們一般都是研究在價格總水準不變的情況下研究價格結構問題，而沒有考慮價格總水準對平臺企業交易量的影響。但從前面模型我們可以看出，價格總水準與成本之間依然遵循傳統的勒那公式，即平臺企業提供服務的成本越高，那麼價格總水準也就相應越低。而這點對於平臺企業的定價實踐依然有著重要的意義，也為平臺企業實施成本領先戰略提供了依據。因為在其他條件不變的情況下，平臺企業的服務成本越低，則價格總水準也就越低；其他條件不變意味著雙邊用戶分擔價格的比例不變，此時每個單邊所承擔的價格也就相應降低。

(3) 對單邊用戶定價與邊際成本分離

關於這點論文前面和上述模型也都進行了較為詳細的論述。正是基於這點，很多平臺企業都採取了所謂的傾斜定價策略，即通過一邊用戶的高價補貼另外一邊用戶的低價格導致的虧損。而用戶所承擔的價格與其需求彈性呈現密切關係，彈性越高，所承擔的價格也就越低，反之彈性越低，價格也就越高，從定價與價格彈性的關係看，與單邊市場是相似的。

(4) 交叉需求彈性對壟斷定價的影響

交叉需求彈性使得一邊用戶的數量成為另外一邊用戶效用的函數，這種特性使得平臺企業可以採取分而治理的策略，即在一定情況下，新平臺可以在老平臺制定高價的一邊制定低價，而通過這邊用戶的低價來吸引另外一邊，這種特性使得壟斷平臺企業在構建進入壁壘時要比單邊市場面臨更多的限制。

3.3 競爭性平臺企業定價分析

3.3.1 平臺競爭的類型

1. 按照平臺競爭主體的地位

按照平臺競爭主體的地位，可以劃分為內部競爭和外部競爭。所謂內部競爭是指同一平臺的主體之間的競爭，例如，中國銀聯擁有很多銀行會員，但銀行之間依然是自由競爭，銀行有自由選擇它們服務的最終價格。購物中心是一個雙邊市場，吸引消費者和商戶，而商戶之間依然是自由競爭。

外部競爭是不同平臺之間的競爭。例如，不同的支付系統之間的競爭，各種報紙和電視頻道的競爭、各種仲介服務的競爭、購物商場之間的競爭。外部競爭的情況更複雜、更具挑戰性。在傳統市場中，吸引顧客的手段可以是在一個市場中以較低的價格提供較高的使用價值，而在雙邊市場的情況中，市場的兩邊都可以出現競爭。例如，一個仲介公司可以選擇降低買家或賣家的代理費。

2. 按照平臺的規模劃分

按照競爭平臺的規模劃分，我們可以劃分為以下幾種：

第一類是對等平臺競爭。即兩個規模相當的平臺競爭。兩個或多個規模相當的平臺，爭取市場交易的參與各方，期望更多的交易在自己平臺上實現，以獲得收益。例如，大型超市之間的競爭，沃爾瑪、家樂福等，就可以歸結為第一類平臺競爭。

第二類不對等平臺競爭，即規模不等的平臺之間的競爭。不同規模的平臺各自發揮自身的優勢，吸引雙邊客戶。例如，windows 操作系統與 Linux 操作系統之間，兩者的市場規模與應用範圍一大一小，雖然 windows 功能強大、應用軟件多，但是並不開放源代碼；而 Linux 固然功能稍弱，應用軟件相對較少，但是代碼開放安全性強。二者各有優缺點，吸引不同的雙邊客戶。

第三類是分平臺競爭，即平臺之間存在內耗，不同平臺在小平臺上有自身的優勢。競爭平臺中至少某一方內部存在小平臺競爭。最典型的例子就是中國移動與中國聯通之間的競爭關係：聯通一方面除了與移動進行競爭外，聯通內部網絡之間也存在競爭，也就是說，在聯通內部還存在小平臺競爭。因此，聯通是大平臺競爭中發生內耗的典型。

第四類聯合平臺競爭，是小平臺在形式上聯合成大平臺，因此而發生的競爭，聯合的小平臺之間，一般會採取相應的策略，以避免產生內耗。比如在上海的各個 24 小時連鎖便利店，它們的地域分佈往往在規劃上避免發生內部競爭。不同的連鎖便利店集團之間、大型超市之間，存在著爭奪客源與供貨商的競爭。

3.3.2 平臺競爭定價的一般模型

1. 模型假設

羅歇和梯若爾（Rochet & Tirole，2003）建立了平臺競爭定價的一般模型。假設市場中存在兩個平臺廠商 i，i=1，2，向雙邊市場提供服務或者產品。假設雙邊市場的終端用戶是不同的。它們從交易中獲得的收益隨著雙邊市場各個市場的用戶的數量而變化，並且作為私人信息保留。市場 A 的用戶 A，市場 B 的用戶 B 從平臺中獲得的收益分別為 b^A、b^B。b^A、b^B 表示用戶 A、B 的類型，且具有連續分佈特徵。平臺廠商 i，i=1，2，向 A 市場和 B 市場的用戶收取的交易費分別為 p_i^A、p_i^B。當 B 市場的用戶 B 從平臺中獲得收益滿足 $b_i^B > p_i^B$，B 市場的用戶 B 將會選擇平臺進行交易。若 B 市場的用戶 B 從平臺 j 中獲得收益滿足 $b_j^B - p_{ji}^B > b_j^B - p_i^B$，B 市場的用戶將選擇平臺廠商 j 完成交易。A 市場的用戶 A 具有同樣的選擇規則。

需要指出的是，交易僅僅在雙邊市場的用戶至少選擇同一平臺進行交易時，交易才會發生。為了簡單化，假設 A 市場的用戶選擇與兩個平臺連接，而 B 市場的用戶僅僅與一個平臺連接。由於平臺一邊市場的用戶可能多平臺接入，也可能單一平臺接入，因而雙邊用戶對平臺的需求（交易量）也有所不同。

當用戶 A 僅僅接入一個平臺時，用戶 B 對平臺 i 的需求為：

$$D_i^B = D_i^B(p_i^B) = pr(b_i^B - p_i^B > 0) \quad (3.12)$$

當用戶 A 接入兩個平臺時，用戶 B 對平臺 i 的需求為：

$$d_i^B = (p_1^B,\ p_2^B) = pr[(b_i^B - p_i^B > \max(0,\ b_j^B - p_j^B)]$$

並且滿足 $d_i^B \le D_i^B \le d_1^B - d_2^B$。

我們假設 $(b_1^B,\ b_2^B)$ 是對稱的，這樣需求也是對稱的：

$$D_1^B(p_1^B) = D_2^B(p_2^B) \equiv \hat{D}^B(p^B),\ d_1^B(p_1^B,\ p_2^B) = d_2^B(p_1^B,\ p_2^B) \quad (3.13)$$

在 $p_1^B = p_2^B = p^B$ 時，簡化需求函數為：

$$d_i^B = d_i^B(p^B,\ p^B)$$

我們主要關注對稱價格的情況 $p_1^B = p_2^B = p^B$，$p_1^A = p_2^A = p^A$。對於類型 b^A 的用戶而言，$b^A > p^A$ 時，用戶 A 將與兩個平臺連接，否則不連接。每個平臺的交易量為：

$$Q = d^B(p^B)D^A(p^A) \quad (3.14)$$

用戶 A 的淨剩餘為：

$$V^A(p^A) = \int_{p^A}^{+\infty} D^A(t)\,dt$$

用戶 B 的淨剩餘是：

$$V^B(p_1^B,\ p_2^B) = \int_{p_1^B}^{+\infty} d_1^B(t_1,\ p_2^B)\,dt_1 + \int_{p_2^B}^{+\infty} D_2^B(t_2)\,dt_2 = \int_{p_2^B}^{+\infty} d_2^B(p_1^B,\ t_2) + \int_{p_1^B}^{+\infty} D_1^B(t_1)\,dt_1$$

首先考慮平臺廠商為聯營形式（Joint Ownership），並且收取的價格相同。此時，用戶 B 對平臺 i 的需求為：$D^B(p^B) = 2d^B(P^B)$，其中，$d^B(p^B) = d_1^B(P^B,\ P^B) = d_2^B(P^B,\ P^B)$。其次考慮治理結構（Governance）。

兩個平臺廠商可能是營利組織，也可能是非營利組織。如銀行卡產業中的維薩和萬事達。在這些組織中，用戶 A 和用戶 B 價格受到下游市場競爭程度的影響。這種下游的競爭包括組織內部各會員機構之間的競爭以及來自組織外部的各類廠商的競爭，如發卡銀行在持卡人的競爭，收單銀行在商戶中的競爭。

2. 非對稱價格下的交易量確定

為了對平臺競爭進行分析，必須確定不同價格情況下的每一個平臺的交易量，因此，將式（3.14）所示的對稱價格的情況的交易量表達式拓展為非對稱價格情況下的表達式。假設平臺廠商 1 對用戶 A 的定價偏低，即 $p_1^A < p_2^A$。從平臺交易中獲得的收益 b^A 的用戶 A 有三種可能的選擇：一是不接入任何平臺；二是僅僅接入平臺 1；三是接入兩個平臺。當 $b^A \leq p_1^A$ 的時候，情況一是最優選擇；對後兩種可能情況的選擇需要在低交易量（僅僅接入平臺 1）和使用最貴的平臺（接入兩個平臺）進行交易之間進行權衡。相應地，具有類似 b^A 的用戶 A 的期望總剩餘為 $(b^A - p_1^A)D_1^B(p_1^B)$ 和 $(b^A - p_1^A)d_1^B(p_1^B,\ p_2^B) + (b^A - p_2^A)d_2^B(p_1^B,$

p_2^B）。因此，只有 b^A 足夠大，即 $b^A > \hat{b}_{12} \equiv \dfrac{p_2^A d_2^B - p_1^A(D_1^A - d_1^B)}{d_2^B - (D_1^A - d_1^B)}$ 時，用戶 A 才會選擇多平臺接入。

這樣，用戶 A 的最優選擇將是：當 $b^A \leq p_1^A$ 時，低收益的用戶 A 將不進行任何交易；當 $b^A \geq \hat{b}_{12}$ 時，最高收益用戶將在兩個平臺上進行任何交易；當 $p_1^A < b^A < \hat{b}_{12}$ 時，中等收益用戶 A 將選擇在收取較低費用的平臺上進行任何交易。通過削價策略，每一個平臺都希望具有中等收益的用戶 A 不再接入其他平臺，這樣的行為被認為是操縱。對於 $p_1^A > p_2^A$ 的情況僅僅需要進行相互的參數互換即可。當 p_1^A，p_2^A 收斂於 p^A 時，$\hat{b}_{12}$、$\hat{b}_{21}$ 也將收斂於 p^A。

以 $\sigma_i = \dfrac{d_1^B + d_2^B - D_j^B}{D_i^B}$，$i$，$j = 1$，$2$；$i \neq j(\sigma_i \in [0,\ 1])$ 表示用戶對平臺 i 的「忠誠度」。所謂用戶的忠誠度是指當平臺 i 停止交易後，用戶中停止交易的用戶比。當用戶 A 面臨的來自用戶 B 的需求獨立於用戶 A 是否接入平臺 i（$d_1^B + d_2^B - D_j^B$）時，$\sigma_i = 0$；當平臺 i 的所有用戶 B 流失後，用戶 A 將不再接入平臺 i（$D_j^B = d_j^B$）時，$\sigma_i = 1$，對於對稱價格（$D_1^B = D_2^B = \hat{D}^B$），有 $\sigma_1 = \sigma_2 = \sigma = 2 - \dfrac{D^B}{d^B}$，從對稱結構出發，假設平臺 1 降低價格 p_1^A 至 $p_1^A - \varepsilon$。這樣，平臺 1 的需求將從兩個方面得到增加。一是，平臺 1 將吸引到新的用戶 $A(p_1^A - \varepsilon \leq b_1^A < p_1^A)$；二是，使得之前部分多平臺接入的用戶 A 轉向僅僅使用平臺 1（$p_1^A < b^A < \hat{b}_{12}$）。給定 $\dfrac{\partial \hat{b}_{12}}{\partial p_1^S} = 1 - \dfrac{1}{\sigma_2}$，那麼平臺 i 促使用戶 A 發生轉變的效率將取決於 σ_2。當 $\sigma_2 = 1$ 時，效率為 0，當 $\sigma_2 = 0$ 時，效率無限大。

現在的問題是 p_1^A、p_2^A 決定平臺相應的成交量。羅歇和梯若爾

(Rochet & Tirole, 2003) 首先討論了 $p_1^A \leq p_2^A$ 的情況（$p_1^A \leq p_2^A$ 的情況是對稱的)。用戶 A 對平臺的擬需求函數為:

$$D^A(p^A) = pr(b^A > p^A)$$

從上述的接入選擇分析可知, $D^A(\hat{b}_{12})$ 表示多平臺截圖的用戶 A; $D^A(p_1^A) - D^A(\hat{b}_{12})$ 的用戶 A 僅僅接入平臺 1; 假設用戶 A 和用戶 B 相遇的可能性獨立於各自的類型。這樣, 平臺 1 上的期望交易量為:

$$Q_1 = d_1^B(p_1^B, p_2^B)D^A(\hat{b}_{12}) + D_1^B(p_1^B)\{D^A(p_1^A) - D^A(\hat{b}_{12})\} \tag{3.15}$$

平臺 2 上的期望交易量: $Q_2 = d_2^B(p_1^B, p_2^B)D^s(\hat{b}_{12})$ (3.16)

其中 $\hat{b}_{12} \equiv \dfrac{p_2^A d_2^B - p_1^A(D_1^B - d_1^B)}{d_2^B - (D_1^B - d_1^B)}$。

3. 營利性平臺廠商之間的競爭

營利性平臺廠商通過選擇價格變量以獲得利潤最大化。平臺 1 的利潤函數為:

$$\pi_1 = (p_1^A + p_1^B - c)Q_1 \tag{3.17}$$

如同壟斷市場的情況一樣, 對於平臺廠商來說, 利潤最大化可以通過選擇價格總水準以及在一定價格總水準情況下的價格結構來實現, 利潤最大化的一階條件為:

$$Q_1 + (p_1^B + p_1^A - c)\frac{\partial Q_1}{\partial p_1^B} = Q_1 + (p_1^A + p_1^B - c)\frac{\partial Q_1}{\partial p_1^A} = 0$$

變換可得: $\dfrac{\partial Q_1}{\partial p_1^B} = \dfrac{\partial Q_1}{\partial p_1^A} = -\dfrac{Q}{(p_1^A + p_1^B - c)}$ (3.18)

回想在 $p_1^A \leq p_2^A$ 的情況下, 平臺的期望交易量為:

$$Q_1 = d_1^B(p_1^B, p_2^B)D^A(\hat{b}_{12}) + D_1^B(p_1^B)\{D^A(p_1^A) - D^A(\hat{b}_{12})\} \tag{3.19}$$

平臺 2 上的期望交易量：$Q_2 = d_2^B(p_1^B,\ p_2^B)D^s(\hat{b}_{12})$ (3.20)

其中 $\hat{b}_{12} \equiv \dfrac{p_2^A d_2^B - p_1^A(D_1^B - d_1^B)}{d_2^B - (D_1^B - d_1^B)}$

在存在對稱均衡，即 $p_i^A \equiv p^A$，$p_i^B \equiv p^B$ 的情況下，平臺的交易量簡化為：

$$Q_i = d_i^B(p^B,\ p^B)D^A(p^A)\ \frac{\partial Q_1}{\partial p_1^B} = \frac{\partial Q_1}{\partial p^B}(p^B,\ p^B)D^A(p^A) \quad (3.21)$$

容易證明，在 $p_1^A = p_2^A$ 點，Q_1 可微，即在對稱價格情況下，一階條件為：

$$\frac{\partial Q_1}{\partial p_1^A} = (D^{A\,\prime})\ \frac{(d^B)^2}{2d^B - \hat{D}^B} \quad (3.22)$$

通過式（3.18）、式（3.21）可以得到對稱均衡下，簡化的一階形式為：

$$\frac{\partial d_i^B}{\partial p_i^B}D^A = (D^A)'\ \frac{(d^B)^2}{2d^B - d^B}$$

整理後有：

$$\left(\frac{2d^B - \hat{D}^B}{d^B}\right)\left(-\frac{\partial d_i^B/\partial p_i^B}{d^B}\right) = -\frac{(D^A)'}{D^A}$$

上式左邊第一項恰好是單一接入指數，表示選擇單一接入的用戶。第二項恰好是用戶 B 對某一平臺的自品牌（Own-Brand）需求彈性 $\eta_0^B = -\dfrac{p^B\partial d_i^B/\partial p_i^B}{d^B}$。最後一項是用戶的需求價格彈性。

命題 1：營利性平臺廠商的對稱均衡為：$p^B + p^A - c = \dfrac{p^B}{\eta_0^B} = \dfrac{p^A}{(\eta^A/\sigma)}$。

結論 1 所示的對稱均衡在壟斷市場結構下，平臺廠商的定價十分相似。所不同的是：①在用戶 B 一邊市場，需求彈性 η^B 被自品牌彈性 η_0^B 所替代。②在用戶 A 一邊市場，需求彈性 η^A 被自品牌彈性 η^A/σ 所替代。當所有用戶 B 都是單一接入（$\sigma = 1$）時，自品牌彈性和需求價格彈性一致。但是，當具有多平臺接入行為的用戶不斷增加時，「操縱」的可能性將使得自品牌彈性 η^A/σ 增加。

4. 非營利性平臺廠商之間的競爭

當平臺由非營利性組織運作的時候，平臺由服務提供商所擁有，如圖 3-1 所示。

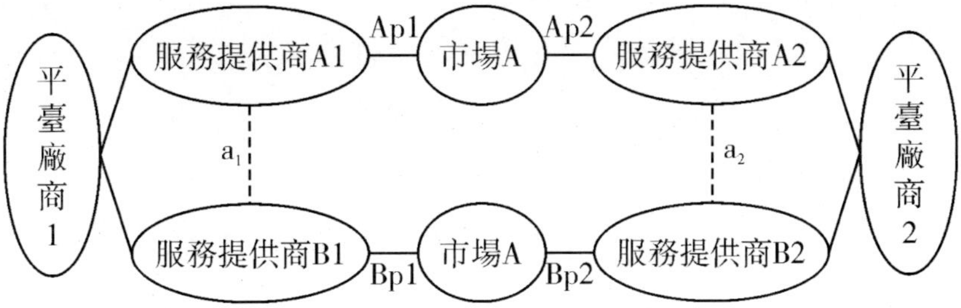

圖 3-1　非營利性平臺間競爭

特別值得注意的是，在非營利性平臺中對於雙邊市場的定價將是由服務提供商，而不是由非盈利組織制定，比如，在維薩卡組織中，發卡市場和收單市場的價格均是由發卡機構和收單機構制定。但是，平臺廠商如維薩卡組織，在價格結構的制定中具有舉足輕重的話語權，尤其在服務提供商之間的競爭很激烈的時候，這種話語權就尤其突出。在羅歇和梯若爾（Rochet & Tirole，2003）的模型中，主要考慮平臺廠商僅僅決定服務提供商之間的接入費問題。忽略平臺廠商的成本，那麼零利潤意味著接入費表示一邊市場得到的接入費恰好是另一邊市場支付的。例如，前面提到的銀行卡支付系統中的交換費。這一部分主要研究非營利組織之間存在競爭的情況下，非營利組織對接入費的選擇；並且將這一情況下得到的雙邊市場各邊市場的價格與利潤最大化平臺設定的雙邊市場各邊市場的價格進行比較。

如圖 3-1 所示，服務提供商將分別在市場 A 和市場 B 進行競爭。當平臺廠商 i 確定了接入費 a_1 後，市場 A 和市場 B 的服務提供商的成本分別為 $c^B - a_i$、$c^A + a_i$。其中 c^A、c^B 表示服務與市場 A 和市場 B 的服務提供商的邊際成本。由圖 3-1 可知，市場存在兩個層面的競爭，一是平臺廠商之間的競爭；二是各邊市場的服務提供商之間的競爭。為方便表述，前者被稱為網間競爭，後者被稱為網內競爭。為簡化分析，假設網內競爭使得服務提供商獲得的收益為常數。市場 A 和市場 B 的收益分別為 m^A、m^B。這樣，雙邊市場各邊的均衡價格為：$p_i^B = c^B - a_i + m^B$，$p_i^A = c^A - a_i + m^A$。這樣的假設滿足，服務提供商僅僅接入一個平臺，而且服務提供商之間的差異不同於平臺廠商的差異；屬於同一平臺的服務提供商之間的差異較小。在網內競爭很強、平臺的終端用戶給定的情況下，服務提供商之間進行 Hotelling 競爭。

在上述假設條件下，同一平臺上的服務提供商的利潤與平臺上的交易量成正例。平臺廠商設定不同的價格結構以獲得最大交易量，每一個平臺收取的總價格為常數：

$$p_i^B + p_i^A = c + m \tag{3.23}$$

其中，$c = c^B + c^A$，$m = m^A + m^B$。

平臺廠商之間的競爭產生一組價格 p_i^A、p_i^B，$i = 1, 2$。也就是說，在給定競爭對手 p_j^A、p_j^B 的情況下，平臺 i 選擇 p_i^A，p_i^B 在式（3.23）下最大化交易量。對稱均衡的一階條件為：

價格總水準條件：

$$p^B + p^A = c + m \tag{3.24}$$

價格結構條件：

$$\frac{\partial Q_i}{\partial p_i^A} = \frac{\partial Q_i}{\partial p_i^B} \tag{3.25}$$

與營利性平臺相比，在服務提供商之間的競爭很激烈的情況下，非營利平臺的價格總水準將低於營利性平臺。但是若服務提供商之間的競爭不強，雙重價格嚴重時，非營利平臺的價格總水準將大於營利平臺設定的價格總水準值。

命題 2：非營利性平臺競爭得到的對稱均衡為：

$$p^B + p^A = c + m,\ \frac{p^B}{\sigma\eta_0^B} = \frac{p^A}{\eta^A} \tag{3.26}$$

與 Ramsey 定價相比，即使服務提供商之間是完全競爭結構，即邊際收益 m 將趨於零，這樣，社會最優的價格總水準將出現，但是就價格結構而言，非營利平臺之間的競爭仍不會產生有效的結果。比較 Ramsey 定價下的價格結構和非營利平臺設定的價格結構會發現，兩者之間的差異較大。這是比較明顯的結果。因為

第一，非營利平臺是不可能將終端用戶的剩餘完全內部化。

第二，在平臺存在競爭的情況下，非營利平臺之間的競爭一方面使得平臺試圖在市場 A 操縱用戶 A（忠誠度指教 σ 恰好反應），使得用戶 A 放棄多平臺接入行為；另一方面，平臺不斷在市場 B 爭奪用戶 B（自品牌彈性 η_0^B 恰好反應）。

3.3.3 阿姆斯特朗（Armstrong）的競爭定價模型

作為研究的基準，阿姆斯特朗（Armstrong，2006）首先假設雙邊市場每一端的用戶均僅僅由一家平臺相連接，在壟斷模型的基礎上進行拓展。假設市場中存在兩個平臺廠商 i ，i = 1，2，它們分別向雙邊市場的兩端市場（市場 A 和市場 B）提供平臺提供服務，並通過一定的服務和價格促使雙邊市場用戶 A 和用戶 B 選擇其平臺進行交易，如同壟斷模型，兩個平臺廠商 i ， i=1，2，在雙邊市場設定效用 $\{u_i^A, u_i^B\}$ ，而不是價格來影響雙邊市場用戶對平臺的選擇。平臺廠商 i 在雙邊市場獲得的市場份額分別為 n_i^A ，n_i^B ，這樣，平臺廠商 i 的雙邊市場用戶獲得的效用為：

$$u_i^A = \alpha_A n_B^i - p_A^i,\ u_B^i = \alpha_B n_A^i - p_B^i \tag{3.27}$$

其中 $\{p_A^i, p_B^i\}$ 表示平臺廠商向其雙邊用戶收取的費用。當用戶 A、B 面對平臺廠商 i ，i=1，2，效用懸在 $\{u_A^i, u_B^i\}$ 時，依據 Hotelling 模式進行選擇。假設雙邊市場中，割斷市場的用戶均勻分佈於線性城市 [0，1] ，兩平臺廠商位於線性城市 [0，1] 的兩端。t_A，$t_B > 0$ 表示平臺廠商提供的產品或者服務的差異化程度，同時體現了雙邊市場的競爭程度，如下：

$$n_A^i = \frac{1}{2} + \frac{u_A^i - u_A^j}{2t_A},\ u_B^i = \frac{1}{2} + \frac{u_B^i - u_B^j}{2t_B} \tag{3.28}$$

將式（3.28）代入式（3.27），同時代入 $n_A^i = 1 - n_A^j$ ，得到平臺廠商 i ，i=1，2，在雙邊市場的市場份額為：

$$n_A^i = \frac{1}{2} + \frac{\alpha_A(2n_B^i - 1) - (p_A^i - p_A^j)}{2t_A},\ n_B^i = \frac{1}{2} + \frac{\alpha_A(2n_A^i - 1) - (p_B^i - p_B^j)}{2t_B} \tag{3.29}$$

式（3.29）表明，在用戶 B 承擔的價格一定的情況下，平臺廠商 i 每增加一個用戶 A，將為平臺廠商 i 吸引 $\frac{\alpha_B}{t_B}$ 個用戶 B。

若網絡外部性參數比差異化參數大，那麼均衡時將出現角解。為了避免角解，假設與差異化參數 $\{t_A, t_B\}$ 相比，網絡外部性參數 $\{\alpha_1, \alpha_2\}$ 很小。均衡存在的充分必要條件是：

$$4t_A t_B > (\alpha_A + \alpha_B)^2 \tag{3.30}$$

以下的分析建立在（3.30）的假設基礎上。假設兩個平臺廠商 i ，i=1，2，在雙邊市場上的定價分別為 $\{p_A^1, p_B^1\}$ ，

$\{p_A^2, p_B^2\}$，求解式（3.30）得到平臺廠商的市場份額與其雙邊市場定價的關係。

$$n_A^i = \frac{1}{2} + \frac{1}{2}\frac{\alpha_A(p_B^j - p_B^i) + t_B(p_A^j - p_A^i)}{2t_A t_B - \alpha_A\alpha_B}$$

$$n_B^i = \frac{1}{2} + \frac{1}{2}\frac{\alpha_B(p_A^j - p_A^i) + t_A(p_B^j - p_B^i)}{2t_A t_B - \alpha_A\alpha_B} \quad (3.31)$$

在充要條件式（3.30）的約束下，$t_A t_B - \alpha_A\alpha_B > 0$，因此，有 $\alpha_A, \alpha_B > 0$。可見，平臺廠商在一端市場的佔有率隨著平臺廠商在另一端市場的定價的增加而下降。如同壟斷市場一樣，平臺廠商向雙邊市場通過服務的成本分別為：f_A，f_B，平臺廠商 i 的利潤為：

$$\pi_i = (p_A^i - f_A)\frac{1}{2} + \frac{1}{2}\frac{\alpha_A(p_B^j - p_B^i) + t_B(p_A^j - p_A^i)}{2t_A t_B - \alpha_A\alpha_B} + (p_A^i - f_A)$$

$$\frac{1}{2} + \frac{1}{2}\frac{\alpha_B(p_A^j - p_A^i) + t_A(p_B^j - p_B^i)}{2t_A t_B - \alpha_A\alpha_B}$$

在充要條件式（3.30）的約束下，上式最大值存在。因此，由一階條件可得對稱均衡解：

$$p_A = f_A + t_A - \frac{\alpha_B}{t_B}(\alpha_A + p_B - f_B)$$

$$p_B = f_B + t_B - \frac{\alpha_A}{t_A}(\alpha_B + p_A - f_A) \quad (3.32)$$

式（3.32）說明，首先，若網絡外部性不存在，那麼得到傳統的 Hotelling 均衡解，即對用戶 A 收取的價格為 $p_A = f_A + t_A$。當網絡外部性存在時，網絡外部性對價格具有負的影響，使得價格低於傳統的 Hotelling 均衡價格。在雙邊市場的競爭環境中，調整因子 $\frac{\alpha_B}{t_B}(\alpha_A + p_B - f_B)$ 對市場均衡價格具有負的影響。調整因子對價格的影響可以分解為兩部分：$(\alpha_A + p_B - f_B)$ 表示增加一個用戶 B 給平臺廠商帶來的額外收益。首先，值得注意的是每增加一個用戶 B，平臺廠商獲利（$p_B - f_B$）；其次，在平臺廠商擁有一個額外的用戶 B，並且不失去市場份額的情況下，α_A 可以用來衡量平臺廠商從用戶 A 獲得的額外收益。最後，從式（3.29）可知，每增加一個用戶 A 給平臺廠商的外部收益。換句話說，它表示了提高用戶 A 的價格使用戶 A 離開市場的機會成本。

求解式（3.32）可得：

$$p_A = f_A + t_A - \alpha_B$$
$$p_B = f_B + t_B - \alpha_A \quad (3.33)$$

結論 3 在式（3.30）成立的條件下，單一平臺接入雙邊市場競爭存在唯一的對稱均衡解，用戶 A、用戶 B 的均衡價格分別為：

$$p_A = f_A + t_A - \alpha_B$$
$$p_B = f_B + t_B - \alpha_A \quad (3.34)$$

從式（3.34）可知，若用戶 A 市場的差異化程度越低，並且用戶 A 對用戶 B 產生的外部性越強，平臺廠商將加強在用戶 A 市場的競爭。比較式（3.32）和式（3.34）得到的結論十分簡單，但不直觀。相反，在推導過程中出現的結論反而更直觀。如式（3.32）不僅反應了雙邊市場交叉網絡外部性的影響下，一端市場的份額對於另一端市場價格的影響，而且，還反應出平臺廠商在雙邊市場的定價結構。如式（3.34）所示，用戶 A、用戶 B 的市場均衡價格不依賴於用戶自身產生的外部性參數，二是取決於另一端市場用戶對自己產生的外部性參數，其原因在於豪泰林（Hotelling）模型對需求的假設。尤其是在假設每一類用戶的市場總額為固定的情況下，平臺廠商降低價格只能從競爭對手那裡獲得市場份額，而不是擴大整個市場規模，這樣可以簡化分析。但是式（3.32）比式（3.34）應用得更廣泛。

採用固定市場總規模分析框架的不利之處在於：由於價格僅僅是在不同用戶之間轉移，因而難以得到更加豐富的福利分析結論。

為了與壟斷市場結構的價格進行比較，將式（3.34）寫成 Lerner 指數的形式如下：

$$\frac{p_A - (f_A - 2\alpha_B n_B)}{p_A} = \frac{1}{\eta_A}, \quad \frac{p_B - (f_B - 2\alpha_A n_A)}{p_B} = \frac{1}{\eta_B}$$

其中，$\eta_A = \frac{p_A}{t_A}$，$\eta_B = \frac{p_B}{t_B}$。與壟斷市場相比，在雙寡頭競爭情況下，網絡外部性對市場均衡價格的影響擴大了一倍。其原因是，當壟斷平臺提高一端市場的價格致使部分用戶離開市場的時候，該部分用戶將從該市場中消失。而在雙寡頭競爭市場中，平臺廠商 i 提高用戶 A 的價格，這部分用戶並沒有從市場中消失，而是轉移到平臺廠商 B，其結果是平臺廠商 i 將難以在用戶 B 市場中獲得競爭優勢。

市場達到均衡時，每一個平臺廠商獲得的利潤為：$\pi = \frac{t_A + t_B - \alpha_1 - \alpha_2}{2}$。

由式（3.30）可知，每一平臺廠商獲得的利潤為正，與交叉網絡外部性不存在可比性，為了獲得雙邊市場的佔有優勢，交叉網絡外部性的存在導致市場競爭程度加強，雙寡頭平臺廠商的利潤下降。

阿姆斯特朗（Armstrong）關於平臺競爭的研究是建立在對稱性平臺的交叉上的。兩個競爭性平臺相同的兩邊用戶。如果不做這樣的假設，平臺競爭進行技術處理的時候將面臨兩對價格，建模計算難以得到合意的結論。這也是雙邊市場研究的中比較常見的問題。

3.3.4 小結

通過與前面壟斷平臺企業定價模型的比較分析，我們可以得出如下結論：

1. 競爭對平臺總體價格水準的影響

在營利性平臺競爭中，平臺用戶將採取多歸屬行為以增加自己的效用，當所有用戶都選擇多平臺接入時，即 Tirole (2004) 模型中的 $\sigma = 0$ 時候，此時價格總水準等於平臺提供服務的邊際成本，低於壟斷平臺情況下的價格總水準；而在非營利性平臺競爭中，平臺競爭不會對價格總水準產生影響。

2. 競爭對平臺價格結構的影響

無論是通過 Tirole 還是阿姆斯特朗 (Armstrong) 的模型都可以看出平臺競爭將導致平臺價格發生相應改變。在 Tirole (2004) 的模型中，平臺對一邊用戶的定價將受到該邊用戶的多歸屬行為和品牌忠誠度的影響；在平臺一邊採用多歸屬行為的用戶越多，那麼平臺對該邊的價格也就越低，此時該邊用戶成為平臺競爭成功的關鍵。在阿姆斯特朗 (Armstrong) 的雙寡頭競爭模型中，平臺廠商 i 提高用戶 A 的價格，這部分用戶並沒有從市場中消失，而是轉移到平臺廠商 B，其結果是，平臺廠商 i 將難以在用戶 B 市場中獲得競爭優勢；因此平臺用戶交叉網絡外部性的存在導致市場競爭程度加強，雙寡頭平臺廠商的利潤下降，其結論與 Tirole 的模型結論是一樣。

3. 競爭對社會福利的影響

平臺競爭對社會福利的影響是模糊的。因為與營利性平臺相比，在服務提供商之間的競爭很激烈的情況下，非營利平臺的價格總水準將低於營利性平臺；但是若服務提供商之間的競爭不強，且雙重價格嚴重時，非營利平臺的價格總水準將大於營利平臺設定的價格總水準值。因此，平臺競爭對社會福利的影響是模糊的，並不如傳統企業一樣，競爭一定會帶來社會福利的改善，其原因仍然是競爭可能導致用戶多歸屬行為，而在平臺用戶存在網絡外部性的情況下，一邊用戶的減少則降低了整個網絡的價值，因此這可能抵消競爭所導致的價格總水準下降所帶來的社會福利的增加。

4 平臺企業捆綁銷售定價

4.1 平臺企業捆綁銷售的基本模型

4.1.1 文獻綜述

惠斯頓（Whiston，1990）研究了在寡頭壟斷和規模經濟的情況下，捆綁銷售是一個改變市場結構、阻礙進入者的有效策略。但是我們必須看到，在惠斯頓（Whiston）的模型中，捆綁銷售將導致競爭者退出，這樣，如果在競爭者已經支付了進入的沉澱成本的情況下，捆綁銷售就可能不是一個較好的策略。蔡和斯蒂芬迪斯（Choi & Stefandis，2001）拓展了了這個模型，分析了創新激勵下捆綁的表現，他們的研究表明當在位者採取壟斷，面對進入者的威脅時，如果存在互補性產品，捆綁或許使得進入更加不確定，因為這將使得進入者不願意進行投資和創新。

卡爾頓和瓦爾德曼（Carlton & Waldman，2002）分析了互補性產品對於企業壟斷地位的重要性。他們的分析主要集中在捆綁銷售對於限制競爭的兩個方面，即進入成本和網絡外部性。他們關於網絡外部性的研究表明現有互補性產品的網絡外部性的捆綁銷售將導致現有進入者進入現在的市場。但是，他們沒有考慮到多通道行為。例如，他們假定如果一個消費者購買了壟斷者的捆綁產品，他們就不能再購買其他產品。

賴特（Doganoglu & Whright，2006）分析了多通道作為創造更大網絡效應的渠道和對價格競爭的影響，他們的重點仍然是分析多通道是否是產品兼容性的一種策略。卡利洛和譚（Carrillo & Tan，2006）分析了多通道的特徵和平臺競爭的互補性。他們研究了平臺對於互補性產品融合的激勵。

帕克和範・艾斯泰恩（Parker &Van Alstyne，2000）分析了壟斷和非壟斷條件下軟件市場上的雙邊競爭，如 acrobat。他們解釋了壟斷者為什麼激勵免費放出軟件產品的客戶端來刺激軟件完整版的銷量。並用這種分析方法解釋了為什麼某一個領域的壟斷者會試圖進入另一個與自己的產品具有互補性的市場，即使在這個競爭性的市場上得不到利潤也是如此。

羅歇和梯若爾（Rochet & Tirole，2003）以銀行卡產業為例，對雙邊市場中的捆綁銷售為例進行分析，他們的分析表明，在沒有捆綁的情況下，商家和持卡行間的交換費太低，而貸款太高；捆綁看來是個平衡交換費結構和提高社會福利的比較好的工具。但他們的模型是以假定平臺為公共機構進行分析的。

阿梅里奧和朱利安（Amelio & Jullien，2006）考查了一個平臺對一邊制定負價格情況下捆綁對社會福利的影響。他們的分析表明：捆綁能夠提高一邊的社會福利，從而解決雙邊市場中的雞與蛋相生的問題。因此，捆綁能夠提供市場兩邊的參與程度，而且消費者能夠從壟斷平臺獲利。在競爭性的平臺中，捆綁依然存在策略效應，他們認為，這種效應的大小和對社會福利的影響取決於雙邊市場的交叉網絡外部性的大小。但是，他們只分析了單通道行為，而沒有分析多通道行為。

4.1.2 基本模型

存在一個廠商和消費者，他們通過平臺交互作用；市場中有 A 和 B 兩個競爭性平臺。qi 表示平臺 i 對消費者制定的價格，pi 表示平臺對廠商的定價，平臺向消費者提供服務的邊際成本為 c，向廠商提供服務的邊際成本為 d。mi 為參與平臺 i 的廠商數目，而 ni 為參與平臺 i 的消費者數目。為簡單起見，假定有一邊消費者是單通道行為，這裡假定是消費者。

1. 廠商

廠商可以自由進入市場。廠商的固定成本是相同的，為 θ。如果廠商是多通道的，那麼它必須承擔兩次固定成本。這點是可以理解的，因為在很多情況下承擔接入的固定成本，因此多通道就必須承擔多次成本。廠商的總量假定為 1，F（θ）是廠商關於固定成本的分佈。

每個廠商能夠從與之交易的每個消費者身上獲取 π。因此，廠商 i 的利潤為：$\pi ni-pi-\theta$。因此只有在固定成本 $\theta<\pi ni-pi$ 時，廠商才會出現在平臺中。這樣，平臺 i 的廠商數目為 mi＝F（$\pi ni-pi$）。這說明參與平臺 i 的消費者越多，就越能吸引廠商到平臺 i。

2. 消費者

為了分析消費者對平臺的選擇，我們這裡根據豪泰林（Hotelling）模型分析產品差異化。假定平臺 A 和 B 分別位於長度為 1 的線上的兩個點上。我們假定消費者以密度 1 均勻分佈，如圖 4-1 所示。

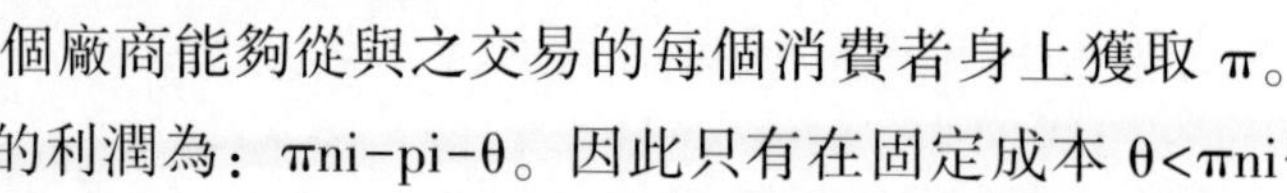

每個消費者參與平臺的效用取決於與它連接的廠商的數目，

並且每個新增的廠商為消費者帶來 b 的效用。消費者是單通道行為。在 x 點的消費者與平臺 A 連接，則他的效用為 $mA-qA-tx$；如果與平臺 B 相連，則效用為 $mB-qB-t(1-x)$。假定整個市場被覆蓋，即所有的消費者必須參與平臺 A 或者平臺 B，則平臺 A 和平臺 B 的消費者數量為：

$$n_A = \frac{1}{2} + \frac{b(m_A - m_B) - (q_A - q_B)}{2t}$$

$$n_B = 1 - n_A = \frac{1}{2} + \frac{b(m_B - m_A) - (q_B - q_A)}{2t}$$

3. 沒有捆綁時平臺的競爭（見圖 4-2）

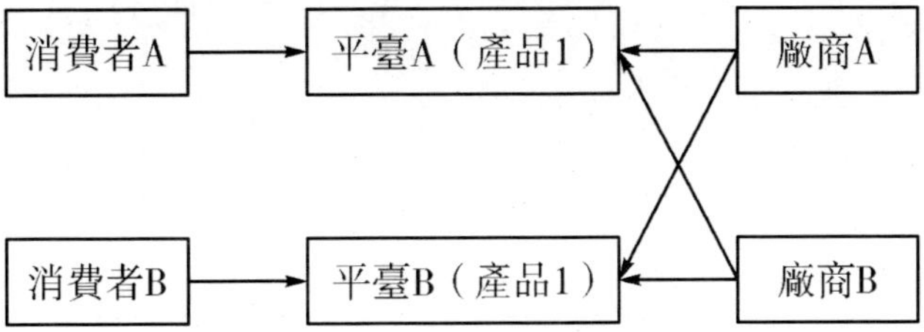

圖 4-2　不捆綁時平臺間競爭

平臺進行價格競爭吸引平臺雙邊。每個平臺 i 的目標函數為：

$$\underset{pi,\ qi}{Max} mi(pi - c) + ni(qi - d)$$

這裡我們主要考慮對稱均衡。為了得到對稱均衡是廠商的價格，我們假定 $pA=pB=p*$，我們考慮一種情形，這裡每個平臺都有 1/2 的消費者，給消費者的效用為 $u*=bmi-qi$。也就是給予消費者交通成本。現在考慮給定 u＊的情況下廠商利潤的最大化問題，$u*$ 為常數，將 $ni=1/2$ 和 $qi=bmi-u*$ 帶入，則廠商 i 的利潤為：

$$\prod_i = mi(pi - c) + \frac{1}{2}(bmi - u* - d) = F(\frac{1}{2}\pi - pi)(pi - c)$$

$$+\frac{1}{2}[bF(\frac{1}{2}\pi - pi) - u* - d]$$

pi 的一階條件為：

$$-F'(\frac{1}{2}\pi - pi)(pi - c) + F(\frac{1}{2}\pi - pi) - \frac{1}{2}bF'(\frac{1}{2}\pi - pi) = 0$$

可以得到：p＊=c−1/2b+1/e。

這裡 $e = \dfrac{F'(\frac{1}{2}\pi - p*)}{F(\frac{1}{2}\pi - p*)}$，可以被看作是廠商的供給彈性。

為了得到消費者的終端價格 $qA = qB = q*$，我們根據前面分析，在 qi 與 ni 之間建立聯繫，在競爭對手價格 qj 給定的情況下，

$$q_i = q_j + t(1-2n_i) + b[F(\pi n_i - p*) - F\pi(1-n_i) - p*]$$

將 ni 作為變量，我們得到：

$$\underset{ni}{Max}\prod_i = m_i(p* - c) + n_i(q_i - d)$$

$$= F(\pi n_i - p*)(p* - c) + n_i\{q_j + t(1-2n_i) + b[F(\pi n_i - p*) - F\pi(1-n_i) - p*] - d\}$$

由一階條件可以得到：

$$\pi F'(\pi n_i - p*)(p* - c) + \{q_j + t(1-2n_i) + b[F(\pi n_i - p*) - F(\pi(1-n_i) - p*)] - d\} + n_i\{-2t + b\pi[F'(\pi(1-n_i) - p*)]\} = 0$$

在對稱均衡的情況下，$ni = 1/2$，那麼我們可以得到：

$$q* = d + t - \pi F'(\frac{1}{2}\pi - p*)(b + p* - c)$$

根據前面的分析，我們可以得到：

$$q* = d + t - \pi F - \frac{1}{2}b\pi F'$$

這可以看作是一個標準的豪泰林（Hotelling）價格再加上雙

邊市場的網絡外部效應。其中 πF 表示直接網絡外部性，表示一個增加的消費者給廠商帶來的效用；而 $b\pi F'/2$ 是間接網絡外部性，表示在雙邊市場中，增加一個消費者可能導致平臺的廠商也增多，從而帶給其他消費者利益。

4. 社會最優產出

在豪泰林（Hotelling）模型中，如果消費者全部覆蓋市場，社會福利主要取決於廠商的價格 pi。因為這將影響市場中廠商的數量。在對稱均衡的結構下，社會福利是廠商價格的函數，社會福利 W 為：

$$W = 2(p-c)F(\frac{1}{2}\pi - p) + bF(\frac{1}{2}\pi - p) + 2[\int_0^{\frac{1}{2}\pi - p}(\frac{1}{2}\pi - \theta - p)dF(\theta)] + 2[\int_0^{\frac{1}{2}} txdx]$$

由 p 一階條件我們可以得到廠商的社會最優價格 p=c−b/2

從社會最優角度看，由於消費者正的外部性，因此要求最優價格是低於成本的。

4.2 平臺企業捆綁銷售定價分析

4.2.1 消費者單歸屬時捆綁銷售的影響

1. 基本模型

為了分析雙邊市場中捆綁的效應。我們假定現在 A 有其他的壟斷產品 M，其單位成本為 cM，並且消費者必須加入到平臺 M 中來。消費者消費一個產品其效用為 v，並且 $v>c$M。現在假設在這個平臺中進入是不可行的。這就像 Winows 與其他廠商間的競爭一樣，Windows 的操作系統是壟斷的，而其他產品卻是競爭的。

那麼存在一個兩階段的博弈。在第一個階段，平臺 A 決定是否將兩種產品捆綁。就如同微軟是否將自己的操作系統和其他產品進行捆綁。在第二階段進行價格博弈。第一階段平臺 A 的決策一旦確定後，在第二階段就不能改變。

2. 平臺在第一階段不捆綁

如果兩種產品不捆綁，那麼消費者就必須購買 M 產品，而既然消費者必須購買 M 產品，那麼壟斷者就可以掠奪全部消費者剩餘，假定 $U*=bm*-q*$ 是雙邊市場均衡時的效用，假定 $v-c$M 足夠大，能夠使得 M 能夠覆蓋市場。那麼，有較低剩餘的消費者就是位於中間的消費者，他們的消費者剩餘為 $U*-1/2$。那麼壟斷者將制定 $v+U*-1/2$ 的價格。而此時雙邊市場中的競爭與前面的分析一樣。

3. 平臺在第一階段捆綁（見圖 4-3）

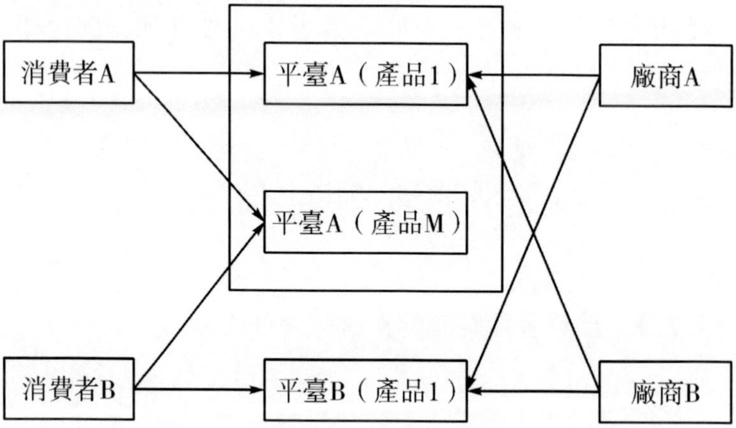

圖 4-3　捆綁情況下的雙邊市場結構

現在假定平臺在第一階段捆綁兩種產品並且對消費者制定價格 q'A，我們假定 v 足夠大，那麼消費者都會購買壟斷企業的產品。此時 nA=1，在廠商對消費者制定的價格為 p'A 時，在平臺 A 的廠商的數目就有 F（$\pi-p'$A）。這表明捆綁的價格是位於

1 的消費者得到位於 0 的消費者剩餘。則

$q'A = v + bF(\pi - p'A) - t$

捆綁平臺利潤最大化為：

$Max \prod_A = m_A(p_A - c) + n_A(q_A - d) = F(\pi - p_A)(p_A - c) + [v + bF(\pi - p_A) - t - d]$

一階條件為：

$-F'(\pi - p_A)(p_A - c) + F(\pi - p_A) - bF'(\pi - p_A) = 0$

那麼在捆綁的時候，消費者和生產者的價格分別為：

$$p_A = c - b + \frac{1}{e'}$$

其中：

$$e' = \frac{F'(\pi - p_A *)}{F(\pi - p_A *)}$$

$$q_A = v + bF(\pi - p_A *) - t$$

4. 社會福利分析

我們分析一下捆綁和沒有捆綁情況下的社會福利。由於市場兩邊都是壟斷的，因此捆綁將從三個方面影響社會福利。首先，所有的消費者都會選擇捆綁企業的平臺，這說明市場的變化減少，從而使得在消費者和平臺之間的匹配更少，導致更高的交通成本產生。其次，只由捆綁平臺的廠商提供產品，但是在沒有捆綁的情況下，卻是由兩個平臺的廠商提供產品，因此導致生產相同產品的廠商數量降低，有助於成本節約。再次，廠商進入的數量取決於進入廠商產品的差異化程度。其中，第一個對社會福利的影響是負的，而第二個對社會福利的影響是負的，第三個對社會福利的影響是模糊的。消費者對捆綁平臺的偏好有助於廠商進入市場，但是捆綁企業在消費者側的價格決策可能抵消這個正的效應。

為了對捆綁的社會福利進行一個更加明確的分析，我們現

在假定廠商的生產成本 θ 是［0，1］的均勻分佈，在均勻分佈的情況下，我們很容易得出此時平臺對廠商和消費者制定的價格，如下：

$$p^* = \frac{c}{2} - \frac{b}{4} + \frac{\pi}{4}$$

$$p'_A = \frac{c}{2} - \frac{b}{2} + \frac{\pi}{2}$$

在每種價格水準下，廠商的數目分別為：

$$m^* = F(\frac{1}{2}\pi - p^*) = \frac{\pi}{4} + \frac{b}{4} - \frac{c}{2}$$

$$m_A^* = F(\pi - p'_A) = \frac{\pi}{2} + \frac{b}{2} - \frac{c}{2}$$

從上面我們可以看出，$mA^* > m^*$，因此在捆綁的情況下，廠商數量更多。

在捆綁情況下，社會福利為：

$$W = (p'_A{}^* - c)F(\pi - p1_A{}^*) + bF(\pi - p'_A{}^*) + [\int_0^{\pi - p'_A{}^*}(\pi - \theta - p'_A{}^*)dF(\theta)] + [\int_0^1 txdx]$$ 在均勻分佈的情況下：

$$W = \frac{3}{16}(\pi + b - 2c)^2 - \frac{t}{4}$$

$$W' = \frac{3}{8}(\pi + b - c)^2 - \frac{t}{2}$$

那麼，社會福利的變化為：

$$w = W' - W = \frac{3}{16}[(\pi + b)^2 - 2c^2] - \frac{t}{4}$$

這表明，捆綁對社會福利的影響是模糊的，其大小取決於網絡外部性（π，b）的大小和產品差異化的程度。如果網絡外部性與產品差異化相比足夠大，那麼捆綁後，由於網絡外部性，使得大量的消費者都到壟斷平臺中來，從而使得網絡外部性足夠大，抵消了由於平臺壟斷所造成的產品差異化降低所帶來的損失。

4.2.2 在多歸屬情況下的平臺企業捆綁銷售定價分析

1. 基本模型

模型假設如圖 4-4 所示。該結果是在分析消費者端是單歸屬的情況下得出的，但實際上，現在很多雙邊市場消費者端也是多歸屬的，例如在流媒體市場，許多用戶擁有多個媒體播放器，許多內容提供商也以多種制式提供。在銀行卡市場也是，消費者很多都有多種銀行卡，商家也接受多種銀行卡。本節，我們將前面的模型拓展成為市場雙邊都是多歸屬的。

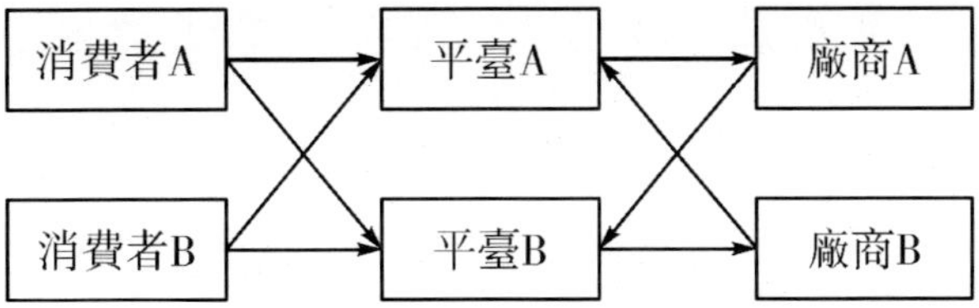

圖 4-4 多歸屬下平臺企業的競爭

在前面我們假設，廠商是可以自由進入的，而沒有考慮通過平臺所獲得的內容是不是存在差異；對消費者，我們也是假定單歸屬，消費者只關心從每個平臺所獲得的產品數量。然而，一旦允許消費者多歸屬，就存在差異。因為在對稱的情況下，如果每個平臺產品的數量是相同的，消費者就沒有動力去採取多歸屬行為，那麼前面的均衡也是這個時候的均衡。但是如果平臺提供的內容是存在差異的，那麼前面的均衡就可能不是消費者多歸屬行為下的均衡。

為了方便起見，我們這裡假定存在兩種內容。一種內容是可以適合一種制式，而另外一種內容是適合兩種制式。為了簡化分析，我們假定，當內容是第一種制式的時候，他與另外一種制式是不相容的。而且，對每種制式的內容我們假定為 1。其中，比例為 λ 的是第一種類型，因此，1-λ 的可以為兩種制式兼容。這樣，每種制式的排他性內容為消費者的多歸屬提供了可能。當第二種內容能夠被兩種制式兼容的時候，我們說廠商此時也是多歸屬行為。多歸屬捆綁銷售時的平臺競爭如圖 4-5 所示。

消費者。消費者除了多歸屬，其他假設與前面類似。因此，在市場被覆蓋的情況下，消費者有 3 個選擇。消費者可以選擇其中一個平臺，或者選擇多歸屬。如果他們選擇單歸屬，他們必須選擇其中一個平臺加入。

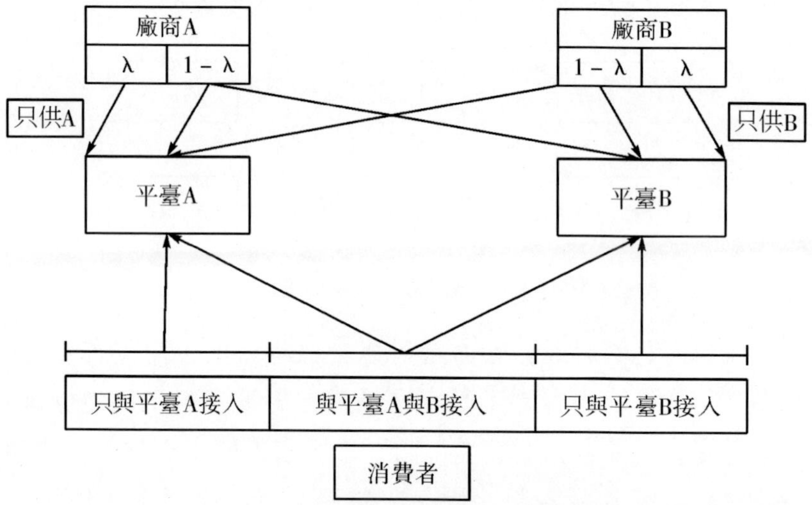

圖 4-5　多歸屬捆綁銷售時的平臺競爭

2. 多歸屬下雙邊市場均衡

我們先看一種情形，即一個平臺對 λ 的內容是排他性的，而 1-λ 內容是不排他性的。換句話說，不排他性的內容可由兩種制式獲得。假定一個消費者位於平臺 A 附近，在這個消費者是單歸屬的情況下，這個消費者也願意選擇平臺 A。例如在很多情況下，消費者總是選擇自己熟悉的平臺，而不願意選擇自已不熟悉的平臺。現在我們看看消費者採取多歸屬的積極性，也就是說，除了加入平臺 A 外，還希望加入平臺 B。

如果消費者在點 x 加入平臺 A，那麼他的效用為：

$$U^{A}(q_{A},\ x) = bm_{A} - q_{A} - tx$$

假定 mA = 1，那麼 $U^{A}(q_{A},\ x) = b - q_{A} - tx$

如果消費者多歸屬，那麼他的效用為：

$$U^{AB}(q_{A},\ q_{B},\ x) = bm - q_{A} - tx - q_{B} - t(1 - x)$$

這裡 m 是消費者通過多歸屬所能獲得的全部內容。既然每個平臺都有重複的內容 1-λ，那麼 m = 1+λ。因此，多歸屬的效用我們可以認為是：

$$U^{AB}(q_{A},\ q_{B},\ x) = b(1 + \lambda) - (q_{A} + q_{B}) - t$$

單歸屬的消費者選擇平臺 A 與多歸屬沒有差異的位置為：

$$x = 1 - \frac{\lambda b - q_{B}}{t}$$

相應地，消費者選擇平臺 B 與多歸屬沒有差異的位置為：

$$y = \frac{\lambda b - q_{A}}{t}$$

這說明，單歸屬平臺 i 的消費者的數量為：

$$n_{i} = 1 - \frac{\lambda b - q_{j}}{t},\ i = A,\ B,\ j \neq i$$

多歸屬的消費者數量為：

$$n_{M} = y - x = \frac{2\lambda b - (q_{A} + q_{B})}{t} - 1$$

NA 和 NB 分別表示加入平臺 A 和平臺 B 的總的消費者數目。我們可以得到：

$$N_{A} = y = n_{A} + n_{M} = \frac{\lambda b - q_{A}}{t}$$

$$N_{B} = 1 - x = n_{B} + n_{M} = \frac{\lambda b - q_{B}}{t}$$

對此，我們可以用圖 4-6 表示消費者的選擇。

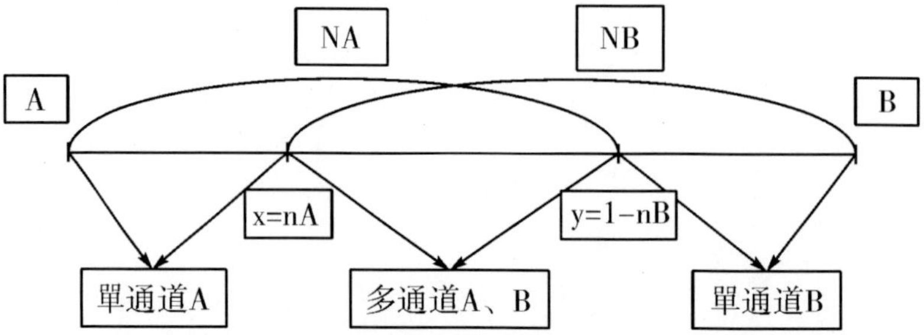

圖 4-6　多歸屬捆綁銷售時消費者的選擇示意圖

在廠商邊，廠商決定是否加入平臺取決於消費者的結構。在市場被全部覆蓋和一些消費者是多歸屬時，也就是說 NA+NB >1。因為 ΠNA-pA>0，那麼廠商將為平臺 A 提供排他性的內容，對不是排他性的內容，是否願意為 A 平臺提供取決於相同內容是否為其他平臺提供。如果也要為 B 平臺提供，那麼廠商是多歸屬的，也要為 A 平臺提供。在消費者這邊，加入平臺 A 的消費者的數量大於只與 A 接入的消費者，這說明平臺 A 要麼收取 πNA 價格，吸引 λ 的排他性的廠商，或者收入 πnA 的價格，吸引單歸屬或者多歸屬的廠商。

我們現在分析平臺 A 向提供排他性內容和不排他性內容服務情況下的利潤最大化問題。在這種情況下，有：

$$n_A = 1 - \frac{\lambda b - q_B}{t}$$

在消費者多歸屬的情況下，單歸屬的消費者數量 nA 只取決於其他平臺對消費者制定的價格。那麼，平臺 A 給內容提供商的最優價格取決於 qB，並且：

$$p_A * = \pi n_A = \pi(1 - \frac{\lambda b - q_B}{t})$$

這表明在這種情況下，消費者和廠商都是多歸屬的，每個平臺對一邊的最優價格和另外一邊是獨立的。

在消費者這邊，平臺主要解決對消費者的定價，使得自身利潤最大化。即：

$$Max(q_A - d)N_A = (q_A - d)\frac{\lambda b - q_A}{t}$$

我們可以得到：

$$q_i^* = \frac{\lambda b + d}{2},\ i = A,\ B$$

同樣，我們可以得到消費者的數量：$N_A = N_B = \frac{\lambda b - d}{2t}$。為了使得與多歸屬的消費者連續，我們假定 NA+NB>1，也就是說，λb−d>t。那麼在 λb−d>t 的情況下，多歸屬發生在消費者身邊，消費者排他性內容和網絡效應與成本和交通成本相比應該足夠大。而且，由於多歸屬是一個均衡，那麼我們需要假定 πni>λπNi；也就是說，吸引排他性和不排他性的內容比僅僅吸引排他性內容能夠使平臺產生更高的支付費用。消費者的均衡價格為：$q_i^* = \frac{\lambda b + d}{2}$，則：

$$n_i = \frac{2t - (\lambda b - d)}{2t},\ N_i = \frac{\lambda b - d}{2t}$$

也就是說，$\frac{(1 + \lambda)(\lambda b - d)}{2} < t$。

3. 捆綁銷售時雙邊市場的均衡

與前面一樣，假定 v>cM 足夠大，這樣，平臺 A 捆綁產品的情況下消費者依然購買。假定每個消費者都與平臺 A 接入，那麼，我們將分析消費者多歸屬的原因，也就是說接入平臺 A 的消費者接入平臺 B 的原因。在所有消費者都加入平臺 A 的情況下，就沒有廠商願意為平臺 B 提供非排他性的內容。那麼我們所需要考慮的僅僅是只為平臺 A 提供非排他性內容的情況。由於捆綁時，消費者的多歸屬仍可能出現，因此我們有必要假定平臺B仍然有排他性的內容。當向平臺B提供的排他性的內容的比例為λ時，對於位於x點的消費者通過多歸屬所獲得的增加的效用為：bλ-tx。這說明多歸屬的消費者數量為 $n'_M = N'_B = \frac{\lambda b - q'_B}{t}$。這裡，q′B為平臺B向消費者制定的價格。此時，平臺B向廠商收取的最大價格為 $p'_B * = \pi N'_B$。因此，平臺B的利潤最大化問題為：

$$Max\lambda(\pi N'_B - c) + (q'_B - d)N'_B = \lambda(\pi \frac{\lambda b - q'_B}{t} - c) + (q'_B - d) \frac{\lambda b - q'_B}{t}$$

則：

$$q'_B * = \frac{\lambda(b - \pi) + d}{2}。$$

與平臺B接入的消費者，也就是多歸屬的消費者的數量為：

$$N'_B * = n'_M * = \frac{\lambda(b + \pi) - d}{2t}$$

4. 社會福利分析：

為了比較捆綁前後的社會福利，我們可以得到捆綁前後的社會福利分別為：

$$W = (1 + n_M\lambda)b - (1 + n_M)d - [\int_0^{1-N_B} txdx + \int_0^{1-N_A} txdx + n_M t] + [\lambda(N_A + N_B) + (1 - \lambda)]\pi - 2c$$

其中：$N_A = N_B = \frac{\lambda b - d}{2t}$；$n_M = \frac{\lambda b - d}{t} - 1$。

捆綁情況下的社會福利為：

$$W' = (1 + n'_M\lambda)b - (1 + n'_M)d - [\int_0^{1-n'_M} txdx + n'_M t] + [\lambda(1 +$$

$N'_B) + (1 - \lambda)]\pi - (1 + \lambda)c$

其中：$n'_M = N'_B = \dfrac{\lambda(b + \pi) - d}{2t}$。

捆綁與未捆綁所形成的社會福利的差為：

$$w = W' - W = (n'_M - n_M)\{[\lambda(\pi + b) - d - t] + (1 - \lambda)c - [\int_0^{1-n'_M} txdx - [\int_0^{1-N_B} txdx + \int_0^{1-N_A} txdx]]\}$$

而其中：

$n'_M - n_M = \dfrac{\lambda(\pi - b) + d + 2t}{2t} > 0$。這表明捆綁使得更多的消費者願意多歸屬，這也使得特定平臺更多的排他性內容可以提供給消費者，而這對廠商也是有利的。

上面式子中的第一項代表由於捆綁使得更多的排他性的內容給消費者所帶來的效應。它從兩個方面影響社會福利：首先，捆綁使得更多的消費者獲得平臺 A 的排他性的內容；其次，消費者接入平臺 B 的數量增加，使得消費者能夠獲得更多 B 平臺的排他性內容，這可由 $N_B = \dfrac{\lambda b - d}{2t} < N'_B = \dfrac{\lambda(b + \pi) - d}{2t}$ 得知。此外，由於在捆綁的情況下，由於消費者都必須接入平臺 A，因此共享性的內容都只向平臺 A 提供，而不需要向平臺 B 提供，因此從社會的角度看，廠商可以不必向兩個平臺廠商提供產品，在提供產品存在成本的情況下，只向一個廠商提供產品意味著成本的節約。而這是上面的第二項中所表現的，即捆綁所帶來的成本的節約。但是，捆綁可能導致總體交易成本的增加；這是第三項所表現出來的。

因此，上面的式子也說明在雙邊市場中，捆綁對社會福利的影響是模糊的。

4.2.3 限制消費者多歸屬時捆綁銷售的社會福利分析

現在我們分析如果在捆綁的情況下，不允許消費者多歸屬時捆綁對社會福利的影響。在不允許多歸屬的情況下，所有的消費者都只購買捆綁的產品。這表明所有的產品只能由接入平臺 A 的廠商提供，而對於通過平臺 B 提供的排他性的產品。消費者再也不能得到。那麼，在不允許多歸屬的情況下捆綁的社會福利水準為：

$$W^{SH} = \pi + b - c - d - \int_0^1 txdx$$

如果為消費者提供服務的邊際成本較小（即：c，d≈0），那麼此時：

$$w = W^{SH} - W \approx -(\pi + b)\lambda(\frac{\lambda b - t}{t}) + \frac{(\lambda b)^2}{4t} - \frac{t}{2}$$

$$< -(\pi + b)\lambda(\frac{\lambda b - t}{t}) + \frac{(\lambda b)^2}{4t} - \frac{t^2}{4t} = -\frac{(\lambda b - t)}{4t}(4\lambda\pi + 3\lambda b - t)$$

$$< 0$$

這表明，在不允許多歸屬的情況下，捆綁有損社會福利。

4.3 微軟在流媒體市場中的捆綁銷售及其影響分析

4.3.1 流媒體市場概況

1. 流媒體簡介

流媒體指在 Internet/Intranet 中使用流式傳輸技術的連續時基媒體，如音頻、視頻或其他多媒體文件。流式媒體在播放前不用下載整個文件，只將部分內容存入內存，流式媒體的數據流，隨時傳送隨時播放，只是在剛開始時有一些延遲。流媒體實現的關鍵技術就是流式傳輸。

流式傳輸定義很廣泛，現在主要指通過網絡傳送媒體（如視頻、音頻）的技術總稱。其特定含義為通過 Internet 將影視節目傳送到 PC 機。在網絡上傳輸音/視頻等多媒體信息，目前主要有下載和流式傳輸兩種方案。音/視頻文件一般都較大，所以需要的存儲容量也較大；同時由於網絡帶寬的限制，下載常常要花數分鐘甚至數小時，所以這種處理方法會延遲。流式傳輸時，聲音、影像或動畫等時基媒體由音視頻服務器向用戶計算機連續、即時傳送，用戶不必等到整個文件全部下載完畢，而只需經過幾秒或十數秒的啓動延時即可進行觀看。當聲音等時基媒體在客戶機上播放時，文件的剩餘部分將在後臺從服務器內繼續下載。流式不僅使啓動延時成十倍、百倍地縮短，而且不需要太大的緩存容量。流式傳輸避免了用戶必須等待整個文件全部從 Internet 上下載才能觀看的缺點。

流媒體平臺集合了編碼、壓縮、腳本和傳輸技術，可以輸送流媒體內容、協助內容創作和互動活動。

2. 流媒體主要平臺概況

目前，提供流媒體視頻平臺的主要有：Real Networks 公司的 Realsystem、微軟公司的 Windows Media Player、蘋果公司的 QuikTime 等。

Real Networks 公司是世界領先的網上流式音視頻解決方案的提供者，提供從製作端、服務器端倒客戶端的所有產品。Real Networks 公司的 Real System 包括了 RealAudio、Real Video、Real Flash 和 Real Presentation 四種文件格式，分別用於製作不同類型的流媒體文件，通常使用的 ram、ra、rm 就是 Real Networks 自己的媒體格式。其質量較好，但價格較高。

微軟公司的 Windows Media Player 的核心則是 ASF 數據格

式。微軟公司 Windows Media Player 則主要與其系統平臺 WINDOWS 捆綁銷售，但與 Real Networks 公司相比，其產品質量還有一定差距。

蘋果公司的 Quik Time 是蘋果公司 1991 年推出的，採用自身的格式。

目前，Real Networks 公司的 Realsystem、微軟公司的 Windows Media Player 佔有大部分市場。

3. 內容提供商

作為下載平臺，必須有強大的內容提供商作為支撐。而目前流媒體主要平臺非常重視內容提供商的合作關係，並採取了相應的策略。與美國在線時代華納的合作，就是 Real Networks 的創始人 Glaser 的成功舉措。與美國在線時代華納公司合作，讓 Real Networks 不光贏得了 AOL 流媒體服務器的單子，也贏得了 AOL 公司幾千萬的用戶群體。除此之外，Glaser 還成功說服 AOL 時代華納、EMI 和貝塔斯曼投資創建了 Music Net 公司，為用戶提供在線音樂訂閱業務。在這家由美國主要的音樂出版商華納、BMG 和 EM 投資並以非賣斷的方式授權自己的出版物的網站，Real Networks 則提供相關技術。

而微軟也在與其他的幾家唱片巨頭的合作中採用微軟技術開展類似計劃。

4. 價格結構

在流媒體領域中，內容提供商都發揮著比普通用戶更為重要的作用。實際上，網站、電影公司、唱片公司和有線電視提供商等內容提供商才是流媒體廠商的真正收入來源。通常，流媒體廠商都會通過多種渠道將自己的播放器產品提供給普通用戶免費使用，而是向內容提供商出售服務器產品。例如：微軟將 Windows Media Player 捆綁提供給用戶的同時，Real Networks 也以免費下載等形式將 Real 提供給普通用戶。

4.3.2 微軟捆綁對流媒體競爭格局的影響

雖然 Real Networks 公司作為流媒體的領先者，具有優勢，但微軟在流媒體的競爭策略上採取了捆綁銷售的策略。微軟 Windows Media 與 Windows 2000 NT/2000/XP/9X 集成，不需要額外購買。

其他公司之間的流媒體格式彼此間不兼容。此時，市場的競爭態勢如圖 4-7 所示。

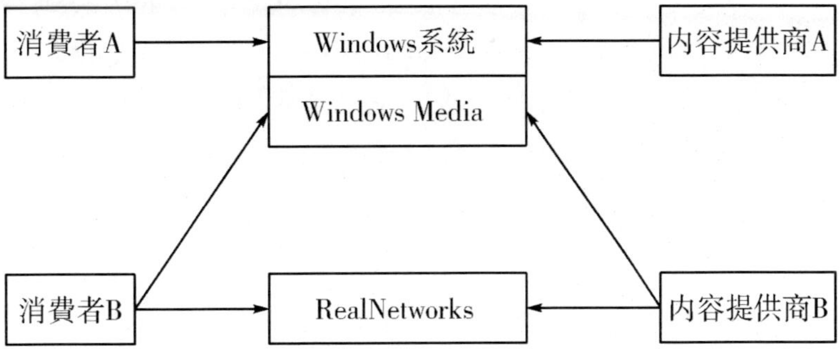

圖 4-7　微軟捆綁銷售下流媒體市場競爭格局

按照本章分析，由於 Windows 操作系統具有壟斷優勢，因此，用戶都會選擇 Windows Media。前面在分析中，我們假定了內容提供商與平臺的接入是有成本的，但從流媒體的競爭情況看，平臺不僅沒有收取固定成本，反而給予很多優惠，即負價格；而按照前面分析，如果內容提供商接入平臺需要支付成本的話，那麼內容提供商只會將一些排他性的內容提供給競爭廠商，而將所有的共享內容都給壟斷廠商。在流媒體競爭中，我們可以看到，Real Networks 公司與美國在線時代華納公司、EMI、貝塔斯曼、BMG 和 EM 等都建立了良好的關係，但是這種關係不是排他性的，因此這些公司同樣向 Windows Media 提供下載內容。

1. 對微軟公司的影響

而由於所有消費者都選擇了 Windows 系統，在雙邊市場中存在交叉網絡效應，因此所吸引的內容提供商也就越多，而這反過來促進消費者的進一步增加，從而使得壟斷平臺在競爭中處於優勢地位。

據市場調研公司 Nielsen/NetRatings 於 2002 年 6 月發布的報告顯示，以往追隨在 Real Networks 身後的微軟，已經逐漸趕了上來。雖然在家庭用戶市場上，Real Networks 文件格式仍排名第一，但在工作場所、用戶市場上，Windows Media Player 的用戶已經以 1,220 萬對 Real Networks1,160 萬的優勢略微勝出。

2. 對 Real Networks 公司等競爭平臺的影響

前面分析我們指出，在多歸屬的情況下，競爭平臺也可能從捆綁中獲利。因為消費者接入競爭平臺的數量也增加，使得消費者能夠獲得更多競爭平臺的排他性內容。而從流媒體市場競爭的實際情況看，也是如此。Real Networks 公司在市場中依然有較大的勢力。這主要在於：

首先，消費者習慣。使用習慣差異是 Real Networks 可能免於劫難的一大保證。調查顯示，與使用瀏覽器不同，很多用戶會在不同的媒體播放器之間來回選擇使用。

其次，平臺與內容提供商間的合作。在前面分析中，我們為了簡化，僅僅將這種合作表示為內容上的提供，其實這種合作還有很多其他方面。以流媒體為例，作為一種新的媒體傳送方式，流媒體技術就是把連續的影象和聲音信息經過壓縮處理後放在網站服務器，可以使人們在 28K 到 1,200K 的帶寬環境下在線欣賞高品質的音頻和視頻節目。當用戶點擊流媒體播放器時，來自世界任何地方的一臺流媒體服務器就會將音頻或視頻節目傳輸給用戶。但在此之前，需要將節目源（攝像機、DVD、錄音機等的內容）轉換成可以通過流媒體服務器傳送給播放器的數據類型格式，這就需要流媒體廠商與內容提供商合作。Real Networks 公司與內容提供商保持良好的關係；同時，作為內容提供商也害怕微軟經過捆綁後出現壟斷平臺，從而損害自己的利益。因此，根據專門從事音頻與視頻的搜索的網站 Singingfish.com 的統計數據看，進入 Singingfish. com 索引的 65% 的文件均是 Real Networks 公司的格式，而 Windows Media Player 格式的文件只有 9% 在目前的市場上，Real Networks 的實力依然相當強大。

4.3.3 Real Networks 公司的兼容策略及其意義

1. Real Networks 公司的兼容策略

從前面的分析我們可以看出，如果不讓消費者多歸屬，而只是單歸屬的話，這個時候，競爭平臺和社會福利都會受到損害，因為所有消費者必須加入捆綁平臺，在不能多歸屬的情況下，競爭平臺只得退出市場，從而使得捆綁平臺的壟斷勢力通過捆綁銷售得以延伸。而在流媒體市場中，也同樣面臨這種困境，如果不同廠商之間的格式依然不兼容，那麼隨著壟斷平臺的勢力越來越強，雖然微軟不能限制消費者使用其他平臺，但如果消費者習慣改變或者熟悉了 Windows Media Player，消費者就可能轉變成為單歸屬，此時給其他競爭平臺所留下的生存空間就很小。而繼續使得消費者保持多歸屬的一個重要策略就是兼容，即競爭平臺可以兼容捆綁平臺的內容，從而使得消費者繼續保持多歸屬行為。而事實上，Real Networks 也是如此。

Real Networks 公司原來一直抵制 Windows Media Player 和 QuikTime 格式。但現在，Real Networks 採取全面兼容的策略。除了支持包括 Unix、Linux 以及 Windows 在內的所有平臺外，從播放軟件到服務器 Real Networks 實現了對所有格式，包括競爭對手格式的全面兼容。同時，開放源代碼，其新產品 Helix 網絡社區成員可以使用源編碼以建設應用媒體產品。這與 1998 年網景公司在無力面對微軟 IE 瀏覽器的競爭壓力後，宣布開放軟件源代碼的行動是相同的。

2. Real Networks 公司的兼容策略的影響

而 Real Networks 的兼容策略至少有以下幾方面的影響：第一，使得消費者的多歸屬得以繼續保持。在能夠兼容競爭對手格式下，原來使用 Real Networks 的消費者不必轉向捆綁平臺。第二，還能吸引原來僅僅在捆綁平臺的消費者。因為 Real Networks 與內容提供商的良好關係，使得其可以提供一些排他性的內容，而這是僅僅採用 Windows Media Player 的消費者不能獲得的。第三，它使內容發行商能夠通過一個平臺發送其內容，使用戶節約了維護不同的系統、媒體格式、硬件的昂貴費用。第四，源代碼的開放有利於滿足不同用戶的需求。在源代碼開放後，用戶可以基於自己的需求，對產品進行改變，這大大滿足了不同級別用戶的需求；而 Windows Media Player 卻只是提供一個標準化產品，只能滿足一種類型用戶的需求。

4.4 小結

本章主要分析了平臺企業捆綁銷售定價。結論如下：

第一，捆綁銷售降低了原來只接入未捆綁銷售平臺（平臺 B）的單歸屬行為消費者的效用。因為在捆綁銷售下，只接入平臺 B 的單歸屬的消費者所支付的費用要高於沒有捆綁銷售時的價格。但捆綁銷售對接入捆綁銷售平臺（平臺 A）用戶的價格影響卻是模糊的。同時，在在沒有捆綁的情況下，只喜歡接入平臺 B 的消費者可以選擇該平臺，而在捆綁的情況下，這些消費者如果不願意多歸屬，那麼只能選擇 A 平臺，而不能選擇原來的平臺。因此，捆綁銷售降低了這些消費者的效用。

第二，捆綁銷售對社會福利的影響是模糊的。雖然捆綁銷售損害了原來只接入平臺 B 的消費者和平臺 B 的利益，但由於所有消費者都加入平臺 A，使得接入平臺 A 和多通道消費者在平臺 A 的網絡效應增加。捆綁銷售對社會福利的影響大小取決於網絡外部性、內容提供商內容的差異化程度和交通成本等的大小。

第三，捆綁銷售對內容提供商的影響是明顯的。首先，從價格看，在沒有捆綁的情況下，平臺之間的競爭使得平臺對內容提供商不得不提供類似於 Betrand 競爭的價格，即價格等於邊際成本；而在捆綁的情況下，由於消費者都要加入平臺 A，內容提供商必須向平臺 A 提供內容，壟斷平臺可以利用自己的壟斷優勢收取壟斷價格，而在提供內容一定的情況下，平臺 B 向內容提供商收取同樣的價格也是一個均衡。其次，從提供的內容看，在沒有捆綁的情況下，內容提供商必須向平臺 A 和平臺 B 都提供共享的內容；而在捆綁的情況下，內容提供商只需要向平臺 A 提供共享性的內容，而不需要向平臺 B 提供共享性的內容。因此從這點看，社會成本節約了。同時，內容提供商可以通過向平臺提供差異化的內容，即改變 λ 的比例使得自己獲得更多利益。

第四，捆綁銷售有利於捆綁平臺，制約了其競爭對手。捆綁有利於壟斷平臺的發展，而制約了競爭平臺。捆綁對競爭平臺的影響主要包括：首先，捆綁延伸了自身壟斷勢力，迫使所有消費者都不得不加入平臺 A，從而削減了競爭平臺 B 的消費基礎，前面分析我們已經得出，在捆綁的情況下只有多通道的消費者才願意加入平臺 B，平臺 B 的消費者數量小於沒有捆綁時的消費者數量；其次，消費者的變化通過交叉網絡外部效應，影響了內容提供商為平臺 B 提供的內容的數量，在捆綁的情況下，内容提供商不會向平臺 B 提供共享性内容。而當這種交叉網絡效應達到一定程度時，就可能導致消費者為單通道。在消費者全部為單通道的情況下，平臺 B 將不得不退出市場。再次，在捆綁情況下，平臺 B 向消費者側收取的價格低於沒有捆綁時的價格，即由於平臺 A 的捆綁使得平臺 B 不得不降低價格來吸引消費者。因此，上述三個方面的影響將使得平臺 B 在捆綁情況下的利潤遠遠低於沒有捆綁時的利潤①。

本章最後以流媒體為例，對模型的結果進行了實證分析，在流媒體平臺競爭中，微軟的捆綁銷售拓展了自己的壟斷勢力，制約了其他競爭平臺的發展。

① 曹洪. 雙邊市場中捆綁銷售的效應分析 [J]. 西南民族大學學報，2008 (12).

5 基於排他性協議下的平臺企業定價分析

5.1 存在網絡效應下的排他性協議及其影響

5.1.1 排他性交易及影響

1. 排他性協議的界定

B·道格拉斯·伯恩海姆和邁克爾·D·惠斯頓. B（Douglas Bernheim & Michael D Whinston，1998）認為，排他性協議[①]（Exclusive Dealing），就是指壟斷生產商與獨立的分銷商達成協議，禁止它們經銷競爭產品。作為一種商業實踐，排他性交易的案例在市場經濟發展的過程中屢見不鮮。最著名的反壟斷案例是 1922 年美國的標準時尚公司（Standard Fashion Company）訴馬格瑞恩-休斯敦公司（Magrane Houston Company）案。服裝生產商標準時尚公司與波士頓當地著名的服裝零售商馬格瑞恩-休斯敦公司簽訂銷售契約，規定馬格瑞恩-休斯敦公司只能銷售

---

① 「排他性交易」也被翻譯為「獨占交易」。但在雙邊市場中，由於消費者的多通道行為，排他性並不一定是獨占。因此，本書將此稱為排他性交易。

標準時尚公司生產的服裝，不能同時出售其他公司的服裝。美國聯邦法庭判定，標準時尚公司的這一做法會導致其通過零售渠道實現對當地零售市場的壟斷，從而形成了對其競爭對手的市場圈定（Market Foreclosure），因此判定這一契約違法。其後的聯合鞋業公司案以及最近的 AMD 訴 Intel 反壟斷案都涉及排他性交易契約的使用①。同樣，排他性協議在中國經濟生活中也常見，並且隨著市場競爭不斷加劇，上下游廠商間通過簽訂排他性協議以維持自身在某個領域內的競爭優勢。例如近年來比較引人矚目的家電生產企業與國美、蘇寧等零售商簽訂排他性協議。2005 年，濟南國美在濟南宣布與兩家電商巨頭海爾、海信簽訂戰略性排他協議，並表示這種戰略合作還將在其他一流家電品牌中進行，以再度擴大其在濟南家電市場的份額。濟南與海爾的排他性戰略合作的主要內容是：一些超低價包銷買斷機型優惠專供國美門店，其促銷政策向國美傾斜，緊俏暢銷商品優先供應國美，同時，在售後安裝服務、殘次品、滯銷品的退換貨上給予優先保證。而國美則給予海爾在產品推銷和售後結款等方面的優先保證。

同樣，目前銀保銷售的模式從傳統的一對一向一對多轉變。銀保市場自 2002 年走俏以來，奉行一對多的合作原則，即一家銀行可以同時和多家保險機構展開合作，代理多家公司的產品。以滬上保險市場為例，工商銀行代理的包括國壽、太平、聯泰大都會、瑞泰、華泰等近 10 家保險公司的產品，在交行開賣的則有人保、太保、國壽、中德安聯、廣電日生等公司的產品。一對多的優勢在於銀行可以有較為廣闊的產品鏈，而且能挑各公司的「精華」產品，如工行的銀保產品覆蓋養老險、分紅險、

---

① 洪凧，鬱義鴻. 排他性合約下的縱向控制：關於獨占交易理論的研究評述［J］. 產業經濟研究，2005.

萬能險、投連險以及投資型家財險等。招商信諾人壽總公司與招商銀行總行簽署了排他性合作協議，即凡是招商銀行與招商信諾人壽均有營業網點的城市，招行只能代理銷售招商信諾人壽的保險產品。招商信諾人壽與招商銀行有著股份的關係，一對一合作雖是個案，但也展現了銀保轉型的一個趨勢。眼下，匯豐銀行內地籌建保險公司的申請已然獲批；工行、交行、建行似乎一直有進軍保險業的企圖。銀保市場歷經幾年「投石問路」的粗放發展，迴歸一對一的合作模式應屬自然，這抑或是為銀行系保險的鋪路。

2. 排他性協議的影響

對於排他性協議的效應，理論界卻存在一定的爭論，芝加哥大學的迪萊克特和李維（Aaron Director & Edward H Levi）卻認為，最終消費者將不會接受廠商排他性交易的條款，除非零售商把價格降到足夠低，使降價的幅度足夠補償消費者因排他性交易所帶來選擇範圍的縮小而導致剩餘的損失，就此而言，排他性交易對消費者是有利的，因此禁止排他性交易是有社會成本的（Director & Levi，1956）。波斯納（Posner，1976）和鮑克（Bork，1978）也從反壟斷經濟學的角度討論了排他性交易，他們認為，排他性交易可以促進企業之間的競爭，同時給消費者帶來福利，因此買賣雙方的排他性交易契約是有效的①。

賽洛普和謝夫曼（Salop & Schefman）第一次系統地討論了獨占交易，他們認為，獨占交易作為一種非價格競爭手段，提高了競爭對手的成本，達到反競爭的效果。科馬諾和弗倫奇（Comanor & French）首先通過一個正式的模型研究了獨占交易對市場競爭的影響，將進入成本的變化視為評價交易行為效率

---

① 洪夙，鬱義鴻. 排他性合約下的縱向控制：關於獨占交易理論的研究評述［J］. 產業經濟研究，2005.

的尺度，得出獨占交易提高了進入成本，進而遏止競爭的結論，即獨占交易實現了市場圈定效應。馬斯文森和文特（Mathewson & Winter）將獨占交易的研究拓展到對競爭和資源配置效率的影響，指出科馬諾和弗倫奇（Comanor & French）的模型中獨占交易對競爭對手進入成本的影響並不是評價效率的有效標準。貝贊可和佩里（Besanko & Perry）假設兩個對稱的生產商提供不同品牌的同類產品，零售商在市場空間上呈差異化分佈，研究表明，在獨占交易的契約安排下，所有零售商與其中一個生產商簽訂獨占契約，另一個生產商從區域內的零售渠道中被排除，由於缺少直接競爭者會導致更高的零售價格出現，產生了反競爭效果，也降低了社會福利。正因為排他性契約中赤裸裸的排他條款的存在，排他性交易被認為會排擠現有競爭對手和潛在競爭對手，從而使得在位生產商擁有成本和需求信息方面的優勢，屬於典型的非價格限制競爭行為。因此，排他性交易一直受到美國和歐洲反壟斷機構和法院的密切關注，通常受到法律的禁止，例如美國《克雷頓法》的第一條和第三條對其嚴格限制。

5.1.2 平臺企業排他性交易存在的普遍性

雙邊市場中，由於用戶多平臺接入行為是一種普遍現象，當進入者進入後，由於用戶希望通過多平臺接入，帶來了更大的網絡效應；而作為在位者，勢必就面臨進入者的進入而導致的用戶分流。因此，對在位者而言，在進入者進入之前，通過與用戶簽訂排他性協議，無疑是限制其進入的最好的辦法。而且，在雙邊市場中，由於存在網絡效應，在位者通過排他性協議對用戶進行鎖定，降低了進入者平臺的價值，從而使得其自身在競爭中處於優勢。而也正是由於雙邊市場網絡效應給在位者帶來的巨大優勢，雙邊市場中的排他性協議應用更為普遍。

例如，近年來，中國很多雙邊市場平臺與用戶簽訂了排他性協議。2007 年 9 月 12 日，蘇寧電器與交通銀行就聯合推出全國性電器行業聯名信用卡，正式簽署排他性協議。這意味著交行承諾將不會再與包括國美在內的任何一家電器零售業巨頭進行類似合作。2006 年 4 月 24 日，中國電信和 Google 簽訂排他性協議，共同宣布 Google 向中國電信互聯星空門戶和本地城市門戶網站提供在線廣告服務。

5.1.3 平臺企業排他性協議的爭論

與普通的單邊市場一樣，對雙邊市場排他性交易的效應也存在爭論，並且這種爭論由於雙邊市場的特殊性，顯得更為激烈。

伯恩海姆和惠斯頓（Berheim & Whinsoton，1998）解釋了在交叉市場聯繫的情況下，排他性協議抑制競爭的一般性原理。這種交叉市場聯繫自然增強了市場的網絡效應，這使得一些消費者更加願意購買他的產品，企業也就能夠從中獲利。Toker Doganoglu、Julian Wright（2006）認為，在位者可以利用排他性交易來削弱一個潛在進入者的能力，在位者通過與一些消費者在競爭前簽訂協議，從而提高其他消費者對在位者產品的需求，抑制競爭者的進入，即使在競爭者的網絡更有效率的情況下；而且在位者還可以通過已經簽訂排他性協議消費者帶來的網絡外部性，抓住平臺用戶另外一邊的用戶，從而對沒有簽訂排他性協議的消費者進行價格歧視，掠奪消費者剩餘，獲取利潤。

但雙邊市場的網絡外部性使得從社會福利的角度看，網絡中擁有的用戶越多，那麼用戶從網絡平臺中獲取的效用也就越大，因此，從社會福利角度看，市場中只有一個網絡是最優的。

阿姆斯特朗和賴特（Armstrong & wright，2006）考慮了一個對稱競爭的雙邊市場情況下排他性交易的效應。他們認為，排他性交易有利於提高社會福利。但在他們的模型中，沒有考慮到在位者與進入者平臺之間的差異性，以及不同網絡之間的差異。

那麼，平臺企業排他性交易的效應究竟如何？本章構建一個進入者網絡比在位者網絡有效率的情況下，在位者通過簽訂排他性協議對進入者採取阻止，以此來分析平臺企業的定價。第二節構建了在存在網絡外部性的單邊市場中，平臺企業簽訂排他性協議下的定價；第三節分析了平臺企業排他性協議定價及其對社會福利的影響。

5.2 單邊市場中實施排他性策略下的定價

5.2.1 文獻回顧

伯恩海姆和惠斯頓（Berheim & Whinston，1998）解釋了在交叉市場聯繫的情況下，排他性協議抑制競爭的一般性原理。這種交叉市場聯繫增強了市場的網絡效應，這使得一些消費者更加願意答應購買他的產品，企業也就能夠從中獲利。

凱茨和夏皮羅（Kats & Shapiro，1986）假定兩類消費者在不同的時間達到市場，所有的企業在第一個階段都做出承諾，所以企業能夠對不同的消費者制定不同的價格。

朱利安（Jullien，2000）內生化了在網絡效應市場中的價格歧視，主要表現為分而制之的策略。他的分析表明，在統一價格中，由於消費者期望支持一個企業，從而消除了無效率。我們主要考慮，在期望無差異的情況下，一個在位者利用其在吸引消費者上擁有的先動優勢阻止進入者銷售，儘管進入者或許比消費者更有效率。Segal 也考慮了這種極端 案例，主要表現為單個企業在一個更一般的環境下通過與不同消費者簽訂協議。第三部分我們對於分而治之策略提供了一個更新的應用。

阿姆斯特朗和賴特（Armstrong & Wright，2006）考慮了在雙邊市場的對稱競爭的情況下，平臺給予了一定的市場權力，他們得出了一個沒有排他性協議的情況下的瓶頸均衡，並且他們認為，排他性協議能提高效率。

5.2.2 基本模型

現在假設有連續性的消費者，為1。兩個企業，在位者（I）和進入者（E），每個企業都能夠生產單位的網絡產品，產品無差別，其成本 c 大於 0；但進入者比在位者的網絡更有效率。在位者的價格為 p，進入者的價格為 q。

假設 nI 個消費者排他性地從 I 購買，nE 個消費者排他性地從 E 購買，而 1-nI-nE 的消費者則既可以從在位者購買，也可以從進入者購買，即允許消費者是多歸屬的。消費者從多個企業購買的目的是為了獲取更大的網絡效應。

從 I 購買的消費者獲得淨效用為：$v+\beta$（$1-nE$）$-p$。從 E 購買的消費者獲得淨效用為：$v+$（$\alpha+\beta$）（$1-ni$）$-q$。而從兩個企業購買的消費者的效用是 $v+\alpha$（$1-Ni$）$+\beta-p-q$。假定正的網絡效應，因此 α、β 大於 0。在正的網絡效應的情況下，從社會福利的角度出發，所有的消費者都比一個企業購買的時候效率更高。

博弈次序為：第一階段，I 向消費者發出價格邀請，消費者決定是否接受價格。第二階段，I 和 E 進行價格競爭。這裡在位者發出的價格邀請可能包括兩個方面的內容：第一個方面就是需要消費者購買或者承諾購買 I 的產品，這對於消費者而言，其實是企業產品的介紹；而很多情況下，企業除了要求消費者以一定價格接受自己的產品外，還要求消費者不得從其他競爭者處購買產品。那麼這種邀請就是具有排他性的。同樣，進入者在進入之後也可以與消費者簽訂排他性協議，即要求消費者不得從在位者手中購買。

第一階段 I 的價格為 px，接受協議的消費者數量為 nx。在第一階段接受協議的消費者可以以 px 的價格在第一階段購買，或者在第二階段要麼以 p 或者 q 的價格從 I 或者 E 那裡購買。這裡的價格邀請實際上是一種排他性的價格承諾，因為實際上，產品只有在第二階段才能被消費。

在網絡效應競爭博弈中，在企業產品價格一定的情況下，可以有多個需求函數。例如，如果所有的消費者都希望在第二階段從 I 購買，那麼 I 就能夠以比 E 稍微高的價格吸引消費者。但是，如果假設消費者都是購買最便宜的產品，那麼以這個價格，從 E 購買也是均衡。在網絡效應給定的情況下，在第一階段購買的消費者的數量將影響第二階段的均衡。而且，在第一階段給定、第二階段博弈方式給定的情況下，在第一階段也存在多重均衡，因為第一階段消費者的需求將取決於其他消費者的選擇。這意味著在任何一個階段都沒有一個單一的需求函數。

為了簡化分析，我們這裡假定：消費者在每個階段進行選擇時候，從效用最大化角度出發，在兩個企業之間選擇以使得自身聯合消費者剩餘最大化；因此消費者將選擇具有最高需求的企業，這裡的需求是指消費者選擇最多的。在存在正的網絡效應的情況下，消費者傾向於合作，因為如果所有的消費者從一個企業購買，其獲得的網絡效應是最大的。舉例來說，如果所有的消費者從 I 或者 E 以價格 $p=c$ 或者 $q=c+\alpha$ 購買是無差異的，我們假定消費者將從 E 購買，否則 E 就可以設定一個稍微低一點的價格以吸引消費者，獲取所有的利潤。

5.2.3 單邊市場中排他性策略下的定價

1. 單邊市場中的單歸屬的結果

首先我們分析在單邊市場中，消費者只能從一個企業購買的情形。在現實生活中，雖然消費者可以選擇的網絡很多，但加入多個網絡可能面臨較高的成本，例如消費者不會採用 2 個以上的操作系統，因為那樣學習成本高。一般情況下也不願意擁有多個網絡的手機等。消費者只能從一個企業購買的情況下，企業的排他性協議的影響如何？

結論 1：$n1=\alpha/(\alpha+\beta)$。如果 $nx>n1$，那麼在位者將在第二階段占領全部市場，均衡價格為 $p=c+\beta nx-\alpha(1-nx)$，$q=c$；相反，如果 $nx<n1$，那麼進入者將占領全市場，均衡價格 $p=c$，$q=c+\alpha(1-nx)-\beta nx$。

證明：消費者從 2 個企業購買是無差異的。而從在位者購買的效用是 $VI=v+\beta(1-nE)-p$；從進入者購買的效用是：$VE=v+\alpha(1-ni)-q$。$VI=VE$，並且對在位者而言，在價格相等的情況下就可以吸引消費者。因此 $p=q$。而且在沒有多歸屬的情況下，$ni+ne=1$。解 $vi=ve$，可得：$n1=\alpha/(\alpha+\beta)$。

因為在位者與進入者進行 *Betrand* 價格競爭，當 $nx>n1$ 時，由於在位者將在第二階段占領全部市場；對於進入者而言，最低價格為 $q=c$，因為 $q<c$，進入者將虧損，此時消費者從在位者購買的效用為 $v-c$；而當進入者的價格 $q=c$ 的時候，在位者將制定一個使得消費者從在位者與進入者購買無差異的價格，此時均衡價格為 $p=c+\beta nx-\alpha(1-nx)$。

同樣地，當 $nx<n1$ 時，那麼進入者將占領全部市場，在 *Betrand* 價格競爭的情況下，在位者最低價格 $p=c$；而進入者則可以制訂價格 $q=c+\alpha(1-nx)-\beta nx$，使得消費者的購買無差異。

從結論 1 我們可以看出，對在位者而言，其關鍵在於能否在第一階段吸引足夠多的消費者。如果在第一階段，在位者吸引的消費者較多，那麼消費者將從I中獲取更多的網絡效用，在位者就具有更高的優勢；對進入者而言，如果第一階段被在位者吸引的消費者數量較少，那麼就意味著在進入者進入後，能夠帶給消費者更高的網絡效應。因此無論哪個企業，如果能夠給予更高的網絡效應，那麼在第二階段就能獲取所有剩餘的需求。這樣，在第一階段簽訂排他性效應獲取足夠的消費者，在位者就能夠降低進入者的網絡效應到這一點，從而消除進入者的內生優勢。剩餘的消費者就寧願加入I而不是E。如果E的優勢足夠大，那麼I就必須簽訂一個更大的比例達到這個點。

因此，為了在第一階段吸引消費者，在位者必須給予第一階段的消費者至少 $v-c+\beta$，因為在第一階段吸引了 nx 的消費者後，剩餘的消費者全部購買進入者的產品，那麼剩餘消費者仍然能夠獲得 $v-c+\beta$ 的效用。而 $VI>v-c+\beta$，則 $\beta nx>c-p$。在 β、nx 均大於0的情況下，消費者只有在 $px<c$ 的時候才會接受邀請，這將導致在位者在第一階段遭受損失。這樣，只有在第二階段能夠獲利的時候，在位者才會在第一階段發出價格承諾邀請。這表明，在位者不可能在第一階段給所有的消費者發出邀請，因為那樣，第二階段就沒有剩餘的需求，就無利可圖。如果在位者不允許在第一階段限制接受邀請的消費者的數量，這就導致出現一個戲劇性的結果，沒有人在第一階段同 I 簽訂，而 E 在第二階段以價格 $q=c+\alpha$ 銷售，而消費者獲得 $CS0=V-C+\beta$ 的消費者剩餘，既然 $\alpha>0$，這就是最好的結果。

在位者可以通過限制第一階段簽訂協議的消費者數量以獲得利潤。

推論1：如果所有的消費者都是喜歡合作的，在位者在第一階段能夠限制消費者的數量，$nx=1/2+\alpha/(2\alpha+2\beta)$ 的消費者將在第一階段從在位者處購買，價格為 $px=c$。其餘的消費者將

在第二階段以 $px=c+\beta/2$ 從在位者購買。進入者沒有銷售。結果是無效率的，因為消費者的剩餘低於在沒有價格承諾需求時。

證明：在位者在第一階段以 px 的價格給予 nx 的消費者。如果他們全部拒絕，第二階段的均衡顯示所有的消費者從進入者購買，獲得 $v-c+\beta$。如果 nx 的消費者接受了邀請，那麼他們從在位者購買得到 $v-px+\beta$，假設 $nx>n1$，那麼從定理 1 我們知道，在位者將在第二階段賣給所有剩餘的消費者。這樣，在位者能夠以 $px=c$ 最低的價格吸引 nx 的消費者。其利潤為［$\beta nx-\alpha$（$1-nx$）］（$1-nx$），這裡 $nx=1/2+\alpha/$（$2\alpha+2\beta$）$>1/2$，同樣滿足 $nx>n1$。

因此，這裡的結果從社會角度看是無效率的。因為如果價格承諾邀請被取消的話，所有的消費者都會改變。如果這裡消費者剩餘為 $v-c+\beta$，收到價格承諾邀請的消費者將得到相同的消費者剩餘，而被消耗掉的消費者剩餘會減少 $\beta/2$。

推論 1 表明：在位者在第一階段通過價格承諾邀請大多數消費者，阻止了更有效率的競爭者的進入。實際上，她會簽訂超過這個最低數量的消費者的數量。這樣，使得在位者可以提高剩餘消費者的支付意願，賺取更大的利潤。為了達到這個結果，在位者不得不補償那些在低網絡效應情況下簽訂協議的消費者。儘管消費者在第一階段支付了較低的價格，但是他們獲得了與不簽訂協議而從有效率的進入者購買產品一樣的消費者剩餘。然而，在第二階段購買的消費者的利益將受到損害，其消費者剩餘損失為 $\beta/2$。損失的消費者剩餘被利潤形式轉移到在位者。

當在推論 1 的定價容易實現的時候，在位者如果能夠在第一階段對消費者實行價格歧視的話，它會做得更好。Segal 研究了這種具有網絡效應的完全歧視合同。為了表明這種價格歧視是如何作用的，我們可以考慮一個極端的例子，這裡，在位者能夠在第一階段向消費者有序地發出邀請，每個邀請的順序取決於前一個邀請的價格。這樣，在位者就能向消費者有序地發出邀請，每個消費者都有一次被排序的機會。第二階段的博弈和前面一樣。

按照薩加爾和溫斯頓同樣的邏輯，在位者能夠以 $px=c+\beta$ 的價格吸引所有的消費者。第一個被邀請的消費者知道如果它拒絕，在位者可以採用一個可行的策略使得後面的所有消費者都接受邀請。這樣，第一個消費者將願意支付 $c+\beta$ 簽訂協議。這可以被證明，這能夠保證所有同意與在位者簽訂協議的消費者和支持它的利潤一樣。這樣，消費者將只留下 $v-c$ 的剩餘。

2. 單邊市場中允許多歸屬情況下的排他性協議分析

當消費者可以從兩個企業購買產品時，這個市場被認為是多歸屬的。多歸屬行為在現實中也是經常可以見到的，而消費者採取多歸屬的原因在於他們能夠通過與其他網絡的消費者接觸以獲取更大的網絡效應。對於單邊或者雙邊市場中的多歸屬行為，很多學者已經研究過，如阿姆斯特朗（Armstrong，2006）、賴特（Wright，2006）、Jean Tirole（2003）等。當消費者模型的其餘部分與前面一樣，為了簡單，我們假定 $v=c=0$。若成本很低，多歸屬是一個相應的選擇，在 $v>c>0$ 的情況下，相應的結果依然能夠得到。

消費者有兩種類型的多歸屬。第一，在第一階段被捆綁的消費者在第二階段也希望加入到E。第二，沒有被捆綁的消費者在第二階段也希望同時加入I和E。排他性協議可以在2個階段使用以限制多歸屬。

排他性的邀請是指邀請購買自己的同時承諾不從競爭者處購買。例如，進入者在第二階段發出邀請，那麼沒有捆綁的消費者要麼從進入者處購買，要麼從在位者處購買，而不能從兩處同時購買。與此類似，在位者可以在第一階段，也可以在第二階段發出排他性邀請，阻止接受邀請的消費者不能購買進入者的產品。需要注意的是，一旦一個企業發出了一個排他性的邀請，他就排除了多歸屬的消費者；這樣，另外一個企業的邀請實際上也就變成了排他性。

為了給排他性協定的效果提供一個比較標準，我們首先要明白，當企業不能提供這種排他性協議阻止消費者多歸屬時的情況。這樣，即使一些消費者在第一階段同在位者簽訂了排他性協議，他們仍然可以有機會在第二階段從在位者處購買。這也是排他性協議被取消後的結果。

推論 2：當任何一個企業在任何一個階段都不簽訂排他性協議時，這裡就沒有消費者在第一階段從在位者處購買；在第二階段，所有的消費者都從進入者處購買。即使在位者能夠限制在第一階段接受邀請的消費者的數量，這也是正確的。結果是有效率的。

證明：我們首先看，在均衡中，所有未被捆綁的消費者將只從進入者處購買，然而那些已經在第一階段從 I 購買的多歸屬的消費者也會從進入者處購買。這就意味著在位者不能在第二階段從未捆綁的消費者哪裡獲取任何利潤，既然他在第一階段必須以承擔損失來獲取消費者，那麼在第一階段他就不會發出邀請。

假設 $nx>0$ 的消費者在第一階段接受了一個在位者的非排他性邀請。我們首先將需求函數歸納為一個兩個價格的需求函數，然後分析第二階段的均衡價格。其價格是大於 0 的，因為一個小於 0 的價格將使得企業在第二階段虧損。這裡有五種價格函數：①沒有被捆綁的消費者從 I 購買，捆綁了的消費者不從進入者處購買，此時價格 $p<\beta$ 時；②沒有被捆綁的從 E 購買，捆綁的也從 E 購買，此時 $q<\alpha+\beta(1-nx)$；③沒有被捆綁的、多歸屬的和捆綁的都不從 E 購買。此時，$p<\beta nx$，$q=\alpha(1-nx)$；④沒

有捆綁的從 E 購買，捆綁的不從 E 購買，當 $p=\beta nx$ 和 $q=(\alpha+\beta)(1-nx)$；⑤當 $p>\beta nx$ 且 $q>0$ 的時候，沒有消費者在第二階段購買。

第③至⑤可以利用消費者期望，通過合作獲得最大的聯合剩餘來消除。當 $P<\beta$ 且 $q<\alpha+\beta(1-nx)$，進入者和在位者的結構都保持不變，假設的規則表明進入者的配置將會增加，如果 $q<\alpha+\beta(1-nx)$，在位者的配置將會增加。如果 $p>\beta$，並且 $q>\alpha+\beta(1-nx)$

那麼，結果⑤是唯一的需求函數。這表明，需求在任何價格時都是唯一的。我們指出了需求是如何隨著價格變化的。

現在我們考慮在第二階段的一個可能均衡。任何均衡必須包含進入者在博弈中的均衡。在在位者的任何配置點，進入者都能夠通過降低價格以使得其配置向自己移動以獲取利潤。而且，進入者不能在均衡中收取超過 α 的價格，否則在位者也可以降低其自身的價格。因此，對於任何大於 0 的價格，進入者總希望價格高於 α。這樣，唯一的均衡就是 $p=0$ 和 $q=\alpha$，進入者在第二階段掠奪所有的消費者。在這種均衡總，在位者不賺錢，而進入者的利潤為 α。

現在，我們考慮在第一階段是否從在位者購買。如果他們不這樣做，他們可以在第二階段從進入者處購買獲取 β 的消費者剩餘。消費者從在位者購買的最好的選擇是當 $px<0$ 的時候這樣做，但這會給在位者帶來損失，因此會導致在位者不發出邀請，沒有人在任何一個階段從在位者處購買。

推論 2 表明，進入者作為一個更有效率的網絡，能夠利用在位者所建立的客戶基礎優勢。而這裡，用戶的多歸屬起到了重要作用。在第一階段，無論多少消費者從在位者處購買，在第二階段，他們都希望從進入者處購買，因為這樣能夠給他們帶來更好的網絡效應。沒有被捆綁的消費者有同樣的偏好，因為這樣做，他們可以獲得額外的利益。並且，進入者可以以較低的價格銷售給額外的消費者，以此盈利。因此，在位者不能在第二階段與進入者的競爭中獲利。這反過來說明，在第二階段，不能利用第一階段簽訂的協議的優勢，這也意味著消費者在第一階段不會向在位者購買。

推論 2 提供了一個標準，可以用來比較排他性協議的效果。這個標準包括了一個競爭性和有效率的產出。這與在單歸屬條件下，在第一階段在位者可以通過限制邀請獲取整個市場的結果相反。

現在我們分析主要的結果，企業可以利用排他性協議。這些協議允許企業可以向消費者發出向他們的競爭對手購買的邀請。

推論 3：當企業可以利用排他性協議時，在位者在第一階段能夠限制邀請的數量，那麼在位者將始終採用排他性的邀請。在位者在第一階段可以與一半以上的消費者簽訂排他性協議，而留下一半的消費者在第二階段。排他性協議的取消將提高消費者剩餘和社會福利。

證明：證明分四個步驟，第一步就是在在位者在第一階段不能吸引消費者的情況下使第二階段均衡。第二步就是在在位者在第一階段吸引了一些排他性的消費者時使第二階段均衡。結果表明，這個時候，第二階段有兩個均衡。第三步，當我們知道哪種在位者在第一階段將被發出和被接受，然後決定在位者第一階段的最優排他性協議數量。第三個步驟就是看在位者如果在第一階段不希望發出排他性協議的邀請的情況。第四步，在現有均衡的結果中得出結論。

第一步：第一階段沒有人簽訂協議使第二階段均衡。如果沒有人在第一階段簽訂協議，按照推論 3 的邏輯，在第二階段，進入者以價格 $p=\alpha$ 占領全部市場，這個結果與未被捆綁的消費者在第二階段是否是多歸屬無關，因為排他性協議不起任何作用。

第二步：一些消費者在第一階段簽訂協議後使第二階段均衡。如果在位者在第一階段同 nx 個消費者簽訂排他性協議，消費者不接受這個協議，他們在第二階段可以從進入者處購買，然後獲得 β 的消費者剩餘。因此，為了讓消費者在第一階段接受他的排他性邀請，在位者必須至少支付這個消費者剩餘。從利潤最大化的角度出發，在位者在第一階段將以價格 $px=0$ 簽訂排他性協議，假定他能夠簽訂足夠多的消費者，那麼剩餘的消費者將在第二階段以一個正常的價格從在位者手中購買。

現在考慮第二階段的均衡分析。第二階段的均衡可能有 4 個均衡：①企業都採用排他性協議；②沒有企業採用；③在位者不採用而進入者採用；④在位者採用而進入者不採用。但是③和④不是均衡，因為一個採用排他性協議的企業偏離排他性的約定，允許多歸屬的消費者購買產品，將獲得更多的消費者剩餘。我現在主要分析①和②的子博弈均衡。

①當第一階段的消費者簽訂排他性協議，企業在第二階段也使得其邀請具有排他性，因此沒有消費者能夠多歸屬，那麼任何一個企業都不可能通過採取非排他性而做得更好。這表明，最優的簽訂協議的消費者數目是 $nx* = 1/2+\alpha/[2(\alpha+\beta)]>n1$。

②考慮在第二階段沒有企業做出排他性邀請的情況下的均衡。沒有捆綁的消費者在第二階段有選擇的權力，有四種需求函數形式：如果 $p<\beta nx$，且 $q<\alpha(1-nx)$，沒有捆綁消費者是多歸屬的；如果 $p<\beta$，且 $q>0$，未捆綁的消費者從在位者處購買；如果 $p>\beta nx$，且 $q<(\alpha+\beta)(1-nx)$，沒有捆綁的消費者從進入者處購買；當 $p>\beta nx$，且 $q>0$ 的時候，消費者不從任何一個企業處購買。利用我們的預期規則，在這種情況下，消費者將選擇

聯合剩餘最大化的形式。

給定需求，我們可以得到 $p=\beta nx$ 和 $q=\alpha(1-nx)$ 是在第二階段的唯一的排他性價格均衡。在這個價格水準上，如果沒有捆綁的消費者是多歸屬的，任何一個企業低於這個價格，都不能提高需求，如果任何一個企業提高價格，他將丟失整個市場。在多歸屬的其他任何區域設定價格，每個企業都希望將價格提高到這個水準上，因為這樣，即使提價也不損失需求。對於多歸屬的其他任何價格，企業總希望降低產品價格，直到他們能夠獲取整個市場，或者移動到多歸屬的區域內。而且，沒有企業能夠在第二階段通過排他性協議做得更好，因為任何企業提價都會丟失整個未捆綁消費者的需求。在位者的利潤是 $\beta nx(1-nx)$，這個是在第一階段通過捆綁一半的消費者所得到的最大利潤。在這個均衡中，在位者獲得 $\beta/4$ 的利潤。

假設在位者在第一個階段簽訂排他性協議，使得 $nx>\alpha/\alpha+\beta$，我們可知，在第二階段有兩個均衡，一個是在位者和進入者都具有排他性，另外一個是兩個都不具有排他性。無論在位者在第一階段是否使 $nx=1/2$ 或者使 $nx=1/2+\alpha/(\alpha+\beta)$ 成立，在第二階段，企業不排他性的均衡能夠帶給每個企業更高的利潤。而且，在第一階段選擇 $nx=1/2$，在位者能夠表示他將達到這種均衡，這種均衡將在第二階段達到。換句話說，在位者不會將 nx 設定為 1/2。如果在第二階段達到的均衡是有排他性需求的均衡的話，因為那樣他寧願設定一個更高的 nx。

3. 在位者在第一階段同消費者簽訂非排他性協議無意義

從推論 3 我們可知，如果在位者採用一種價格承諾而不是在第一階段採取排他性的協議，那麼在第二階段，進入者以價格 $q=\alpha$ 占領市場。即使企業在第二階段能夠採用排他性協議，但並不影響結果的正確性。這是因為進入者更願意在第二階段是非排他性的，否則在第一階段同在位者簽訂的排他性協議的消費者在第二階段不會從進入者哪裡購買。而且，推論 3 的邏輯並不依賴於未捆綁的消費者是不是多歸屬的，所以在第二階段，排他性協議也不會產生作用。這樣，在位者必然要在第一階段採用排他性協議。

5.2.4 小結

當排他性協議在任何一個階段都行不通或者不被允許的時候，在位者的利潤從 0 到 $\beta/4$；而進入者的利潤從 α 降低到 $\alpha/4$。如果沒有排他性的協議，消費者獲得的剩餘為 β。現在如果一半的消費者（在第一階段簽訂協議）得到相同的消費者剩餘，另外一半的消費者（沒有簽訂協議）得到 $\beta/2$。排他性協議的後果就是，消費者剩餘降低了 $\beta/4$，社會福利降低了 $3\alpha/4$。

前面推論表明，排他性協議是保持自己優勢的一個有效方法，即使網絡效率低，消費者也是合作偏好的。通過與一些消費者在第一階段簽訂排他性協議，在位者使得剩餘的消費者在第二階段是多歸屬的。他們多歸屬可以使哪些被在位者網絡排除在外的消費者能夠達到，同時也能充分利用進入者更有效率的網絡。而且，企業將為爭取多歸屬的消費者競爭，並且使得在位者在第二階段獲得利潤。在位者能夠掠奪所有未被捆綁的消費者從捆綁的消費者那裡獲得的網絡效應。既然有 nx 的消費者簽訂協議，而 $1-nx$ 的消費者沒有簽訂協議，並且在位者不能從簽訂協議的消費者那裡獲得任何收入，在位者將通過與一半的消費者簽訂協議，掠奪另外一半的消費者實現利潤最大化。

進入者效率再高，也不能將他的產品銷售給在第一階段與在位者簽訂排他性協議的消費者，結果是無效率的。取消第一階段的排他性協議將恢復結果的效率，需注意的是，如果排他性只是在第二階段被取消，兩個企業的面對面的競爭也不會產生競爭性的結果，實際上，推論 4 的均衡不包括第二階段的排他性協議，所以這種取消是沒有用處的。

5.3　平臺企業實施排他性策略下的定價分析

在本節，我們將分析框架拓展到雙邊市場。許多排他性協議起作用的網絡效應實際上是雙邊市場。典型的例子如娛樂平臺、內容提供商，以及付費電視。

雙邊市場的獨特性使得雙邊市場中排他性協議的分析與單邊市場存在一定差異性。在雙邊市場中，用戶被劃分為兩個組，所以即使他們不能對同一組的用戶進行價格核實，但是可以由平臺兩邊的用戶進行評定。一般認為，平臺不能和消費者簽訂排他性協議，但是可以要求企業簽訂排他性協議。

5.3.1　雙邊市場中排他性策略的基本模型

我們對前面的模型進行拓展。平臺必須包括兩組用戶，分別用 B 和 S 衡量，一般指賣方和買方。對於雙邊市場的網絡外部性我們主要考慮交叉網絡外部性，所謂交叉網絡外部性是指平臺上交易的數量不僅取決於消費該平臺產品的同類型消費者的數量，更取決於消費該平臺產品的另一類型的消費者數量。因此，將一方對平臺產品的需求規模視作一個質量參數來影響另一方對平臺產品的需求。

將買者假定為1，賣者也是。在位者關於 B 和 S 的價格分別為 pB 和 pS。進入者的價格為 qb 和 qS。為簡化，成本 $c=0$。在沒有網絡效應的情況下，消費者從網絡中獲取的效用為 $v=0$。

假設 ni 個賣方排他性地加入在位者的網絡，ne 個賣方加入進入者的網絡，剩餘的 $1-ni-ne$ 賣者是多歸屬的。然後只加入在位者的買方獲得 βB（$1-NE$）$-pB$，只加入進入者的買者獲得

（$\alpha B+\beta B$）（$1-NI$）$-qB$，多歸屬的消費者獲得 αB（$1-NI$）$+\beta B-pB-qB$。賣者的福利可以以對稱的形式界定。

與前面分析一樣，這裡，I 在第一階段發出邀請，在第二階段，兩個平臺為爭取剩餘的消費者競爭。這裡，我們繼續假定賣方是喜歡合作的，這樣，在給定價格水準下存在多個均衡，我們選擇在每一點上的需求函數，這個點就是賣方在決定是否加入的時候是考慮的最大的聯合剩餘。我們允許多歸屬，然後考慮平臺不能採用排他性協議的情況，然後再允許他們做出這種邀請。

5. 3. 2 平臺企業實施排他性策略下的定價

推論 4：如果平臺不能進行價格歧視，也不能在每個階段做出排他性的邀請，那麼沒有人加入在位者平臺，所有的買賣雙方都是在競爭者平臺，結果是有效率的。

證明：首先，如果在位者在第一個階段沒有吸引雙邊中的任何一方，那麼在位者在第二階段與進入者競爭的時候最優價格為 $PB+PS=0$。由於雙邊市場的交叉網絡效應，在位者希望吸引多歸屬的消費者，他的價格只能是 $pb=ps=0$。

而在位者 $pb=ps=0$，那麼在第二階段的均衡只能是 $qb=\alpha B$ 和 $qs=\alpha s$，$pb=ps=0$，所有的賣方都只加入進入者網絡。如果在位者對平臺一邊收更高的費用，那麼在位者就可以採用分而制止的策略以吸引平臺的一邊，從而來吸引平臺另外一邊。如果在位者提高了總價格，那麼進入者也可以通過至少提高一邊的收費以提高自己的收入。因此，在這個均衡中，在位者利潤為 0，而進入者的利潤為 $\alpha B+\alpha s$。

假設現在的在位者在第一階段發出價格承諾的邀請給賣方，如果他們認為在第二階段能夠吸引所有買方，在位者必須給予賣方比他們拒絕接受邀請更多的利潤，而賣方在第二階段可以

從進入者處獲得 Bs。所以在位者在第一階段只能以 $ps<0$ 來吸引賣者；同樣，在位者要吸引買方也只能如此。而且，在第二階段的均衡中，在進入者成本為 0 的情況下，買賣雙方都將加入進入者的平臺，因為這會使他們比只加入在位者的網絡產生更好的網絡效應。因此，在位者不能在第二階段從賣方處獲取更多的剩餘，而在第一階段，價格承諾邀請造成損失，因此在位者不能在第一階段發出這種邀請。這樣，整個博弈的均衡性就表現為在位者在第一階段不吸引用戶，而進入者獲取整個用戶。

從上面的分析可以看出，由於在位者平臺不能在第一階段進行排他性邀請，在第二階段，進入者的效率更高，因此，如果在位者在第一階段不能吸引一邊，進入者在第二階段就可以吸引兩邊客戶；而且，所有的買賣雙方加入進入者的網絡，結果是有效率的。所以在位者不能從其行動中獲得任何優勢，並在第一階段吸引用戶。

推論 5：在平臺上與賣方簽訂排他性協議時，那麼賣方和在位者在第一階段簽訂排他性協議，買方擁有所有的消費者剩餘。取消排他性協議有助於提高社會福利，但此時，賣方和在位者的境況變壞。

證明：考慮 2 種情況：$\beta s>\beta b$ 和 $\beta b>\beta s$。

（1）假設在第一階段沒有人和在位者簽訂協議，均衡和推論 5 一樣。注意，進入者沒有必要在第二階段和賣方簽訂排他性協議，而且，如果在位者通過偏離來吸引賣方，那麼其價格必然使 $ps<qs-(\alpha s+\beta s)$，對買方制定的價格為 $pb=\beta b+min(qb, 0)$。那麼他的利潤將是 $\beta b-\beta s<0$，所以偏離是不可行的。賣方相應的剩餘是 βs。當然，如果進入者對賣方附加排他性的條件，相同的均衡是可能產生的。在這種條件下，其他均衡結果在第二階段可能出現。因此，既然進入者提高 βb，而給買方肯定，在位者就能夠通過排他性以吸引賣方通過偏離來獲取利潤。第

二階段的均衡表明了平臺只有一個利潤，這樣，第二階段均衡的範圍表明了賣方的剩餘是 βs 到 $\beta b+\beta s$。

因此，為了使得在第一階段賣方接受排他性協議，他們的剩餘 $\beta s-ps$ 必須大於他們等待和接受在第二階段介於 βs 到 $\beta b+\beta s$ 的結果，這樣，第一階段價格 ps 為 $-pb$ 到 0。既然在位者在第二階段能掠奪全部消費者剩餘，那麼他就願意在第一階段給出這種申請。這給了在位者一個 0 到 βb 的利潤。但從社會福利的角度看，結果是無效率的，因為進入者比在位者網絡更有效率，因此從福利最大化的角度出發，買賣雙方都應該加入進入者網絡。之前，買方獲得 β 的消費者剩餘，賣方為 βs。而現在買方沒有剩餘，賣方也沒有獲得像原來那麼多的剩餘。

（2）假設沒有人在第一階段簽訂排他性協議。如果 $\beta b>\beta s$，推論 5 的均衡結果就不存在。因為在位者使 $ps=-\beta s$，吸引賣方加入，然後掠奪所有的買方網絡效應 βb。而利潤 $\beta b-\beta s>0$。為了阻止在位者在第二階段採取分而制止的策略，進入者使 $qs<$（$\alpha s+\beta s$）$-\beta b-min$（qb，0），如果他們也是排他性的賣方。只有 $qs<\alpha s$，在位者才能吸引市場的兩邊。另外，我們同樣假定 $pb+ps=0$ 和 $qb+qs=\alpha s+\alpha b$，同時 $pb>0$，因為如果在位者給賣方一個負價格，那麼將導致其多歸屬，從而給買方帶來損失，即 $qb<\alpha b+\beta b$。這些約束條件表明 $\alpha B+\beta B-Bs<qb<\alpha B+Bb$，$\alpha B+\beta B-Bs<qb<\alpha B+Bb$，賣方剩餘為 $\beta B\beta B+Bs$。

因此，為了使得賣方在第一階段接受排他性協議，他們的剩餘 $\beta B-ps$ 一定要超過他們等待和接受在第二階段的介於 βB 和 $\beta B+Bs$ 的剩餘。這使得第一階段價格 ps 位於 $-\beta B$ 至 $Bs-\beta B$。既然在位者能夠在第二階段掠奪所有買方剩餘，那麼在第一階段他就願意制定這種排他性協議。因為這給了在位者 0 到 βs 的利潤。其他的證明和①一樣，只是現在賣方在排他性協議的情況下的剩餘要比以前多。因為現在最低為 βB，而以前是 Bs。賣方的境況的改善是以在位者為代價的。

5.3.3 結論與實踐

1. 排他性協議對進入者和買方的影響

推論 6 表明，在雙邊市場中，如果進入者提供了一個更有效率的網絡，在位者將會在進入者進去之前與賣方簽訂排他性協議，而在位者的行動將產生兩個方面的效應：首先，增加了自身的網絡外部性，降低了進入者的網絡外部性；其次，在位者依賴於市場兩邊的利益。在第一階段，他將給賣方提供一個不容拒絕的排他性協議，而不管買方在第一階段如何，賣方都會接受這個協議。因為賣方知道只要他們同在位者簽訂了排他性協議，買方無論如何都會加入在位者的網絡中。在位者與賣方簽訂了排他性協議，就可以掠奪買方的全部剩餘。因此在這種情況下，儘管進入者是有效率的，但卻不能吸引市場的任何一方。與不能簽訂排他性協議的情況相比，推論 6 表明在位者和賣方能夠從排他性協議中獲利，而買方和進入者卻受到損害。

在位者通過簽訂排他性協議阻止進入者的進入，掠奪消費者的剩餘的案例在雙邊市場中是比較常見的。比較典型的如下：

美國的許多公寓樓的所有人和有線電視營運商簽署了排他性協議。大約三成的美國人生活在公寓樓中。但是一些公寓樓的產權所有人和有線電視營運商簽署了排他性的協議，阻止其他公司的電視服務進入大樓。這樣，所有居民只能觀看這家公司提供的節目。其他有線營運商或者電信營運商無法向這些居民提供服務，這影響了居民的選擇權。因此，美國聯邦通信委員會通過一項規定，禁止公寓樓所有人簽署類似的協議。美國聯邦通信委員會的這一規定不僅對未來簽署的類似協議有法律效力，同樣，目前已經簽署的所有協議中，類似的排他性條款都必須刪除。而該規定不僅可以使得居民有更多的選擇，還增加了買方的消費者剩餘；而且，在電視傳輸市場中，諸如AT&T、Verizon通信公司這樣的營運商現在也開始提供IPTV等服務，而這一規定對這些營運商進入這個市場也具有重要的意義。

20世紀40年代發展起來的FDT網絡能讓種花人能夠給其他地區的會員送花，吸引了很多種花人。為了阻止種花人發展自己的網絡，FTD採用了一項排他性的規則，那就是種花人如果沒有其他的網絡，那就只能成為他們的會員。在較強的網絡效應的情況下，這種排他性的會議規則使得新的競爭者難以獲取相同的服務。只有在1956年，反壟斷協議生效後，FTD放棄了成員的排他性規則，其他一些AFS等鮮花網絡才出現。這項法案現在仍然有效，還導致1995年的反壟斷法將「只有FTD」誤認為是一個類似的排他性協議。

1985年，在磁卡游戲產業中，Nintendo利用其Nintendo娛樂系統取得了成功。同時，他對游戲發展商保持了較強的控制。他要求游戲開發商在兩年中，只能使用他的系統開發游戲。游戲開發商就只願意採用他的系統而不願意採用他的競爭者的系統，因為Nintendo在那個時代有很大的用戶基礎。夏皮羅（Shapiro，1999）注意到Nintendo娛樂系統在1985—1992年獨占磁卡游戲產業市場，只有在面臨反壟斷挑戰的情況下，他才會放棄這一規則，市場才會放鬆。

另外一個例子是西部聯合在運鈔行業中使用排他性規則。直到1979年，西部聯合在運鈔系統中是一個壟斷者。這個系統是建立在鈔票運輸機構的網絡基礎上的，這些機構得益於同一網絡中的其他機構。在1979年，fcc放鬆了對這個產業的管制，允許其他競爭者進入。但是在10年之後，才有成功的競爭者進入。通過Balto（1999）的分析，在放鬆管制的較長時間後才有新的進入者進入，原因在於西部聯合和很多機構簽訂了排他性協議。

2. 排他性協議對賣方的影響

在沒有排他性協議的情況下，在位者希望吸引賣方簽訂協議，那麼在位者就必須給賣方留更多的剩餘。但是，在位者如果在第一階段沒有與賣方簽訂協議，那麼他就不能在第二階段採取更猛烈的為爭奪賣方的行動，因為那樣最終會使賣方得到所有的剩餘。

在排他性協議下，如果買方認為賣方的價值比平臺更大，那麼留給賣方的最低剩餘將更大。但是，這取決於在位者利用分而制止策略以吸引賣方的能力和掠奪買方的能力。為了防止在位者採用這種策略，進入者將在競爭階段至少給予賣方買方網絡效應。因此，在位者只有在開始的時候給予賣方更多的優惠。

一種特殊的情況是賣者沒有獲取網絡效應。這和賣者只關注他們將服務賣給平臺獲得多少錢，而對多少買方最終到平臺來不關心的情況類似。在這種案例中，賣方為了能夠在第一階段與在位者簽訂排他性協議，賣方將向買方支付一定費用以獲取網絡效應。這也是在位者為了能夠簽訂排他性協議來向賣方支付的最高價格。有趣的是，這和付費電視的結構類似。

同樣，現實中很多在位者在簽訂排他性的協議時候，都向賣方支付了一定的費用。比較典型的案例如下：

近日，德國的 Financial Times（FTG）雜誌上發表了一篇文章，在文章中，作者推測英特爾已經與歐洲最大的電子連鎖銷售商達成了秘密協議，協議的內容竟然是不銷售採用了 AMD 處理器的電腦。據 FTG 的文章介紹，英特爾似乎與目前歐洲最大的電子和電腦產品邊鎖經銷商「Media-Saturn-Holding」達成了協議，協議的內容是，「Media-Saturn-Holding」的門店內不銷售採用 AMD 處理器的電腦產品。文章說這個消息是從 Media-

Saturn 內部的一個文件中得到確認的。據這篇文章作者的推測，為了達成這項協議，英特爾至少向「Media-Saturn-Holding」支付了數百萬美元。Media-Saturn 的銷售量占據德國電腦類產品銷售總量的 35%。目前，英特爾對此尚未發表評論。

最近，新加坡傳媒管理局調查 STARTHUP 公司與 Espn、Hbo 等簽訂了含有排他性內容的協議。而主要的進入者 Singtel，是新加坡最大的網絡營運商，因為進入市場沒有獲得利益，因此引用了這些排他性的協議。2006 年 5 月，新加坡媒體管理局做出裁決，排他性協議並沒有有效地阻止潛在進入者進入新加坡的電視付費市場，但是這會造成對這類協議的持續監管。

在做出這個裁決後，新加坡媒體調出機和 sintel 公司一起，進入付費市場。在面臨進入者的情況下，在位者、Stathub 公司與 Epl 公司簽訂了一個 3 年的排他性協議，而 Epl 公司是新加坡最受歡迎的體育節目。據行業權威人士介紹，Starthup 的排他性協議的平均成本計算下來是大約一個訂閱者的費用為 14 元/月左右，這還不包括本地的節目和推廣費用。而 Starth 向消費者收取的全部體育節目的費用是一個月 15 元。這被認為是由於 Singtel 的進入而脅迫使 Starthub 公司向 Epl 支付了更多的費用以簽訂排他性協議，因此，Starthub 不得不向消費者收取費用。此外，又有人要求取消這種排他性協議，特別是一些關鍵的內容提供商，尤其是在 Hbo 的談判還確定不下來的時候。

6　基於服務差異化情形下的平臺企業定價分析

6.1　平臺企業產品差異及其形式

6.1.1　平臺企業的產品差異化

對產品差異我們可以從兩個角度去界定：一方面是從消費者角度。比較典型的例如蘭開斯特的觀點，蘭開斯特認為：消費者對商品特徵存在偏好，每一種商品都是一組特徵的組合，消費者根據不同商品的特徵做出選擇而不是直接比較產品。與此類似的說法多種多樣，例如：「商品定義為各種特性的組合，消費者對特性存在偏好」「消費者認為某些品牌與其他品牌相比是更相近的替代品」等。另外一個方面是從生產者角度，因為對生產者而言，不同的產品組合對生產者而言意味著不同的成本和不同的資源要素組合。結合生產者角度和消費者角度對產品差異化的認識，我們認為：產品差異是指不同企業向消費者提供的產品和服務具有不同的特徵，能夠滿足不同消費者的需要，從而使得與其他經營同類產品的企業區別開來。

在市場競爭中，企業究竟如何實施產品差異化策略。對此，我們可以以 Philip Kotler（1997）的產品的五個層次對其進行分析。科特勒認為產品是一個由多層次、多維度、多要素、多屬性所構成的統一體，並劃分為五個層次，即核心產品、基礎產品、期望產品、附加產品及潛在產品。其中最基本的層次是核心產品，它是顧客所購買的基本服務或利益；第二個層次是基礎產品，它是產品的基本形式；第三個層次是期望產品，是購買者通常希望和默認的一組屬性和條件；第四個層次是附加產品，是顧客購買所能得到的增加的服務或利益，它能將廠商的提供物與其競爭者的提供物區別開來；第五個層次是潛在產品，即該產品最終可能會實現的全部附加部分和新轉換部分，即產品可能的演變。既然產品是一個多維元素組成的統一體，因此產品的任何一個屬性，包括產品的原理、產品材料、產品功能、產品用途、產品質量、製造技術、產品外觀等的差異都可以稱為產品差異化。我們認為產品的差異化主要體現在期望產品、附加產品上面。具體而言，企業的產品差異化的表現形式主要包括：

(1) 產品的物理性差異

產品的用途基本相同，但不同企業的產品在功能、質量、款式、包裝、耐用性、安全性等方面存在差異，這是形成產品差異化的客觀基礎。例如產品存在質量差異，對於不同質量的產品，消費者的需求不同。因此，企業可以制定低端產品戰略或者高端產品戰略。

(2) 銷售服務的差異化

消費者購買產品時不僅對其價格、質量要求嚴格，而且對售後服務要求也越來越高。而不同的服務已經成為企業產品差異化的重要途徑。

(3) 消費者的主觀差異

這既與消費者對具體品牌的信任和具體製造的偏愛有關，

也與企業的銷售渠道和促銷手段有關。有些不同品牌的產品，雖然實質上沒有什麼差異，但消費者因受廣告、宣傳、包裝的影響，在主觀上或心理上認為他們有差異。

（4）消費者的知識差異

即消費者對所要購買產品的基本性能和質量不瞭解或瞭解不多引起的差異。例如，消費者購買汽車、電腦、冰箱、彩電等設計複雜、技術性能強、不經常購買的產品時，可能對產品的質量、性能、耐用性、安全性等相關背景資料僅有大概瞭解。在這種情況下，消費者可能依據產品本身或銷售者的聲望，根據以往對產品的性能和耐用性的瞭解進行購買。有時消費者甚至認為價格高的質量好，因此購買質量差價格高的產品，這就是產生知識偏差的原因①。

6.1.2 平臺企業服務的差異化分析

平臺企業主要是為平臺兩邊用戶提供服務，同樣，按照菲利普・科特勒（Philip Kotler，1997）關於產品或者服務的界定，我們也大體將平臺企業的服務劃分為基礎服務和附加服務。所謂基礎服務是指平臺企業所能夠提供滿足消費者最基本的需求的服務功能，例如黃頁必須能夠為消費者提供查找電話號碼、企業信息的服務；聊天軟件必須能夠讓用戶通過這個軟件與其他用戶交流；房地產交易平臺必須能夠為買賣雙方提供信息；作為電信企業，應讓用戶保持網絡暢通、提供通話服務等。基礎服務是平臺得以生存的前提和基礎，同時對平臺企業而言，其基礎服務的受眾面廣，也是平臺進行產品差異化、提供其他增值服務的基礎。除了基礎服務之外，平臺還可以提供一些其他增值服務，例如房地產仲介平臺除了為買賣雙方提供信息之

---

① 張占東. 企業競爭中的產品差異化戰略研究［J］. 經濟經緯，2002（3）.

外，還可以依據用戶的需求，為用戶提供例如辦理交易的服務，增值服務是平臺企業促使產品差異化形成的原因。具體而言，平臺企業可以通過以下方式促使產品差異化。

1. 產品差異

任何平臺企業都有其自身的目標市場和功能。而所謂的實質產品創新是指在市場細分的基礎上，發現特定目標市場的需求，據此對產品進行重新設計，以滿足更多客戶的需求。平臺企業的產生就是市場分工不斷細化的結果，而在這個過程中，隨著市場分工的進一步深化，平臺企業可能出現功能或者客戶對象的改變，從而誕生出來一個新的行業或者新的模式。以軟件平臺為例，現在的軟件平臺可能會不斷更新，滿足更多客戶的更多需求，從而與其他軟件區別開來。

2. 功能差異

功能系列化是指根據消費者消費要求的不同，提供不同功能的系列化產品供給，如增加一些功能就變成豪華奢侈品（或高檔品），減掉一些功能就變成中、低檔消費品。消費者可根據自己的習慣與承受能力選擇與其具有相應功能的產品①。以聊天軟件為例，現在很多聊天軟件除了提供聊天服務之外，還提供網上購物、視頻音樂下載、免費郵箱等多種服務。現在的手機除了移動通話外，還將其功能向縱深方向延伸，增加手機的貯存功能、與電腦聯通上網的功能、移動股市行情的反應的功能、啓動家庭智能電器等功能，以滿足不同層次消費者的需要，尤其是在 3G 服務開通後，手機已經從傳統的通信工具轉變為工作工具，手機網絡平臺提供的服務也將發生相應的改變，當消費者在不同的移動營運商提供的移動通信服務產品之間進行選擇

---

① 許基南. 論產品的差異化及其應用［J］. 江西財經大學學報，2002（4）：11-13.

時，如果這位消費者很重視手機上網的功能，希望能夠隨時隨地獲取更多的娛樂新聞資訊，那麼他就會比較各家營運商所擁有的互補產品——內容提供商所提供的資訊內容，選擇加入擁有資訊內容更豐富的營運商的通信網絡①。各個媒體，都希望形成自身的特色，以吸引企業和消費者，各個報紙的風格存在明顯的差異，《經濟觀察報》主要是提供財經領域內的信息；《中國經營報》將讀者定位為 24～45 歲的從事企業經營管理的人，主要是報導企業管理方面的信息；而《21 世紀經濟報導》主要以崛起的中產階級中的商務人士、職業經理人和經濟界專業人士為主②。

3. 品牌差異

平臺企業所提供的是服務，而服務產品具有無形性、生產和消費的同時性，對消費者而言，在購買平臺企業服務之前不能判斷自己所購買產品的好壞；而良好的品牌此時就是一種信號傳遞，而且對於平臺企業而言，由於其網絡外部性和交叉網絡外部性，一旦在客戶心中樹立了良好的印象，就可能形成馬太效應，即強者恒強的態勢。以中國移動為例，近年來，中國移動憑藉其卓越品質、優秀業績樹立了其卓越的品牌形象。到 2005 年年底，中國移動累計投資近 90 億元，並幫助全國 26,000 多個行政村結束了不通電話的歷史。中國移動得到大眾的廣泛認可，榮獲多家機構組織評選的中國 2005 年度「最佳企業公民」的稱號。並且中國移動在由世界品牌實驗室編製的 2006 年度《世界品牌 500 強）中位列第 360 名，成為唯一入選的中國電信營運企業。可想而知，當一個消費者做出選擇時，他的潛

---

① 吴昊. 網絡外部性市場後入者的進入壁壘研究［J］. 世界經濟情況，2007.

② 紀漢霖. 雙邊市場的價格策略［D］. 上海：復旦大學，2006.

意識已經告訴他移動是一個大品牌，是大家乃至世界所認可的，消費者自然會遵循這種路徑依賴，就很難去接受其他產品，這無形中就給新企業造成了一條很能逾越的障礙①。美國運通公司能夠比其他銀行向商戶收取更高的交易費，其原因在於美國運通公司在旅遊娛樂業有較高的知名度，擁有較好的消費者基礎。因此，對平臺企業而言，如果能夠通過產品、服務、CI 設計、品牌戰略，以提升和塑造品牌形象，突出個性，創造品牌形象差異優勢，那麼就能在競爭中脫穎而出。

4. 目標顧客差異

在平臺競爭日益激烈的情況下，很多平臺根據自身的目標客戶群體進行相應的市場細分，並根據客戶需求提供相應的服務，從而使得一些平臺企業具有鮮明的客戶特色，從而與其他平臺企業區分開來。平臺的商業定位往往是不同的，有的平臺為大眾消費者提供綜合服務；有的平臺為專業消費者提供專業類服務；有的平臺著眼於為中高端消費者提供質優、價高的服務；有的平臺則著眼於為低端消費者提供價格比較低廉但是比較實惠的產品，例如中國現在非常流行的數碼、家居、游戲、書籍音像等各類產品的網上仲介服務。在數碼攝像愛好者中，尤其是比較高端的數碼攝影愛好者，他們比較偏好「蜂鳥網」。在網絡招聘平臺中也是如此，提供大型的綜合性服務的網絡招聘平臺有「前程無憂網」「中華英才網」。還有利潤婚姻介紹所，一般婚姻介紹所是對男性會員收費，對女性會員免費，而一些婚姻介紹所則專門針對當前單身女性白領，對這部分女性也收費。

---

① 魏微. 對於中國電信業進入壁壘的研究 [J]. 東方企業文化，2007 (5): 71-72.

5. 價格差異

價格差異化是在充分考慮產品差異、消費者需求差異、時間差異、地點差異等基礎上，以不反應成本費用的比例差異而制定不同的價格。如企業對不同型號或形式的產品分別制定不同的價格，而不同型號或形式產品的價格之間的差額和成本費用之間的差額並不成比例①。價格差異化在電信市場中的表現最為突出，中國移動和中國聯通針對不同用戶的需求，提出了不同的消費組合模式；在固話市場中，根據不同時段收取不同的話費等。

6. 促銷差異化

平臺作為一種服務，同樣需要平臺企業進行相應的促銷活動，而這種促銷活動也使得平臺企業出現差異。以電信市場為例，中國移動和中國聯通為了拓展自己的市場網絡，分別在不同時段針對不同的客戶採取相應的促銷活動，例如贈送彩信服務、贈送電話費用、入網贈手機等多種促銷活動。

7. 質量差異化

不同的平臺企業由於其基礎設施投入、人員培訓等多種因素決定了消費者在購買平臺企業服務時所享受的服務存在一定差異。以商場為例，在普通的百貨商場裡面，消費者所享受到的服務相對較少，而在一些大型百貨商場裡面，服裝專櫃林立，形象各異，其燈光的運用、產品的陳列都很規範，也有一定的特色，導購人員的服務都很專業、周到，這些就使得在這些商場購物的消費者能夠獲得更高的購買商品所享受到的增值服務。

---

① 許基南. 論產品的差異化及其應用 [J]. 江西財經大學學報，2002 (4)：11-13.

6.2 平臺企業實施差異化策略的案例分析

6.2.1 體育賽事的差異化分析

1. 體育賽事的雙邊市場特性分析

現代體育賽事與前面我們所論述的報紙廣告等類似，也是一個具有雙邊市場特徵的平臺。其原因在於：首先，現代賽事產業的收入來源主要包括兩個部分，即企業贊助觀眾的門票收入，企業贊助在現代體育賽事產業中佔有越來越重要的地位。其次，贊助企業與觀眾之間存在明顯的交叉網絡外部性。觀看比賽的觀眾越多，那麼企業產品通過贊助獲取的廣告效應也就越好。再次，價格結構對贊助企業和觀眾數量有明顯的影響。如果觀眾門票價格過高，那麼入場的觀眾就會減少，而贊助企業的廣告效應就越小，因此贊助企業也就不願意贊助。反之，門票價格低，觀眾的需求就大，贊助企業的廣告效應也就越明顯，贊助企業就願意支付較高的贊助費用。因此，在體育賽事產業中，存在明顯的傾斜定價，即賽事舉辦方對贊助企業收取高費用，而對觀眾收取較低費用。在現實生活中，除了舉辦體育賽事之外，轉播體育賽事節目等也具有相類似的特徵。

2. 體育賽事的差異化案例——NBA 在中國

隨著經濟的發展、人們生活水準的提高，人們的精神消費需求也越來越高。此時，觀看體育賽事等慢慢成為人們精神生活中的重要組成部分。但體育賽事也面臨激烈的競爭：第一是全球性的體育賽事較多；第二是體育賽事作為人們精神消費的一部分，存在很多其他的替代品，例如演唱會等。那麼在激烈的競爭中，作為體育賽事的主辦方，如何通過賽事主辦以獲取較高的利潤呢？NBA 聯盟在中國通過對贊助商和觀眾消費者實施不同的差異化競爭戰略，取得了較好的成績。

NBA 於 1946 年成立，是全球性的運動及娛樂品牌，代表著「享受快樂」的體育娛樂精神；NBA 也是休閒的樂園，人們在這兒盡情享受籃球帶來的快樂和時尚享受。NBA 在美國及加拿大境內共有 30 支球隊、83 名國際球員。在 2006 至 2007 年賽季，NBA 以 41 種語言向 215 個國家及地區提供 45,000 小時的電視節目。2006 年，NBA 總收入為 40 億美元，在中國的收入大約為 5,000 萬美元，也是 NBA 聯盟來自海外的最大一筆收入。當初只能以比賽錄像帶的形式進入中國的 NBA，現在已經在國內成為最受歡迎的體育賽事之一①。NBA 在中國的差異化策略主要包括：

（1）品牌戰略

根據前面關於體育賽事產業的雙邊市場特徵的分析，我們可以看出，在體育賽事產業中，觀眾對贊助企業有正的網絡外部性，因此觀眾是體育賽事產業的瓶頸。NBA 在中國的推廣中，緊緊抓住人們生活條件改善對精神生活的需求，通過行銷公關，樹立自己在體育賽事產業中良好的品牌形象。NBA 長期與中國政府、企業合作，通過系列球迷活動，如在青少年人群中普及 NBA 大篷車、NBA 籃球無疆界、NBA「2 對 2」挑戰賽、少年 NBA 等並推廣籃球運動和 NBA，從而使 NBA 成為中國最受歡迎的運動聯賽。

（2）服務差異化

NBA 在中國的推廣過程中，重視 NBA 賽事參與性和體驗性效果。體育運動的社會性、親和力、感召力等不僅強大，而且

---

① 昝勝鋒，朱文雁，顧江．雙邊市場視角下的體育賽事差異化競爭策略［J］．體育與科學，2008（4）：1-4.

具有受眾面廣、立體性、多元性的特點。丁潔、王崗（2006）認為，別具一格的特點是 NBA 全球化的原動力，高科技大眾傳媒和其他信息技術的發展使 NBA 風靡全球。他們認為，所謂的 NBA 全球化主要是全球文化美國化的擴張形式，是一種美國文化和民族精神的趨同。體育產品的消費與生產是同步進行的，因此消費者的體驗成為品牌建設極為重要的一部分，作為居民消費者社會經濟生活的組成部分，體育賽事的情感體驗更為明顯和突出。因為籃球比賽製造了頂級水準的快樂———高峰體驗，因此才有眾多的 NBA 球迷。NBA 代表了世界最高水準的籃球賽事，觀眾渴望看到這樣的表演，會使我們形成不一樣的比賽心理差異。原汁原味的 NBA 表演，讓觀眾真正感受 NBA 賽場的氛圍，滿足了他們的心理需求。

（3）促銷差異化

在體育賽事頻繁的今天，如何使得 NBA 能夠在各種體育賽事中脫穎而出，NBA 也通過賽事時間的合理安排等措施，減弱了體育賽事平臺競爭強度，提高了自身的效益。以 NBA2007 年的中國賽為例，比賽分別在中國上海和澳門舉行，使中國觀眾在本土現場觀看 NBA 比賽，降低了消費者的交通費用和時間成本。由於時差原因，美國 NBA 比賽一般在中國上午的時間段進行，而此次比賽安排在晚上，符合中國人的工作和生活安排。中央電視臺及上海文廣新聞傳媒集團五星體育頻道直播三場比賽，使國內沒有機會去現場看球的觀眾也看到了 NBA 比賽。在推廣方面，NBA 選擇了於 2007 年 10 月登陸中國市場，其原因在於在 2007 年 9 月 10 日至 9 月 26 日，中國北京舉辦中國網球公開賽；同年 9 月 24 日至 9 月 26 日，中國上海舉辦 F1 上海站比賽；兩場國際頂級體育賽事的成功舉辦，將世界的目光都吸引至中國。因此，NBA 選擇了在 10 月在中國進行推廣，一方面可以充分利用前面兩個頂級賽事營造的氛圍，另一方面又與其他賽事錯位競爭，因為網球和 F1 都是西方的「舶來品」，在中國參與、關注它們的人數與籃球、足球等項目相比是較少的。主要原因在於：一是引入的運動賽事不普及，國內觀眾不熟悉，消費者基數低，比如橄欖球運動在美國很熱門，在中國卻很少有人瞭解；二是國內比賽不激烈，水準低，市場化改革和商業化運作尚不成熟。

6.2.2 招聘網站的差異化分析

時下，互聯網已成為人們普遍應用的一種工具，隨著網絡的普及，人們的生活方式正逐漸地被改變。在招聘行業市場中也不例外，眼下，網絡招聘因為求職成本低、覆蓋面大，可以滿足異地求職的需求，成為很多人首選的求職方式。而網絡招聘就是一個典型的平臺企業，而招聘網站不同的策略使得其在市場競爭中出現了不同的競爭結果。

1. 網絡招聘網站的平臺企業特徵分析

網絡招聘網站是連接求職者和用人單位的平臺。網絡招聘網站具有明顯的雙邊市場特徵，主要體現在：①連接具有互補需求的用戶。網絡招聘網站連接了具有互補性需求的用戶：求職者和用人單位。②兩邊用戶具有交叉網絡外部性。招聘網站上註冊的求職者越多，用人單位通過這個網站招聘到合適人員的概率也就越大，用人單位也就希望成為這個網站的會員。同樣，註冊的用人單位越多，求職者也就願意註冊成為這個網站的會員。③價格結構對招聘網站的交易量有明顯的影響。在不同的環境下，招聘網站不同的價格結構對網站交易量有明顯的影響。

2. 中國網絡招聘市場總體狀況

中國的人才招聘網站從 1999 年開始進入人才市場，目前，其相關網站數量已經達到上千家，頁面點擊率超過 10 億人次，人才網站的專業化程度大大提高，市場規模不斷擴大。網絡招聘因其範圍廣、無區域和時間限制、高效、快捷、省時省力、費用低等優點，受到越來越多的企業和求職者的喜歡。從 2003 年開始，越來越多的國內企業開始使用網上招聘的服務，尤其是在 2004 年，中國境內 90%的世界 500 強企業都在使用這種服務。網絡招聘不僅得到了很多企業的認可，也得到了越來越多的求職者的青睞。網上求職者以年輕人居多，並且教育程度比較高，對網絡的運用也比較熟練。2005 年，中國網民數量已達到 1.1 億人次，潛在的網上求職消費者數量龐大。目前，網絡招聘市場正處於一個快速增長的階段。2004 年，網絡招聘占中國整個招聘市場容量的 13.2%，還遠遠低於報紙和現場招聘會。2005 年，網絡招聘市場成長迅猛，占招聘市場份額接近 20%。並且這一勢頭還隨著中國網絡的普及，繼續呈現高速增長的態勢。從發達國家的情況來看，中國網絡招聘市場未來還有很大的發展空間，例如美國網絡招聘占整個招聘市場份額的 78%。因此可以預測，未來幾年，中國網絡招聘市場將占據整個人才招聘市場的一半以上①。

3. 中國招聘網站的總體競爭情況

據艾瑞報告顯示，2007 年，前程無憂、中華英才及智聯招聘三家公司所占的網絡招聘市場份額的分別是 31.1%、25.7%、15.3%，穩穩占據了中國網上招聘市場第一陣營的領先地位。但伴隨企業和用戶需求的變化和細分，產生了對專業人才和行業人才網絡招聘的巨大需求。同時，在 Web2.0 帶來的一些新的應用中，網絡招聘也得到了新的發展，競爭越來越激烈。

4. 網絡招聘網站的差異化情況

在過去的幾年中，網絡招聘在快速發展的同時也帶來了一

① 紀漢霖. 雙邊市場的價格策略 [D]. 上海：復旦大學，2006.

些問題，如招聘網站的模式雷同，產品處於同質化競爭局面。目前，國內大多數招聘網站都只提供簡單的用戶註冊系統、站內信息搜索，其實質就是為企業和人才提供招聘求職信息的初級服務功能，後續工作完全由招聘企業和求職人才自行完成，而這些功能只能滿足用戶最一般的服務需求。同時，由於網絡招聘的商業模式較為單一，主要是向企業收費，對個人用戶免費，使大量無效的信息搶占了資源，導致真實招聘需求得不到體現，服務和功能的可拓展性都有待增強；舊模式逐步顯露出不足和缺陷，這些問題正在制約著整個市場的發展。而正是在這種背景下，網絡招聘網站的差異化也越來越明顯。

（1）服務質量差異化

隨著網絡招聘服務的不斷推進，消費者不再滿足於一些最基本的搜索功能，市場需求正在趨於高端化、多元化和個性化。市場上，對高質量服務有需求的消費者不斷增加。從目前中國招聘網站所提供的服務看，主要分為兩種質量的服務，一是針對廣大求職者的招聘信息服務，這類服務信息量大、受眾面寬，針對企業的收費也比較低廉，例如在上海，前程無憂網對於一般的企業用戶收包年費，企業交納包年的費用後可以無限制地發布招聘廣告；二是提供比較高質量的服務，例如獵頭類服務以及高級人才服務等，由於信息不對稱等原因，網站提供的獵頭服務或者高級人才服務能夠讓企業比較省心、省力地招聘到所需要的高級人才，但是針對企業的高昂收費，例如目前在上海，獵頭網站幫助企業招聘到合適的高級人才，一般企業需要交納擁金給獵頭公司或網站。

（2）行業細分化

剛開始，招聘網站面對的是全部行業，但隨著市場不斷細分，人才普遍在行業內流通是一個客觀的存在，人才和企業的專業化趨勢越來越明顯，傳統的、面對所有行業的招聘網站不能滿足專業化發展的客觀需求，因此很多網站根據市場需求，提出了行業招聘網站的概念。例如，最初出現了行業門戶網的人才頻道，後由英才網聯提出了分行業招聘的概念，在其建築英才網的基礎上，出現了十家獨立的行業招聘網站，號稱「分行業招聘聯合艦隊」。分行業招聘以專注、專業及服務專才為基本理念，在一定程度上體現了「以才為本」的思想。

(3) 服務個性化

為了盡快贏取市場，國內一些招聘網站已經開始對客戶群進行細分，並相繼推出一些新的服務，各大招聘網站也表示要將自身定位提升到專業人力資源服務公司的高度，針對客戶需求，對產品和服務進行有機整合。今後，網絡招聘的發展趨勢就是要以個性化服務來贏得市場。個性化服務意味著服務成本和服務質量的提高。

5. 招聘網站競爭結果

由於傳統招聘網站的模式單一，競爭較為激烈，導致傳統招聘網站的收入呈現下降趨勢。比如中華英才網 2008 年的虧損額高達 1.75 億元；而國內三大招聘網站之一的前程無憂的收入和利潤也呈現同比下降。而與傳統招聘網站相比，新興的針對某一行業的行業招聘網站卻出現了一片欣欣向榮的景象。以「中國行業招聘網」為例，該網站專注於服務中國本土的製造業，招聘需求信息集中為產業技師等，因此該網站受到了製造類企業求職者的追捧，其首批推出的 10 萬熱門就業崗位和讓企業客戶免費發布招聘信息的種種舉措吸引了大批企業和求職者紛紛註冊。

6.3　平臺企業實施差異化策略下的定價

6.3.1　傳統企業產品差異化下的定價分析

在單邊市場的豪泰林（Hotelling）模型中，企業通過產品差異化策略可以形成各自的固定客戶，這樣迫使外部進入者耗巨資徵服現有客戶的忠誠性而造成某種壁壘，並且又在同一市場上使本企業與其他企業區別開來，可以避免引致對手降低價格，對企業自身而言，則可以維持一個高於邊際成本的價格。

1. 模型假設

企業產品差異化策略對價格競爭有緩和作用，我們利用毫泰林[①]（1929）線形城市價格競爭模型進行分析。其中，不同的消費者具有不同的偏好。我們假設兩家企業的產品僅僅在位置上存在差異（位置對消費者的影響在於消費者購買這種商品時需要支付不同的運輸費用），每個企業只能選擇一種產品（就是只能選擇一個地址）。這樣，兩家企業就面臨著一個兩階段博弈，包括：①兩家企業同時選擇地址；②在地址給定的情況下，他們同時選擇價格。

我們假定消費者以密度 1 均勻分佈；企業 1 坐落於 $a \geqslant 0$ 點上，企業 2 坐落於 $1-b$ 點上，$0<b<1$。$(1-a-b) \geqslant 0$（企業 1 在企業 2 的左邊）。如圖 6-1 所示：

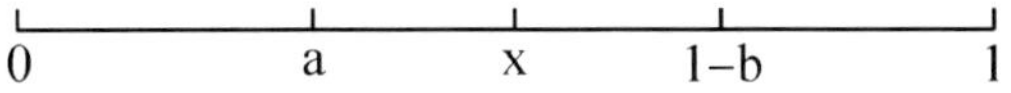

圖 6-1

① 達斯普里蒙和泰勒爾等對模型進行了擴展。

每個企業的單位商品成本為 c。消費者為每個單位長度支付的運輸費用是二次的。這樣，位於 x 的消費者去企業 1 購買的運輸費用為 $(a-x)^2t$；去企業 2 購買的運輸費用為 $(b-x)^2t$。假定兩企業同時選擇價格 p_1、p_2。

一個在兩個企業間無差異的消費者，居住在 $x=D(p_1, p_2)$。則有：

$$p_1+(a-x)^2t=p_2+(1-b-x)^2t$$

此時，消費者到企業 1 或者企業 2 購買產品是無差異的。那麼兩企業的需求函數分別是：

$$D_1(p_1, p_2)=x=a+(1-a-b)/2+(p_2-p_1)/2t(1-a-b)$$

$$D_2(p_1, p_2)=1-x=b+(1-a-b)/2+(p_1-p_2)/2t(1-a-b)$$

企業 i 的利潤為：

$$\Pi^i=(pi-c)D_i(p_1, p_2)$$

企業 i 選擇價格 pi，以使得自己的利潤最大化，假定對手索取的價格 p_j 給定，即：

$$\Pi^i=\max_{p_i}[\Pi^i(p_i, p_j)]$$

企業 i 最大化自身利潤，我們可以得到在產品差異化情況下的競爭性價格和利潤：

$$p_1=c+t(1-a-b)[1+(a-b)/3]$$

$$p_2=c+t(1-a-b)[1+(b-a)/3]$$

$$\Pi^1=(pi-c)D_i(p_1, p_2)$$

$$\Pi^2=(pi-c)D_i(p_1, p_2)$$

2. 產品差異化下的企業定價

(1) 產品差異化導致了高價

亳泰林模型分析了產品差異化對價格競爭的緩和作用。當 $a+b=1$ 時，$a+b=1$ 與最小化差異相對應，即產品完全可以替代，$p_1=p_2=c$，$\Pi^1=\Pi^2=0$，導致了伯川德競爭結果：生產完全可替代產品的兩家企業，面對著無拘束的價格競爭。

當 $a=b=0$ 時，即企業實現了最大化差異的情況下，企業則建立了固定客戶。企業 1 擁有（$a+1/2$）的固定客戶，企業 2 擁有（$b+1/2$）的固定客戶。並且允許企業對這些固定客戶享有某種市場權力，此時 $p_1=p_2=c+t$，$\Pi^1=\Pi^2=t/2$。

因此，如果每個企業定位於遠離其對手的地址，則可以避免引致對手降低價格，對企業自身而言，則可以維持一個高於邊際成本的價格；同時，產品差異化策略為企業構築了主要的市場進入壁壘，在模型中，企業 1 和企業 2 分別形成了各自的固定客戶，這樣迫使外部進入者耗巨資徵服現有客戶的忠誠性而造成某種壁壘，並且又在同一市場上使本企業與其他企業區別開來，以產品差異化為基礎爭奪市場競爭的有利地位①。

（2）產品差異化產生進入壁壘效應

毫泰林模型研究了產品差異化對企業和行業的影響。在模型的假設條件下，達斯普里蒙（1979）等論證了均衡是兩個企業位於城市的兩個極端，顯示出最大差異化的特徵。

對此我們可以依據以下思路進行分析：在兩階段博弈中，企業 1 的利潤函數我們可以表示為：

$$\pi^1(a,b)=[p_1^c(a,b)-c]\,D_1[a,b,p_1^c(a,b),p_2^c(a,b)]$$

根據包絡定理，企業 1 在第二時期總是選擇最優價格，因此，有：

$$\frac{\partial\pi^1}{\partial p^1}=0$$

我們可以得到：

① 張占東. 企業競爭中的產品差異化戰略研究［J］. 經濟經緯，2002.

$$\frac{\partial \pi^1}{\partial a} = (p_1^c - c)\left(\frac{\partial D_1}{\partial a} + \frac{\partial D_1}{\partial a} + \frac{\partial D_1}{\partial p_2}\frac{dp_2^c}{d_a}\right)$$

$$\frac{\partial D_1}{\partial a} = \frac{1}{2} + \frac{p_2 - p_1}{2t\,(1-a-b)^2} = \frac{3-5a-b}{6\,(1-a-b)}$$

即：

根據上式我們可以得到：

$$\frac{\partial D_1}{\partial P_2}\frac{dp_2^c}{da} = \left[\frac{1}{2t\,(1-a-b)}\right]\left[t\left(-\frac{4}{3}+\frac{2a}{3}\right)\right] = \frac{-2+a}{3\,(1-a-b)}$$

因為（$p_1^c - c$）>0（企業定價大於邊際成本），所以上面的式子結果是小於0的。即在先選擇地址（產品），再選擇價格的情況下，企業1總是想往左方移動。同理，我們通過計算發現企業2也希望向右邊移動；即市場決定的定位均衡顯示出最大的差異化（企業1和企業2分別位於城市的兩個極端）。

（3）對企業而言，差異化策略所帶來的效益可能受企業規模的不經濟和成本的增加而削弱

在［0，1］的市場空間中，在企業自由進入的情況下，我們可以發現，企業只要生產一種新產品（即進行了差異化），那麼就擁有了對一定客戶的市場權力，從而獲取一定的利潤。因此，企業就擁有不斷進行差異化產品的激勵，而在市場需求不變的情況下，過多企業的進入和過多差異化產品的出現無疑會降低對每種產品的市場需求，從而導致企業產品成本的上升和不能實現規模經濟；同時，企業為追求產品差異化也需要花費更多的成本，例如巨額的廣告費以及R&D投入，從而也削弱了產品差異化給企業所帶來的利益。

6.3.2 平臺企業服務差異化下的定價分析

1. 文獻研究

阿姆斯特朗和賴特（Armstrong & Wright，2004）研究了基

於成員外部性的平臺產品差異化對於平臺定價策略的影響。假設兩個平臺是對稱的，向兩邊消費者收取註冊費，消費者在平臺上註冊後可以獲得固定收益和與平臺另一邊消費者數量相關的可變收益。兩個平臺位於線段規則的間斷點上，消費者在［0，1］的線段上均勻分佈。如果兩個平臺兩邊的差異比較大，那麼在［0，1］的線段上存在一個市場分割點，分割點左邊和右邊的消費者分別到離自己距離較近的平臺上交易。由於每個消費者多歸屬的邊際收益為負，因此每個消費者都會選擇單歸屬，同時也容易求出均衡狀態下的平臺兩邊定價。由定價公式可知，兩平臺兩邊的差異越大，或平臺的市場勢力越大，平臺對兩邊消費者定價的加成就越大；而差異變小則會導致兩平臺在同一邊上的競爭趨於加劇，平臺在這一邊的定價會逐步下降，直至為零。如果差異程度繼續變小，而且平臺在這一邊不能制定負價格，那麼另外一邊的價格也會下降，但有一個下限，這個下限就是平臺的盈虧平衡點，另一邊價格低於這個下限時，會導致平臺虧損。如果兩個平臺僅僅在一個邊上存在產品差別，有差別的一邊的消費者由於多歸屬收益低於單歸屬收益，因此會選擇單歸屬，從而成為兩個平臺競爭的瓶頸。而無差別的一邊由於多歸屬可以擴大交易消費者的選擇範圍，因此這一邊會形成多歸屬。在均衡狀態下，兩個平臺會補貼有差異一邊的消費者，而從無差別一邊的消費者處獲利。

雷辛格（Reisinger，2004）以橫向差異化的模型分析了類似的問題。作者首先假設平臺無法向消費者收費，並且不存在多重註冊現象，即消費者只選擇一個平臺服務，同時，廣告商也只在一個平臺上做廣告，消費者、廣告商的數量也是外生給定。這是與 Gabszewicz 和 Wauthy（2004）給出的縱向差異模型的主要區別。作者假設平臺間直接爭奪廣告商，從而分析某一邊的競爭程度對另一邊競爭程度的影響，以及這些競爭對平臺利潤的影響。均衡時，廣告水準既可能高，也可能低。如果平臺差異化降低，平臺利潤可能會增加，因為這會降低廣告商的競爭力。如果平臺可以向消費者收費，只有在收費為正的情況下，其利潤才能提高，但這會產生囚徒困境問題。然而，無論如何，總福利都會提高。

帕克和範·艾斯泰恩（Parker & Van Alstyne，2000）構建了一個軟件的縱向差異化模型，研究表明，壟斷平臺對低端產品實行免費的目的是為了刺激消費者對高版本產品的需求，他們的模型解釋了為什麼某一個領域的壟斷者會試圖進入另一個與自己的產品具有互補性的市場，即使在這個競爭性的市場上得不到利潤也是如此。巴羅斯（Barros）、凱得（Kind）、尼爾森（Nilssen）和 Sorgard（2004）考慮了兩個媒體企業向消費者提供差異化產品的情形，他們發現，媒體企業產品之間產品差異化的降低將導致較高的廣告價格和較低數量的廣告產生。因此，與媒體企業使產業利潤最大化相比較，媒體企業確定了較高的廣告價格和較少的廣告數量。威格士（Vickers，2005）的研究表明，在平臺產品差異化的競爭中，均衡的結果是提供低服務的平臺採用單歸屬，而提供高質量服務的平臺則採用多歸屬。戈德爾（Gaudeul，2004）則分析了競爭對於平臺提供的產品質量的影響，他們發現，在買方價值降低的情況下，存在導致服務質量下降的多米諾骨牌效應，而且降低質量還導致能向供應商收取的價格比按比例收取的相對減少。

紀漢霖（2006）綜合以上平臺之間的差異程度和兩邊之間網絡外部性參數對於平臺競爭的影響，在三種競爭結構下，平臺之間差異程度提高，平臺的利潤都會提升，從社會福利角度看，平臺之間差異化程度提高，對於兩個採用註冊費競爭的平臺的總福利沒有影響，而在交易費和兩步收費制的情況下，總福利均下降。既然 $\pi s = \pi d$，也就是平臺差異化程度的提高會同樣的增加平臺的利潤。莊尚文、趙亞平（2009）分析了零售商收取的差別化歸屬費對消費者福利的影響。結論表明，零售商對差異化產品收取歸屬費對其均衡價格沒有影響，但是可以提高零售商的服務水準，並降低同質產品的均衡價格，因而有利於提高消費者的福利；同時，零售商對同質產品收取歸屬費會造成消費者福利的下降。

2. 質量差異化下的平臺企業定價

假設兩個平臺位於線段［0，1］的兩端，兩個邊的用戶在線段上均勻分佈，dl 表示平臺的差異，l=1，2，假設兩邊的用戶在兩個平臺上都是單歸屬，即每個用戶只會在一個平臺上註冊交易，而不會同時在兩個平臺上註冊交易。兩個邊的單個用戶的預期交易次數為 t，$t1=t2=t$，U_l^i 和 u_l^j 和「表示一個消費者在平臺上註冊交易所獲得的效用，兩個邊的單個消費者獲得的淨效用等於註冊獲得的效用減去到兩個平臺的運輸成本。假設兩個平臺對於同一個邊的消費者制定的價格相同，即 $p11=p12=p1$，$p21=p22=p2$，其中上標表示平臺，下標表示邊的序號。兩個平臺在兩邊的消費者市場份額是（$n11$，$n12$，$n21$，$n22$）。假設兩個邊的消費者總數都各自為 1。

根據豪泰林（Hotelling）模型，兩個平臺所吸引的用戶的數量是：

$$n_l^i = \frac{1}{2} + \frac{u_l^i - u_l^j}{2d_l}\text{。}$$

交易雙方的效用為：

$$u_l^i = \alpha_l n_m^i - \frac{1}{2}p_l^i$$

則平臺的利潤函數為：

$$\pi^i = [\,(p_{1_l}^i - c_1)\,\frac{t}{2}(\alpha_{1_l}^i) + (p_2^i - c_2)\,\frac{t}{2}(\alpha_{\frac{2}{l}}^i)\,]/2$$

平臺在收取相同的註冊費用的情況下，平臺的利潤為：

$$\pi = \lambda(d_1 + d_2 + \alpha_1 - \alpha_2)/4$$

從以上公式可以看出，平臺的利潤函數和平臺提供產品或服務的差異化程度 d 成正比例關係。即平臺的差異化程度越高，平臺的利潤也就越高。

3. 小結

從前面的研究看出，大多數研究都認為平臺差異化定價與傳統市場上 Hotelling 雙寡頭壟斷模型所闡明的效應相關。對平臺企業而言，如果產品之間沒有差異化，會出現與單邊市場類似的 Betrand 價格競爭現象，導致平臺的利潤受損。只是與傳統單邊市場不同的是均衡價格通常與邊際成本不一致。

7　平臺企業定價的規制研究

7.1　平臺企業定價規制的必要性分析

由於雙邊市場和單邊市場機制不同，具有雙邊市場特徵的平臺企業價格規制是一個複雜的課題，對雙邊市場以及其規制研究還處於初步階段。就像 Evnas 和 Pasesl（2003）指出的那樣，有許多原因使雙邊市場中的企業更可能吸引競爭部門的注意力。第一是雙邊市場可能比單邊市場更集中。第二是在雙邊市場中建立能夠生存的企業相當昂貴。第三是在雙邊市場建立較高成本和企業可能失敗的高風險，意味著企業要想成功必須要實現高額利潤。最後，無論競爭多麼激烈，成本與價格不可能與雙邊市場的某一邊保持一致。本章的主要目的是通過對平臺企業反壟斷的分析和對已有的反壟斷研究的總結中得到一些有益的啟示，以指導雙邊產業的反壟斷實踐。

1. 價格規制的內涵

規制，又稱政府規制，寬泛地講，是指政府對經濟的干預和控制，它起源於與人們交換相關的正式或非正式的規則。「規制」的譯法最早見於經濟學家朱紹文先生等翻譯的日本著名經濟學家植草益所著的《微觀規制經濟學》，這裡規制強調的是按照規則進行管制、制約；隨著市場經濟由古典經濟類型向現代類型的轉變，規制日趨重要。由於市場機制不完善及存在市場失靈，對企業活動進行規制是必要的，許多西方國家的規制實踐經歷了規制、放鬆規制以及再規制與放鬆規制並存的動態變遷過程。其目的是確保資源配置效率的情況下，借助一只看得見的手實現社會福利最大化，即公共利益。

價格規制是經濟規制的一種重要形式。所謂價格規制，就是政府從資源有效配置出發，對於價格（或收費）水準和價格體系進行規制。價格規制是政府規制自然壟斷行業的一個重要手段。在自然壟斷行業，各國政府都不同程度地控制壟斷經營者的價格。價格規制目標的設定，就是試圖尋找一個標準，對這個標準的偏離進行規制。價格規制的主要內容就是如何設計一個定價模型，由政府規定產品或服務的價格，或者如何通過設計一系列的條件和標準，指導企業定價。價格規制包括價格水準規制和價格結構規制。

2. 平臺企業價格規制的必要性

現實生活中，雙邊市場中往往存在少數的平臺企業在競爭，這就導致一個市場競爭和政府規制的可能性。平臺產業壟斷以及其帶來的社會福利損失是存在的，需要對平臺產業進行相應的規制。

第一，平臺產業具有自然壟斷性。平臺企業具有網絡外部性，由此產生了網絡規模經濟，按照傳統產業的判斷標準，這屬於自然壟斷產業，壟斷並不會造成社會福利損失，但從實踐看，即使平臺企業具有明顯的網絡規模經濟，平臺產業壟斷帶來的社會福利損失是存在的。對於自然壟斷行業而言，價格水準的高低，不僅影響著企業的生產經營行為和生產經營效果，也直接關係到資源配置效率與社會分配效率。Nugyen 指出，在支付系統中，網絡效應競爭與合作共存，這可能導致競爭者之間濫用合作與反競爭行為產生。為保證支付卡產業中的平等競爭並保護消費者權益，競爭部門必須聚焦於反競爭規則、協議對價格、質量、所提供支付卡服務的數量和消費者選擇產生的影響，全面、謹慎地評價它們的競爭性收益與損害產生的影響。此外，作為合資企業的開放支付卡系統中的網絡效應與合作也應當被適當考慮。埃文斯（Evans，2003c）認為，協同行為引發反壟斷問題。無論交易能否成功，他們總會串謀提高價格。Simno（2005）以支付卡系統為例，認為支付系統是雙邊的，存在網絡效應，而且正常的競爭性力量不能永遠發揮作用。這些特徵意味著，市場力量不可能產生最優的社會結果，因此存在規制的必要性。

第二，雙邊市場平臺交易具有信息不對稱性。一方面，新制度經濟學在研究代理理論中重視對信息不對稱的研究，認為在市場交易活動中，交易雙方是根據自己所掌握的信息制定決策的，而決策的正確性在相當程度上取決於其所掌握的信息的數量與質量①。買賣雙方通過平臺進行交易，平臺企業擁有買方信息和賣方信息，通常，買賣雙方的信息由平臺企業傳遞，由於信息不對稱，容易使買方或賣方形成逆向選擇。另一方面，在信息不對稱的情況下，用戶在選擇交易平臺時，往往會選擇擁有用戶數量最多的平臺，因此，即使一個平臺只要稍微領先於其他平臺，用戶就會選擇這個平臺，而後這個平臺將壟斷市場。而實際上，成功的平臺發展相對緩慢，平臺需要逐步地尋找最優價格結構，並且逐漸培養平臺雙方的用戶群體。政府規制和監管具有權威性和強制性，政府可以運用其公共權力，通過對廣告、服務質量的管制，避免信息不對稱，監督平臺企業提供的信息具有真實性、準確性和及時性，既增加交易成功的

① 王俊豪. 政府規制經濟學導論［M］. 北京：商務印書館，2003.

次數，又提高交易的質量。

第三，平臺企業定價具有複雜性。基於傳統的經濟學理論，價格等於邊際成本，社會資源正好達到帕累托最優。單邊市場中的企業可以制定價格以達到理論的最優水準，並且可以通過觀察銷售量和測量成本來調整價格。而在雙邊市場中，平臺企業的產品的生產成本具有和信息產品類似的成本結構，即高固定成本、低邊際成本的特點。交易平臺對一邊用戶制定的價格可能高於其邊際成本，而對另一邊用戶制定的價格可能低於其邊際成本。通常，在雙邊市場的一邊固定價格往往比另一邊容易被注意。這可以反應這樣的事實，市場一邊的價格容易被公眾所觀察，而另一邊的價格不容易引起注意（視頻游戲平臺對控制臺與開發商的收費）。在這樣的情形下，在市場一邊固定價格的結果可能僅僅導致市場另一邊更激烈的競爭，因此扭曲價格而不提高價格總水準，從而能消除平臺最初進行共謀的動機（Wright，2004）。Michael Holland（2007）認為在雙邊市場環境下，促進競爭的公共政策依然有效，不過一些在單邊市場環境中的有效的分析工具變得不合時宜了，特別是在市場定義、市場勢力的估計、合謀行為的評估、排他性定價以及掠奪性定價等領域以及在雙邊市場中，把價格提高到競爭性均衡水準以上會比在單邊市場環境下受到更多的約束，因為平臺兩邊用戶的需求是相互依賴的。

最後，雙邊市場中平臺的收費越來越多地被人們關注。例如，詳細敘述了美國銀行卡的快速增長和商場給銀行的轉換費的快速增長。爭論的焦點在於：首先，轉換費是否過高？商家認為目前轉換費的確定與成本無關，是一種壟斷定價，因此，是違法的。但由於雙邊市場的價格與成本之間的關係不像單邊市場，因此，無論是經濟學家還是政府，都不能因此得出轉換費是壟斷定價的結論。而且從其他國家關於轉換費規制的實踐看，並不是轉換費低，運行效率就高；其次，轉換費的社會福利問題，即銀行卡是否給社會帶來了福利。論文明確了銀行卡確實給社會帶來了福利。第三，銀行卡要求不允許加價，且不接受其他卡等壟斷問題的探討。

3. 平臺規制認識的誤區

由於雙邊市場和單邊市場機制不同，雙邊市場反壟斷規制是一個複雜的課題，也容易產生一些認識誤區。賴特（Wright，2003）對於澳大利亞和英國的信用卡市場規制政策進行了研究，並總結出這些政策的八個誤區：

誤區一：有效的價格結構應該被設定來反應相關的成本。

誤區二：價格和成本之間比較高的加成意味著市場勢力。

誤區三：低於邊際成本的定價意味著掠奪性定價。

誤區四：競爭的加劇必將導致更加有效的價格結構。

誤區五：競爭的加劇必將導致更加平衡的價格結構。

誤區六：在成熟的市場中，價格結構沒有反應成本是非法的。

誤區七：當市場一邊的定價低於邊際成本時，其必然得到市場另外一邊的交叉補貼。

誤區八：平臺所制定的規制性價格是完全中性的。他認為這些錯誤可以通過對雙邊市場的正確的理解加以糾正。

在雙邊市場中和平臺企業定價上，每一邊的定價不能追溯到該邊的成本和需求。同時，也不能孤立地談論一邊的價格。社會福利的分析必須考慮價格水準、價格結構和能夠將雙邊吸引到平臺的替代手段。其實，在需要將雙邊吸引到平臺上交易的時候，價格在邊際成本或者平均成本以上並不是市場勢力的象徵，而價格低於成本也不是掠奪性定價的象徵。例如，詹姆斯·里昂（James M Lyon，2006），以美國的商場和發卡行之間關於轉換費問題的爭論為例，分析了雙邊市場規制所面臨的困境：首先，從定價水準看，商家認為目前轉換費的確定與成本無關，是一種壟斷定價，因此，是違法的。但由於雙邊市場的價格與成本之間的關係不像單邊市場，因此，無論是經濟學家還是政府都不能因此得出轉換費是壟斷定價的結論。而且從其他國家關於轉換費規制的實踐看，並不是轉換費低，市場運行效率就高；通過吸引向其他用戶網絡提供最大的收益的某類用戶，以低於成本的價格來產生更多的剩餘。儘管這樣的價格結構可能代表企業獲得更大市場份額的嘗試，但由於價格被有利可圖地定在均衡價格以下，把它看作是掠奪行為是沒有意義的（Wright，2004）。

Evnas（2004）指出，在現實世界中，不論移動營運商之間的競爭多麼激烈，都不會導致與個別服務成本相匹配的價格產生（這樣的價格也不是社會滿意的），即使競爭可能意味著平臺制定的總體價格水準等於總成本。經濟學家已經證明，單邊市場中的 Cournot 競爭或者差異化市場的 Bertrand 競爭的均衡價格與市場份額有關。在雙邊市場中，每個邊的定價權利依賴於雙邊的競爭程度。但是，當只關注雙邊市場的一個邊時，這些模型是不適用的。例如，在羅歇和梯若爾（Rochet & Tirole，2004）的模型中，平臺一邊的多歸屬使得平臺另一邊的競爭更加激烈。

4. 平臺企業價格規制的特殊性分析

綜上所述，關於平臺企業的價格規制，首先要對其有正確的認識，其次在對平臺企業進行有效的政府規制時，必須注意以下幾點：

（1）對具有「雙邊市場」特徵的平臺企業進行規制，不能簡單地用傳統「單邊市場」的理論原理來解釋，否則將導致錯誤的結論和規制政策產生。這些錯誤的結論和規制政策，不但不能識別雙邊市場中的壟斷和競爭問題，反而可能導致平臺企業不能健康地發展，進一步損害消費者和社會的總福利。

(2) 由於雙邊市場中的相互依賴性，平臺企業對某一邊價格的制定並不僅僅依據向該邊提供產品或服務的成本或需求，而是依據向兩邊用戶提供產品或服務的成本或需求。如果不考慮另一邊用戶價格的影響，而對某一邊用戶進行價格規制，這種規制將是沒有效率的。一邊用戶需求或成本的變化會影響到另一邊用戶需求和價格的變動。

(3) 對平臺企業的價格評估要綜合考慮雙邊或者多邊用戶的價格總水準，價格結構和平臺企業吸引雙邊用戶參與的組織策略安排。如果不考慮另一邊用戶價格的影響，而對某一邊用戶進行價格規制，這種規制將是沒有效率的。平臺企業的價格和投資策略與單邊市場下企業的價格策略和投資策略有著根本性的不同，一邊用戶需求或成本的變化會影響到另一邊用戶需求和價格的變動，如果雙邊用戶不參與到平臺中來，平臺企業及其產品或服務就不復存在。

(4) 對平臺企業行為的評估要綜合考慮雙邊用戶的價格總水準、價格結構和平臺企業吸引雙邊用戶參與的組織策略安排。平臺企業的價格和投資策略與單邊市場下企業的價格策略和投資策略有著根本的不同，如果雙邊用戶不參與到平臺中來，平臺企業及其產品或服務就不復存在。

最後，由於對雙邊市場平臺企業的規制研究有很大的局限性，對平臺企業進行規制，要充分考慮到企業所處的發展階段以及政府的監控能力，不僅要考慮如何更好地實現規制目標，又要考慮到規制政策的實施可能引起的後果，如規制投機和規制俘虜等。

7.2 特定平臺價格規制研究

7.2.1 對支付卡產業的規制

Bergmna (2003) 通過一些例子說明，競爭法律在促進支付系統競爭時可能相當有效，不需要特殊部門的規制。林芙美子和斯圖亞特·維納 (Fumiko Hayashi & Stuart E Weiner, 2006) 分析了銀行卡支付系統的特點，以及美國、英國和澳大利亞各國在銀行卡轉換費中的實踐與現有理論模型的匹配性；詹姆斯·里昂 (James M Lyon, 2006) 以美國的商場和發卡行之間關於轉換費問題的爭論為例分析了雙邊市場規制所面臨的困境：首先，從定價水準看，商家認為目前轉換費的確定與成本無關，是一種壟斷定價，因此是違法的。但由於雙邊市場的價格與成本之間的關係不像單邊市場，因此，無論是經濟學家還是政府都不能因此得出轉換費是壟斷定價的結論。從其他國家關於轉換費規制的實踐看，並不是轉換費低，市場運行效率就高；其次是轉換費的社會福利問題，即銀行卡是否給社會帶來了福利。從一些國家的實踐來看，銀行卡確實給社會帶來了福利；再次，銀行卡要求不允許加價和不接受其他卡等要求是否合理。程貴孫 (2006) 等人以銀行卡產業的運作機制和產業特徵為例，對雙邊市場的規制進行了分析，他們認為只有當消費者和商戶對銀行卡的需求得到平衡時，銀行卡組織網絡平臺才能正常運轉，銀行卡的價值才能體現。

7.2.2 對電信企業的規制

電信產業可能是一直受到最嚴厲規制的產業 (Bergman,

2003)，雙邊市場理論為我們對傳統電信規制提供了新的視角與方法。干卡維斯（Goncvales，2003）認為，雙邊網絡產業的特殊經濟特點要求電信規制機構應當重新評價目前規制框架的效率。特別是關於互聯費用的規制，規制機構應當更多地聚焦於如此高收費的根本原因。如果規制機構確實想保證效率（和低的價格水準），他們應當把他們的努力集中在消除無效率的根本原因上（非合作價格制定所產生的呼叫終接中的市場勢力和CPP），而不是簡單地嘗試去規制這些無效率的產物（高互聯/終端收費）。對於移動電信網絡，阿姆斯特朗（Armsrtrong，2004b）指出，從社會福利的觀點看，未被規制的終接費（Temrniation Charge）將被制定得很高。這種市場失靈能否證明詳盡的規制成本需要進行判斷。即使移動用戶市場是極具競爭性的，每個營運商在向它的用戶提供呼叫終接服務方面擁有相同的壟斷地位。因此，規制呼叫終接的需要如果被證明是合適的，直到競爭有效，將不是臨時措施，而是一直被需要的。紀漢霖、王小芳（2007）研究了電信業的互聯、互通，他們認為既然在無規制環境中無法形成雙邊平臺自發的互聯互通，政策制定者就必須制定相關的互聯政策，來強制雙邊平臺進行互聯，以提高消費者剩餘和社會福利。在兩平臺互聯的情況下，規制當局應該對於兩平臺互聯的接入費進行規制，因為接入費的提高能夠提高平臺的定價和利潤，但是會降低消費者剩餘，因此平臺企業能夠合謀提高接入費的內在激勵性。需要規制當局制定合理、有效的接入費設定機制，以避免出現過高的接入費和平臺將接入費轉嫁給消費者的現象①。

---

① 紀漢霖，王小芳. 雙邊市場視角下平臺互聯互通問題的研究［J］. 南方經濟，2007.

7.2.3 對傳媒企業的規制

安德森（Anderson，2005）從雙邊市場的角度對電視廣告的規制進行了研究。研究表明，當電視市場中存在過多的廣告時，廣告上限規制是可以提高社會福利的，但是廣告上限規制卻降低了節目的多樣性程度。Polborn、Reisinger 建立了提供兩類不同節目類型的電視臺競爭模型，其中一個電視臺提供一般性的、大眾化的節目，另一個電視臺提供專業化節目，消費者在這兩種節目中進行選擇，競爭結果表明，提供專業化節目的電視臺擁有更大的廣告量。此時，當政府管制部門對電視臺的廣告播放量進行上限管制時，提供一個廣告上限，這將減少專業化節目的數量，增加大眾化節目的數量。Crampes 等人（2005）建立了自由市場進入的媒體競爭模型，他們主要對媒體廣告量競爭和廣告費競爭兩種模式進行了比較分析，他們將廣告給消費者帶來的非效用進行了一般化的處理，考察了不同規模收益下廣告對消費者的影響。結論認為當消費者不喜歡廣告時，相比廣告量競爭，媒體進行廣告費價格競爭能帶來更多的利潤；結論也表明，當廣告量表現出對消費者數量的規模報酬不變時，且媒體之間的競爭是數量競爭時，廣告量的引入不會影響平臺的利潤；相反，在規模報酬遞增時，媒體市場中存在著過多的信息進入，廣告播放量也低於社會最優水準。蔡（Choi，2004）研究了自由市場進入的免費電視的媒體競爭模型，他主要關注了在自由競爭下的電視節目提供和廣告量的最優選擇問題，以及政府對節目和廣告量規制的影響。研究表明，當政府對節目量和廣告量的其中某個變量進行管制時，管制將會導致另一個變量進一步扭曲。

程貴孫、陳宏民（2008）以電視媒介為產業背景，基於 Salop 圓形城市模型，建立了一個自由市場進入的消費者付費情形，即兩階段動態博弈模型，從社會福利角度對這一問題展開研究。結果表明，自由進入的市場競爭將導致「市場失靈」的現象產生，沒有達到社會福利最優的電視媒介數量和廣告量；放鬆管制並不一定能帶來社會福利的增加和社會效率的增進，現階段仍然要實施管制政策。

7.2.4 對大型零售商的規制

關於零售商中的歸屬費，馬克思和夏弗（Marx & Shaffer，2004）認為，歸屬費是擁有市場勢力的零售商向消費者保持低價，而從製造商那裡攫取租金的策略性行為。麥卡沃伊（MacAvoy，1997）認為，實力較強的製造商可能會主動抬高歸屬費，使一些相對弱小的製造商因無力購買稀缺的超市貨架空間而被迫退出市場，由此導致製造商品牌間競爭削弱、零售價格上升和效率損失。凱茨（Katz，1987）研究了連鎖零售商和本地零售商的競爭模型，連鎖零售商後向一體化的能力是其買方勢力的重要來源，譬如連鎖零售商能夠以目標市場為導向進行產品設計和產品組合選擇，而不再依賴製造商的產品組合來進行決策。凱茨（Katz）的結論認為，零售市場價格歧視的相關結論並不完全適用於採購市場，零售商需求的相互依存性和一體化的可能性對均衡結果有很大影響。一方面，採購市場上的價格歧視可能減少零售市場上的銷售量，以降低消費者剩餘和社會福利；另一方面，通過價格歧視阻止社會無效率的一體化，又可能增加社會福利。歐布萊恩（O'Brien，2002）對凱茨（Katz）的模型進行了擴展，認為如果後向一體化的威脅是可置信的，那麼凱茨（Katz）的結論仍然成立；如果這種威脅不可置信，凱茨（Katz）的結論就會發生根本性的改變。因此，禁止或允許價格歧視，其福利效果是不確定的，取決於具體的市場環境和企業間競爭的性質。

石奇、岳中剛（2008）提出了對零售商進行規制應該考慮的原則：①規制以保護競爭和效率為前提，其中的效率應包括產品生產效率、產品銷售效率以及消費者福利水準；②歸屬費的收取以不扭曲價格形成機制為前提；③合理的歸屬費應該是與商品銷售有直接關聯的費用；④規制不以保護供應商既得利益或零售商既得利益為前提；⑤占較高銷售比例的產品排斥其他競爭對手，或者當眾多的生產商被排斥在零售歸屬之外、佔有某產品較大市場份額的生產商被排斥在零售歸屬之外的現象存在時，可以認定損害競爭的情況出現。

總之，雖然雙邊市場定價理論經過數年的發展，已經形成了基本完整的理論框架，並且能夠解釋現實經濟生活中的許多實際問題。然而對於平臺企業的規制，從目前的研究來看，針對不同產業以及市場雙邊的特徵，目前尚缺乏完整、嚴密的最優定價方式的分析框架；現有各種模型假設的平臺定價方式都是靜態的，而在現實中，雙邊平臺的定價模型往往呈動態變化；目前的研究主要是對現實生活中的現象進行模型化，據此來研究定價策略，比較難清晰地把握不同產業的定價策略。尋找合理規制的判斷標準和手段，有利於政府建立一套新的、基於雙邊市場特徵的產業規制理論，不僅是促進平臺產業健康發展的需要，也是完善平臺產業研究的需要。

8 研究貢獻、不足及研究展望

8.1 研究貢獻與創新點

平臺企業作為經濟學的一個新的研究熱點，其定價需要一個系統的經濟學分析框架。本書從馬克思主義勞動價值論出發，結合西方價格理論，對平臺企業定價進行了分析。但由於平臺企業所涉及的行業較多，行業特徵差異較大；而且平臺企業定價具有特殊性和複雜性，其研究也才剛剛開始，因此本書是對平臺企業定價系統性研究的一個開始，也為將來的研究奠定了基礎。

本書所取得的一些研究貢獻和創新點有如下一些方面：

1. 構建了一個類似於傳統產品定價的分析框架

關於傳統定價，我們一般按照價格形成、價格運行和價格管理框架分析。本書試圖構建一個平臺企業價格形成基礎、價格運行特點以及對平臺企業價格規制和管理的分析框架。

2. 對平臺企業的價格基礎和價格形成進行了分析

現有文獻直接探討平臺企業定價，忽視了平臺企業價格的基礎問題的分析。本書從馬克思主義勞動價值論出發，分析了平臺企業服務勞動的性質，本書認為平臺企業服務是現代服務勞動的延伸和擴展，是一種純粹性的服務勞動，是人類社會勞動的結晶，能創造價值；平臺企業服務的價值是由提供服務的社會必要勞動時間和社會上其他從事類似服務的企業提供服務的社會必要勞動時間決定的；平臺企業的價格要受到供求關係的影響，但在供求關係決定價格總水準的情況下，平臺企業的價格結構也將對企業利潤產生重要影響，並成為平臺企業定價與其他企業定價的主要差別所在；而平臺企業用戶的網絡性以及在定價中價格與邊際成本分離的特性，使得平臺企業的價格規制不能依照傳統企業價格規制和管理的原則去思考和實踐。

3. 分析了平臺企業捆綁銷售定價

論文構建了一個平臺企業的捆綁銷售模型，分析了平臺企業捆綁銷售情況下的定價。在消費者單歸屬的情況下，平臺企業捆綁銷售將導致接入其他平臺的消費者支付價格高於沒有捆綁銷售時的價格；捆綁銷售對競爭平臺是不利的，但捆綁銷售對社會福利的影響卻是不確定的，其原因在於捆綁銷售將使得更多消費者接入捆綁平臺，網絡效應抵消了捆綁銷售所帶來的社會福利的損失。

4. 分析了平臺企業排他性行為及其定價

消費者多歸屬行為削弱了平臺的優勢，降低了平臺企業利潤，因此平臺希望通過簽訂排他性協議，提升其自身的市場地位，限制平臺競爭。如果允許在位平臺簽訂排他性協議，那麼進入平臺將被阻止進入，排他性行為有損社會福利，並且在這種情況下，與在位平臺簽訂排他性協議的消費者能獲取較高的效用，而後來的消費者卻獲得較低的效用。

8.2 研究不足

本書的研究不足則在於：

1. 實證分析上的欠缺

由於資料收集困難，本書在實證分析中主要採用案例進行實證，而沒有系統地對一個行業進行定價的實證分析，使得本書在實證分析上略顯粗糙。實證分析上的欠缺也是當前平臺企業研究的一個普遍缺陷，但這又為後續研究提供了廣闊的空間。

2. 平臺企業定價影響因素眾多

本書需要做的研究工作很多，主要以平臺企業的行為作為分析對象，但是兩邊消費者行為都對平臺企業定價產生重要的影響，而本書在研究中只是在模型構建中進行了一些分析，由於文章篇幅所限，無法對它們進行深入的研究，這無疑是一個遺憾。

3. 模型過於理論化

平臺企業面臨兩個邊的消費者，如果考慮平臺競爭，一個定價問題就會涉及四個價格變量，如果再加上產品差異化指數、信息不對稱等變量，就會涉及更多的變量，其計算龐大、繁復，而且即便計算出來，在定價、利潤、消費者和生產者剩餘、社會福利方面進行比較分析也是非常困難的。因此在構建模型的過程中，往往進行了很多假設，而這種假設可能會導致過於理論化，對實踐的指導意義可能降低。

4. 平臺企業的價格規制研究比較粗淺

其原因是平臺企業涉及的行業太多，而規制問題應該針對不同行業的具體情況進行分析，而文章受到篇幅限制，不可能展開論述；同時，平臺企業研究才處於起步階段，平臺企業定價也還不夠深入，並且相對傳統企業而言，其規制研究更為複雜，因此論文只對平臺價格規制進行了原則性的介紹，沒有進行深入分析，也是本書的遺憾。

8.3 研究展望

雙邊市場在國外的研究始於對於銀行卡行業的研究，隨後，國外產業組織經濟學家開始關注雙邊市場理論，並湧現出一批研究成果，尤其是2004年，在法國圖盧茲召開了雙邊市場經濟學的學術研討會後，國外關於雙邊市場的研究更是出現了一個高潮。本書緊扣平臺企業的定價問題，對現實生活中平臺企業價格形成、價格運行和價格管制進行了梳理和研究。

對於未來的研究方向，筆者認為有以下幾個方向：

1. 基於特定產業的平臺企業定價研究

通過對於特定產業的深入研究，可以將雙邊市場的基本經濟理論和產業特徵相結合，整體研究該產業的定價策略、平臺和消費者行為、平臺企業的商業模式、利潤和社會福利以及相關的規制政策。

2. 平臺價格規制的深入研究

由於平臺產業的特殊性，使得傳統的價格規制判斷標準在平臺產業中並不適用，但現實表明，平臺產業壟斷以及其帶來的社會福利損失是存在的，需要對平臺產業進行相應的規制。因此，尋找合理的規制的判斷標準和手段，不僅是促進平臺產業健康發展的需要，同時也是完善平臺產業研究的需要。

3. 平臺企業市場勢力的判斷

市場勢力是判斷一個產業市場結構的重要依據。但是由於平臺產業中價格與成本分離，使得我們不能利用傳統產業中的勒納指數來判斷平臺企業的市場勢力。而且，傳統產業是單邊市場，可以利用集中度等指標進行市場結構的區分，但平臺產業是雙邊市場，平臺兩邊所面臨的市場結構可能存在差異，如何準確地界定平臺產業的市場結構並判斷平臺的市場勢力。目前，學術界還沒有合適的指標，而這不僅限制了平臺產業的研究（尤其是實證研究的深入），而且對於形成平臺產業研究、規範 SCP 範式結構也具有重要的意義。

4. 平臺企業內部的問題研究

目前的研究依然是將平臺企業作為一個黑箱，在研究中都事先假定平臺是利潤最大化的或者是非營利性的，而沒有深入解析平臺企業的產權結構、組織形式、管理模式等對平臺企業和平臺競爭的影響。

總之，平臺企業的研究是一個巨大、複雜的體系，為了建立完整、嚴謹的理論研究框架，並且與中國的具體產業相結合，得到能夠指導實踐的研究成果，需要我們努力去探索。

參考文獻

[1] 中央編譯局. 馬克思恩格斯全集（第一卷）[M]. 北京：人民出版社，2002.

[2] 中央編譯局. 資本論（第二卷）[M]. 北京：北京人民出版社，2004.

[3] HAL R VARIAN. 微觀經濟學（高級教程）[M]. 北京：經濟科學出版社，1997：43.

[4] 劉易斯·卡布羅. 產業組織導論 [M]. 胡漢輝，等，譯. 北京：人民郵電出版社，2002.

[5] 斯蒂芬·馬丁. 高級產業經濟學 [M]. 史東輝，譯. 上海：上海財經大學出版社，2003.

[6] 柯武剛，史漫飛. 制度經濟學 [M]. 北京：商務印書館，2000.

[7] 李斌. 社會主義分配通論 [M]. 北京：人民出版社，1992：105-106.

[8] 徐晉. 平臺經濟學 [M]. 上海：上海交通大學出版社，2007.

[9] 鬱義鴻，管錫展. 產業鏈縱向控制與經濟規制 [M]. 上海：復旦大學出版社，2006.

[10] 陳宏民，胥莉. 雙邊市場-企業競爭環境的新視角 [M]. 上海：上海人民出版社，2007.

［11］張五常. 經濟解釋——張五常經濟論文選［M］. 北京：商務出版社，2002.

［12］讓·雅克·拉豐，讓·泰勒爾. 電信競爭［M］. 胡漢輝，等，譯. 北京：人民郵電出版社，2001.

［13］周其仁. 數網競爭：中國電信業的開放與改革［M］. 北京：生活·讀書，新知三聯書店，2001.

［14］袁勤儉. 中國信息產業發展戰略——基於產業組織理論的研究［M］. 北京：科學技術文獻出版社，2003.

［15］陳育平. 電信 37C：中國電信市場熱點透視［M］. 北京：北京郵電大學出版社，2005.

［16］陳代雲. 電信網絡的經濟學分析與規制［M］. 上海：上海財經大學出版社，2003.

［17］張昕竹，拉豐，埃斯塔奇. 網絡產業：規範與競爭理論［M］. 北京：社會科學文獻出版社，2000.

［18］王俊豪. 政府規制經濟學導論［M］. 北京：商務印書館，2003.

［19］程貴孫. 基於雙邊市場理論的傳媒產業運行機制與競爭規制研究［D］. 上海：上海交通大學，2007.

［20］紀漢霖. 雙邊市場定價策略研究［D］. 上海：復旦大學，2007.

［21］郗偉. 雙邊市場中的平臺競爭——帶轉移成本的兩期情形［D］. 武漢：武漢大學，2004.

［22］黃維兵. 現代服務經濟理論與中國服務業發展［D］. 成都：西南財經大學，2002.

［23］王國才. 基於產品差異化理論的網絡產品競爭研究［D］. 上海：復旦大學，2005.

［24］張程. 論市場經濟中服務勞動和服務商品的價值［D］. 南京：南京師範大學，2004：29-30.

[25] 郭麗丹. 雙邊市場平臺企業的策略及相關反壟斷問題研究 [D]. 大連：東北財經大學，2008.

[26] 胥莉. 互聯互通與國際化競爭——金融開放條件下中國銀行卡產業發展機理研究 [D]. 上海：上海交通大學，2005.

[27] 朱振中. 基於雙邊市場理論的產業競爭與公共政策研究 [D]. 北京：北京郵電大學，2006.

[28] 林勇漢. 科技仲介基本業務運作問題研究 [D]. 上海：上海交通大學管理學院，2003.

[29] 潘小軍. 基於網絡外部性的產品差異化和定價策略研究 [D]. 上海：上海交通大學，2003.

[30] 楊宏偉. 中國電信產業的組織與變遷——基於 R-SCP 理論框架的分析 [D]. 上海：復旦大學，2005.

[31] 曾慶豐. 企業電子商務轉型研究：基於能力的視角 [D]. 上海：復旦大學管理學院，2005.

[32] 陳永志. 馬克思服務勞動理論與當代服務勞動的變化 [J]. 當代經濟研究，2008 (05)：1-6.

[33] 王述英. 服務勞動也是生產勞動 [J]. 經濟學家，2002 (1)：20-24.

[34] 劉詩白. 論服務勞動 [J]. 經濟學家，2001：4-12.

[35] 程貴孫，陳宏民. 基於雙邊市場的傳媒產業政府規制 [J]. 上海交通大學學報，2008.

[36] 程貴孫，孫武軍. 銀行卡產業運作機制及其產業規制問題研究——基於雙邊市場理論視角 [J]. 國際金融研究，2006 (1).

[37] 程貴孫，陳宏民，孫武軍. 雙邊市場視角下的平臺企業行為研究，經濟理論與經濟管理，2006 (9)：57-60.

[38] 程貴孫，陳宏民，孫武軍. 具有「網絡外部性」特徵的企業兼併模式選擇 [J]. 中國管理科學，2006，14 (5)：121

-127.

［39］楊冬梅. 雙邊市場：企業競爭策略性行為的新視角［J］. 管理評論，2008（2）：40-48.

［40］歐陽恩山，鄒刪剛. 雙向接入定價的經濟模型分析［J］. 系統工程，2006，24.

［41］紀漢霖，王小芳. 雙邊市場視角下平臺互聯互通問題的研究［J］. 南方經濟，2007，12（2）：83-86.

［42］紀漢霖. 雙邊市場定價方式的模型研究［J］. 產業經濟評論，2006（4）.

［43］紀漢霖，管錫展. 雙邊市場及其定價策略研究［J］. 外國經濟與管理，2006（3）：15-23.

［44］彭移風. 雙邊市場定價方式及其對傳統市場理論的挑戰［J］. 價格月刊，2007（3）.

［45］徐晉，張祥建. 平臺經濟學初探［J］. 中國工業經濟，2006（5）：40-47.

［46］朱國華，李雪靜. 基於雙邊市場理論的期貨交易所競爭策略［J］. 上海金融，2007（6）：22-25.

［47］帥旭，陳宏民. 網絡外部性與市場競爭：中國移動通信產業競爭的網絡經濟學分析［J］. 世界經濟，2003，4：45-80.

［48］黃民禮. 雙邊市場與市場形態的演進［J］. 首都經貿大學學報，2007（3）.

［49］侯賢明，穆瑞田. 產業組織理論中的進入壁壘理論［J］. 河北理工大學學報（社會科學版），2007（2）：53-55.

［50］石奇，岳中剛. 大型零售商的雙邊市場特徵及其政策含義［J］. 財貿經濟，2008（2）：105-111.

［51］楊玉紅，陳忠. 仲介企業的服務定價研究［J］. 運籌與管理，2004，13（6）：149-152.

［52］昝勝鋒，朱文雁，顧江．雙邊市場視角下的體育賽事差異化競爭策略［J］．體育與科學，2008（4）：1-4.

［53］張麗，王永慧．網上信息服務的定價策略研究［J］．理論與探索，2004，27（4）352-354.

［54］羅鋼，黃麗．華電子商務交易平臺的網絡外部性初探［J］．商場現代化，2007（8）：123-124.

［55］李君．基於動態化的市場進入壁壘模型探討［J］．重慶工商大學學報（西部論壇），2007（2）：31-34.

［56］陳赤平，李豔．基於雙邊市場理論的 CA 產業定價策略的研究［J］．求索，2008（11）：23-25.

［57］張東日．企業規模經濟及界定［J］．技術經濟，2003（4）.

［58］侯賢明，穆瑞田．產業組織理論中的進入壁壘理論［J］．河北理工大學學報（社會科學版），2007（2）：53-55.

［59］聶琦波．關於產品差別問題研究的回顧與綜述［J］．當代財經，2002（12）.

［60］吴昊．網絡外部性市場後入者的進入壁壘研究［J］．世界經濟情況，2007（3）.

［61］魏徽．對於中國電信業進入壁壘的研究［J］．東方企業文化，2007（5）：71.

［62］侯強．獨占交易的經濟分析與反壟斷政策［J］．產業經濟研究，2007（1）：19-24.

［63］李克克．關於網絡產業中用戶基數的壁壘效應分析［J］．金融經濟（理論版），2007（10）.

［64］陳豔瑩，原毅軍．交叉補貼與網絡仲介的價格競爭［J］．財經研究，2003，29（10）：9-13.

［65］杜晨妍，劉岩．論掠奪性定價的界定及法律規制［J］．東北師大學報（哲學社會科學版），2006，3：42-46.

[66] 千春暉，閆星宇. 掠奪性定價理論綜述 [J]. 經濟學動態，2004，3：76-80.

[67] 梁靜，餘麗偉. 網絡效應與技術聯盟 [J]. 外國經濟與管理，2000，22 (4)：17-21.

[68] 柳學信. 網絡產業接入定價與互聯互通管制——對中國電信業互聯互通問題的分析 [J]. 中國軟科學，2004，2：56-60.

[69] 婁卓男. 論網絡廣告的定價方式 [J]. 現代情報，2006，6：158-159.

[70] 魯文龍，陳宏民. 網絡外部性與中國第三代移動通信標準競爭 [J]. 管理工程學報，2004，18 (4)：113-116.

[71] 駱品亮，林麗閩. 網絡接入定價與規制改革：以電信業為例 [J]. 上海管理科學，2002，2：14-17.

[72] 駱品亮. 3G 背景下電信競爭模型與接入規制政策研究 [J]. 產業經濟研究，2006，1：19-25.

[73] 穆麗. 影響接入價格的網絡因素——基於電信產業的分析 [J]. 沿海企業與科技，2005，4：145-147.

[74] 潘勇，陳禹. 電子商務市場中「檸檬」問題與網絡質量仲介的運行 [J]. 商業經濟與管理，2008：14-17.

[75] 許基南. 論產品的差異化及其應用 [J]. 江西財經大學學報，2002 (4)：11-13.

[76] 張占東. 企業競爭中的產品差異化戰略研究 [J]. 經濟經緯，2002 (3).

[77] 孫新宇，孫林岩，汪應洛，等. 信息仲介及其經濟學分析 [J]. 工業工程，2004，7 (5)：13-16.

[78] 藤穎，唐小我. 接入定價與電信市場有效競爭的定量分析 [J]. 系統工程理論方法應用，2003，12 (3)：214-217.

[79] 佟健. 電信網絡互聯定價的經濟學分析 [J]. 遼寧大

學學報（哲學社會科學版），2004，32（2）：101-104.

［80］王傳輝，趙敏燕. 美國軟件業掠奪性定價與不正當競爭行為認定［J］. 政治與法律，2002，2：105-107.

［81］王琦，陳起躍. 網絡外部性在電信價格管制中的研究［J］. 北京郵電大學學報（社會科學版），2005，（1）：34-38.

［82］肖興志，陳豔利. 縱向一體化網絡的接入定價研究［J］. 中國工業經濟，2003，6：21-28.

［83］楊玉紅，陳忠. 仲介企業的服務定價研究［J］. 運籌與管理，2004，13（6）：149-152.

［84］遊鈺. 論反壟斷法對掠奪性定價的規制［J］. 法學評論，2004，6：47-53.

［85］洪夙，鬱義鴻. 排他性合約下的縱向控制：關於獨占交易理論的研究評述［J］. 產業經濟研究，2005（4）.

［86］張鳳香，黃瑞華. 從網絡外部性看中國通信產業的3G標準選擇問題［J］. 科學學與科學技術管理，2004，7：77-81.

［87］張維華，駱品亮. 網絡雙向接入定價的效率分析［J］. 系統工程理論方法應用，2002，11（4）：319-323.

［88］張振華，汪定偉. 電子仲介在舊車交易中的匹配［J］. 東北大學學報（自然科學版），2005，2（4）：216-218.

［89］鄭杰，易衛平，鬱義鴻. 中國電信行業的主導效應研究［J］. 經濟研究，2001，6：33-38.

［90］曹洪，劉小梅. 平臺企業研究現狀及展望［J］. 經濟學動態，2008，12.

［91］曹洪. 雙邊市場中的捆綁銷售分析［J］. 西南民族大學學報，2008，12.

［92］AMELIO，ANDREA，BRUNO JULLIEN. Tying and Freebie in Two-Sided Markets［J］. Unpublished manuscript，2006.

［93］ARMSTRONG M，DOYLE C，VICKERS J S. The access

problem: a synthesis [J]. Journal of Industrial Economics, 1996: 131-150.

[94] ARMSTRONG M, CHRIS D, VICKERS J. The access pricing problem: a synthesis [J]. Journal of industrial Economics, 1996, 42 (2): 131-150.

[95] BAUMOL W J. Welfare economics and the theory of nation [M]. Boston: Harvard University Press Cambridge, 1952.

[96] BAXTER WILLIAM F. Bank interchange of transactional paper: legal perspectives [J]. Journal of Law and economics, 1983, 26: 541-588.

[97] BAYE M, MORGAN J. Information gatekeepers on the internet and the competitiveness of homogenous product markets [J]. American Economic Review, 2001: 454-474.

[98] BENSAID B, LESNE J P. Dynamic monopoly pricing with network externalities [J]. International Journal of Industrial Organization, 1996, 14 (6): 837-856.

[99] BOLTON P, MICHAEL D. The Foreclosure Effects of Vertical Mersers [J]. Journal of institutional and theoretical Economics, 1991, 147: 207-226.

[100] BOLTON P, BONANNO G. Vertical restraints in a model of vertical differentiation [J]. Quarterly Journal of Economies, 1988: 555.

[101] BOLTON P, WHINSTONE M. Incomplete Contracts, Vertical Integration, and Supply Assurance [J]. Review of Economic studies, 1993, 60: 121-48.

[102] BONANNO G, VICKERS J. Vertical Separation [J]. Journal of Industrial Economics, 1988, 36 (3): 257-65.

[103] CAILLAUD B, JULLIEN B, Picard P. Competing verti-

cal structures: precommitment and renegotiation [J]. Econometrica, 1995, 63 (3).

[104] CARLTON D, WALDMAN M. The strategic use of tying to preserve and create market power in evolving industries [J]. Rand Journal of Economics, 2002, 33 (2): 194-220.

[105] CHOI J P. Network externalities, compatibility choice, and Planned obsolescence [J]. Journal of industrial Economics, 1994, 41: 167-182.

[106] CHOI J P. The Provision of converters in the transition Process to a new incompatible technology [J]. The Journal of Industrial Economies, 1997, 45 (2): 139-152.

[107] CHURCH J, GANDAL N. Net Work Effects, Software Provision and Standardization [J]. Journal of industrial Economics, 1992, 40: 85-104.

[108] ELFENBEIN D, LERNER J. Links and hyperlinks: an empirical analysis of internet portal alliances, 1995 - 1999 [J]. Rand Journal of Economics, 2003, 34 (2): 356-369.

[109] FARRELL J, SALONER G. Installed base and compatibility: innovation, product preannouncements, and predation [J]. American Economic Review, 1986, 76: 940-955.

[110] FARRELL J, SALONER G. Standardization, compatibility, and Innovation [J]. Rand Journal of Economics, 1985, 16: 70-83.

[111] JEAN J, DIDIER LAUSSEL. Programming and Advertising competition in the broadcasting industry [J]. Journal of Economics and Management Stratgy, 2004: 657-669.

[112] JEON D S, LAFFONT J J, JEAN TIROLE. On the Receiver Pays Principle [J]. Rand Journal of Economics, 2003.

[113] KATZ M, SHAPIRO C. Network externalities, competition, and compatibility [J]. American Economic Review, 1985, 75: 424-440.

[114] KATZ M, SHAPIRO C. Technology Adoption in the Presence of Network Externalities [J]. Journal of Political Economy, 1986, 94: 822-841.

[115] ROCHET J, TIROLE J. Platform competition in two-sided markets [J]. Journal of European Economic Association, 2003, 1: 990-1029.

[116] ROSON R. Two-sided markets: a tentative survey [J]. Review of Network Economics, 2005, 2: 142-160.

[117] ROCHET J, TIROLE J. Platform competition in Two-sided markets [J]. Journal of European Economic Association, 2003, 1: 990-1029.

[118] RIEARDO G. Policy changes in two sided network industries [J]. European Economies Working paper, 2003.

[119] STAHL D. Bertrand Competition for Inputs and Walrasian Outcomes [J]. American Economic Review, 1988, 78: 189-201.

[120] WHINSTON M. Tying, foreclosure, and exclusion [J]. American Economic Review, 1990, 80: 837-859.

[121] WRIGHT J. The determinants of optimal Interchange fees in payment systems [J]. Journal of Industrial Economics, 2004, 52: 1-26.

國家圖書館出版品預行編目（CIP）資料

平臺企業定價研究 / 沈倩嶺 等 著. -- 第一版. -- 臺北市：財經錢線文化, 2019.10 面；　公分 POD版 ISBN 978-957-680-383-3(平裝) 1.個體經濟學 2.價格策略	
551.19	108016728

書　名：平臺企業定價研究

作　者：沈倩嶺、曹洪、臧敦剛、宋濤 著

發 行 人：黃振庭

出 版 者：財經錢線文化事業有限公司

發 行 者：財經錢線文化事業有限公司

E-mail：sonbookservice@gmail.com

粉 絲 頁：　　網 址：

地　址：台北市中正區重慶南路一段六十一號八樓 815 室

8F.-815, No.61, Sec. 1, Chongqing S. Rd., Zhongzheng

Dist., Taipei City 100, Taiwan (R.O.C.)

電　話：(02)2370-3310 傳　真：(02) 2388-1990

總 經 銷：紅螞蟻圖書有限公司

地　址：台北市內湖區舊宗路二段 121 巷 19 號

電　話：02-2795-3656 傳真：02-2795-4100　　網址：

印　刷：京峯彩色印刷有限公司（京峰數位）

定　價：450元

發行日期：2019 年 10 月第一版

◎ 本書以 POD 印製發行